계 몽 의

변 증 법

함     께

읽     기

필로버스 총서 01

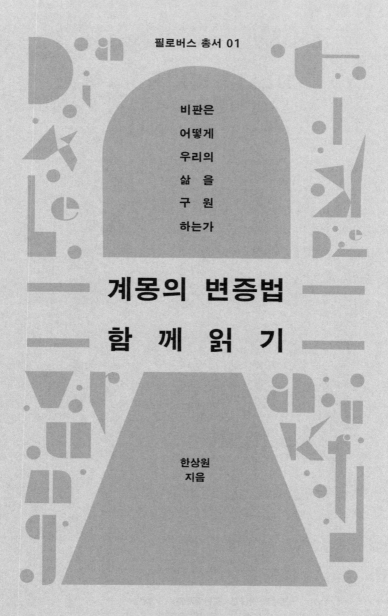

비판은
어떻게
우리의
삶 을
구 원
하는가

# 계몽의 변증법
# 함 께 읽 기

한상원
지음

에디스코

MAX HORKHEIMER
UND THEODOR W. ADORNO

# DIALEKTIK
# DER
# AUFKLÄRUNG

*PHILOSOPHISCHE FRAGMENTE*

QUERIDO VERLAG N.V.
AMSTERDAM
1947

『계몽의 변증법』 초판의 표지(1947년)

10대 시절의 아도르노(1919년)

호르크하이머(왼쪽)와 아도르노(오른쪽)가 악수하는 모습(1964년)

아도르노의 장례식에서 헌화하는 그의 아내 그레텔. 왼쪽 옆은 호르크하이머(1969년)

프랑크푸르트 대학교 교정에 기념 시설로 설치된 아도르노의 책상

차
례

## 들어가는 말

이 책은 2023년 1월 5일부터 2월 23일까지 두 달간 매주 목요일 서울 서교동에 위치한 필로버스Philoverse에서 이뤄진 『계몽의 변증법』 강독 세미나 수업을 토대로 작성된 것이다. 매주 각 챕터별로 책을 함께 읽고 강독이 진행되었으며, 이 책의 본문은 이 세미나에서 했던 강의 내용을 담고 있다. 세미나에서는 강의 외에도 책의 내용이나 아도르노, 호르크하이머의 사상 또는 다른 이론가들과 저자들의 관계 등에 관해 수강생들과 열띤 토론도 이루어졌지만, 책의 본문에 이런 토론 내용까지 실리지는 못했다. 그러나 이번 세미나에 적극적으로 참여해 준 모든 분들에게 진심으로 감사의 인사를 드리고 싶다. 이번 세미나 강좌를 준비하면서 오랫동안 다른 정치철학적 연구 주제에 몰두하느라 잠시 잊고 있었던 아도르노와 호르크하이머 사유의 매력을 다시 깨닫게 되었고, 또 세미나 시간에 이뤄진

질문과 토론들은 그동안 내가 하지 못했던 고민들에 관해서도 일깨워 주고 나의 사유를 촉진하는 계기가 되기도 했다.

세미나를 준비하고 또 이 책을 저술하는 과정에서 나는 두 가지 주안점을 두었다. 하나는 『계몽의 변증법』에 등장하는 아도르노와 호르크하이머 사유의 여러 특징들, 개념들, 저작의 내용에 관해 상대적으로 쉽고 이해 가능한 방식으로 설명하되, 이를 이론적 짜임 관계 속에서 조망하는 것이다. 따라서 나는 어떤 개념이나 사유의 특징을 설명할 때 이것이 직접적으로 어떤 뜻이라고 설명하기보다는, 그러한 개념이나 사유가 도출된 맥락, 사상가들 사이의 영향 혹은 역사적 배경에 관해서 설명하는 방식으로 그 의미를 제시하고자 했다. 이것은 아도르노와 같은 초기 비판이론가들의 철학을 이해할 때 매우 중요한 요소인데, 왜냐하면 우리가 이들의 사유를 이해하기 위해서는 반드시 그들이 다른 철학 사유, 예컨대 칸트, 헤겔, 마르크스, 프로이트, 벤야민 등과 맺는 관계에 관해서 고찰할 필요가 있기 때문이다. 그러나 철학이나 인문학을 전공하는 전문 연구자가 아닌 한에서 이는 독자들에게 과도한 부담을 지워야 한다는 것을 뜻한다. 따라서 나는 독자들이 짊어져야 하는 그러한 부담을 최대한 함께 지고자 했다. 그것이 어떻게 보면 전문적으로 철학을 연구하는 연구자들이 인문학 독자들과 대중들에게 제공해야 하는 의무가 아닌가 하는 생각이다.

둘째로 나는 『계몽의 변증법』이라는 텍스트, 곧 20세기 중후반 열정적으로 읽혔고 그런 맥락에서 현대의 고전으로 불리고 있지만, 그것의 현재성에 관한 많은 비판이 제기되고 심지어 그것이 제출하는 텍스트가 '낡은 것'이 아닌가 하는 의구심마저 제기되는 이 텍스트가 지니는 현재적인 의미에 관한 나의 생각을 독자들께 전달하고자 하였다. 어떤 텍스트든, 우리가 그것을 문헌적인 의미에서만 고찰하게 될 때 그 책은 '고전'의 반열에 오를 수 있을지언정 현재성을 상실한 '죽은' 텍스트가 되어버린다. 그리고 고전이 된 텍스트의 내용을 현재화하는 것은 이 시대를 살아가고 이 시대와 대결해야 하는 학자의 의무이기도 하다. 이런 맥락에서 나는 이 두 가지 연구자의 의무―사유의 배경과 맥락을 전달하는 의무와 텍스트를 현재적인 것으로 살아 숨 쉬게 만들어야 하는 의무―를 지키고자 하였다. 그러한 의도가 지금 이 책을 읽는 독자들에게 전달되었으면 하는 마음이 간절할 뿐이다.

『계몽의 변증법』은 올해로 창립 100주년을 맞은 프랑크푸르트 사회조사연구소의 사상가들, 이른바 '프랑크푸르트 학파' 내지는 '비판이론'이라고 불린 지식인 그룹의 1세대를 대표하는 저작이다. 이 지식인들은 바이마르 공화국에 대한 희망과 좌절을 경험했고, 나치즘의 위기와 세계대전, 아우슈비츠 학살을 겪었다. 따라서 이들의 이론에는 바로 그러한 시대 경험이 응축되어 있고, 이렇게 비극으로 귀결된 역사를 해명하고자 하는 철학적 소명이 자리 잡고 있다. 이러한 맥락에서 이 저작에서 서술되고 있는 아도르노와 호르크하이머의 사유가 오늘날 여전히 우리에게 주는 의미는 민주주의의 위기에 대한 진단, 그리고 민주주의라는 '정상성'에 내재한 파시즘의 '야만'에 관한 냉철한 시선에 있다고 할 수 있다. 나아가 '탈진실'과 '반지성주의'라는 이름으로 오늘날 출현하고 있는 일련의 징후적인 흐름들과 정치의 권위주의화라는 추세는 저자들이 분석하는 '계몽의 실패' 혹은 '계몽의 신화로의 전도'라는 명제들과 어떤 연관성이 있는지 추적해 볼 수 있을 것이다. 또 기후위기와 기후재난의 시대에, 이 저작이 제출하고 있는 자연 지배 비판과 '자연과의 화해'에 관한 전망이 지닌 의미 역시 재사유될 필요가 있을 것이다.

이 책은 그러한 방식으로 『계몽의 변증법』이라는 저작이 지닌 오늘날의 의미를 추적하고, 이를 우리 시대의 현실에 대해 비판적으로 대결하기 위한 출발점으로 삼고자 하였다. 독자분들 역시 이 위대한 현대의 고전이 지닌 의미를 음미하면서, 그 과정에서 우리가 살고 있는 이 시대에 관한 비판적 성찰에 많은 관심을 가져주시기를 호소드린다. 비판이론은 언제나 위기에 관한 이론이었고, 그것은 『계몽의 변증법』이 저술된 1940년대나 21세기의 한복판인 지금이나 마찬가지일 것이다.

책의 인용 방식에 관해, 주로 『계몽의 변증법』 본문의 내용을 풀어서 쓰되, 필요한 경우 직접인용을 하였다. 『계몽의 변증법』 본문을 인용할 때는 독일 주어캄프Suhrkamp사에서 나온 아도르노 전집 3권Theodor W. Adorno Gesammelte Schriften Bd.3을 토대로 내가 직접 번역을 하였고, 문학과지성사에서 발간된 국내 번역본 페이지도 함께 수록했다. 인용문 뒤에 붙은 괄호의 앞에는 아도르노 전집판 페이지가, 뒤에는 국내 번역본 페이지가 각각 표기되어 있다.

마지막으로 필로버스의 김정인, 권순모 선생님, 그리고 세미나 조교를 맡아주신 조민우 선생님께 감사 인사를 드린다.

2023년 8월
한상원

# 1강

# 서문&계몽의 개념

세미나를 시작하도록 하겠습니다. 사실 저는 『계몽의 변증법』을 여러 번 읽었습니다. 제가 아도르노로 박사 논문을 썼으니까, 이 책을 한두 번 읽은 게 아니겠죠. 그런데 오늘 강의를 준비하면서 책을 다시 읽으니까 또 다르더라고요. 오늘 할 서문과 1장 부분을 또 읽으니까 이런 문장이 있었나 싶고요. 『계몽의 변증법』 같은 고전은 확실히 읽을 때마다 느낌이 새롭습니다.

'서문'과 1장 '계몽의 개념'까지가 오늘 나가기로 한 부분입니다. 본격적으로 본문을 읽기 전에, 일단 책의 제목에 대해서 한번 생각을 해보죠. 이 책의 제목은 『계몽의 변증법』입니다. 아도르노와 호르크하이머가 쓴 가장 유명한 책이고 20세기에 출판된 철학책 중에서 가장 많이 읽히는 현대 철학의 고전 중 하나입니다. 그런데 왜 책의 제목이 '변증법'일까요? 이게 저의 질문입니다.

## 책의 제목에 관하여

생각해 보면 아도르노가 쓴 여러 책 중에 가장 대표적인 책이 『계몽의 변증법』과 『부정변증법』입니다. 이 두 책 모두 제목에 '변증법'이 들어가 있습니다. 그렇다면 아도르노 철학에서 이 변증법이라는 게 굉장히 중요하다는 뜻일 텐데요. 『부정변증법』은 사실 책 내용 자체가 변증법이 무엇인지를 새로 쓰려고 했던 것이죠. 『계몽의 변증법』은 딱히 변증법이 무엇인가에 대해서 설명하는 책은 아니에요. 주로 계몽을 비판하는 책이죠. 그런데 책의 제목이 『계몽의 변증법』이란 말입니다. 여기서 변증법이 무슨 뜻일까요? 정답이 있는 건 아닙니다. 아도르노가 직접, 또는 권위 있는 아도르노 해석가가 '아도르노의 『계몽의 변증법』에서 변증법이 이런 뜻이다'라고 정의 내리는 걸 제가 본 적도 없거든요. 예를 들어서 계몽을 비판하려면 '계몽 비판'이라고 책의 제목을 지으면 되잖아요. 마치 칸트처럼 『순수이성비판』, 『실천이성비판』, 『판단력비판』 식으로 그냥 '계몽 비판'이라고 지으면 될 텐데 왜 하필 『계몽의 변증법』일까요? 이 질문은 독특하게 아도르노적인, 또는 호르크하이머적인 의미에서 계몽에 대한 비판이 무엇인가, 그리고 여기서 말하는 '변증법적 비판'이라는 게 어떤 것인가 하는 물음으로 연결됩니다.

한쪽에는 비판의 대상으로 계몽이 설정돼 있고, 다른 한편에서는 계몽의 대립물이 존재합니다. 그것은 신화입니다. 그런데 이 『계몽의 변증법』 앞부분 '계몽의 개념' 챕터에서 다루고 있는 가장 중요한 테제는 '계몽은 신화로 전도되고, 또 신화는 그 자체로 하나의 계몽이었다'라는 것입니다. 계몽의 대립물은 신화인데, 계몽이 자신이 반대해서 싸우려고 했던 그 대상으로 스스로 전락해 버린다는 것이죠. 어려운 철학 용어로 이것을 '대립물의 전도' 혹은 상호 전도, 또는 헤겔 철학에서 많이 나오는 '대립물의 통일'이라고도 합니다. 하나의 축이 다른 한쪽으로, 자신의 대립물로 전도되는 현상, 즉 본인의 의도와 무관하게 자신이 반대했던 그 대립물로 전도되는 현상을 말합니다. 그래서 비판을 하는데 어떻게 비판하느냐, '네가 반대했던, 네가 싸우고자 했던 그 대상과 네가 얼마나 닮아 있는지'를 보여주는 거죠. 서로 대립하는 두 대상 사이에 모순적이게도 통일성이 존재한다는 것을 보여주는 것입니다. 그런데 이렇게 비판하는 이유는 뭘까요? '계몽이 신화로 전락했다. 또는 신화도 일종의 계몽이었다'라면서 서로 대립하는 두 대상이 상호 전도되고 상호 통일되는 그런 현상들을 비판적으로 고찰하고 있는데, 여기서 아도르노와 호르크하이머의 의도는 무엇일까요?

미리 말씀을 드리자면 이건 저의 해석입니다. 저자들이 계몽을 비판해서 공격하잖아요. 사정없이 두들겨 패잖아요. 그렇게 사정없이 어떤 대상을 공격해서 비판하고 두들겨 패면, 상대방이 KO될 거 아닙니까. 쓰러질 거 아니에요? 그런데 아도르노와 호르크하이머의 비판의 목적은 상대방을 쓰러뜨리는 데 있는 게 아니죠? 계몽을 쓰러뜨리려고 비판하는 게 아니에요. 아도르노와 호르크하이머는 그럼 뭘 하려는 건가요? 지금 이 1장 '계몽의 개념' 챕터에서도 쭉 계몽 비판을 하다가, 뒷부분에 가면 '어떻게 계몽을 또는 사유를 소생시킬 것인가'가 저자들의 주요 관심사가 됩니다. 그렇죠. 사실은 계몽을 공격하지만, 매우 래디컬하게 비판을 하지만, 그 비판의 목적은 계몽이라는 비판 대상을 쓰러뜨리려는 게 아니라, 또는 단순하게 그냥 해체해 버리려는 게 아니라, 다른 방식으로 계몽을 구제하려는 것이죠. 그럼 여기서 '비판'은 무엇과 같은 것입니까? 대상을 '구원'하는 것과 같습니다. 비판 없이는 대상이 구원되지 않아요. 왜냐하면 계몽은 또는 계몽적 이성은 스스로 자기 자신을 하나의 우상으로 또는 페티시fetish로, 물신으로 만들어 버리기 때문입니다. 비판을 거치지 않은 계몽은 또다시 자연을 지배하고, 인간을 지배하고, 지배의 원리로 고양되었고 그 결과 파국적인 인류 역사가 나타났지요. 그래서 계몽은 비판을 받아야 하는데, 그 비판의 목적은 계몽을 폐기하고, 소멸시키고, 절멸시키기 위한 게 아니라 비판을 통해서 대상을 구원하는 데 있는 것입니다.

## 비 판 을  통 한  구 원

이러한 비판의 방법은 이 책의 저자들이 처음 이야기하는 내용은 아닙니다. 비판을 통해 대상을 구원한다는 이런 방식의 비판은 거슬러 올라가 보면 칸트의 비판 철학에까지 소급됩니다. 예컨대 『순수이성비판』에서 칸트는 서문에서부터 그가 독단론이라고 이름 붙인 전통 형이상학에 대해 아주 가차 없이 비판합니다. 이미 스콜라 철학 이래의 전통 형이상학에 대해 도그마Dogma, 독단이라고 선언하는 것 자체가 과격한 비판이죠. 그리고 이 당시에 성직자들, 철학자들, 아니면 법을 제정하는 사람들, 다시 말하면 종교 권력이든 학문 권력이든 정치권력이든 이 모든 권력이 대중에게 존경을 요구하는데, 칸트는 '이성은 자기 스스로가 신뢰할 수 있는 대상

계몽의 변증법 함께 읽기

에 한해서만 존경을 보낸다'라고 말하면서 도발적으로 당대의 주류 사상에 이의 제기를 하는 겁니다. 그런데 칸트가 그렇게 당대 형이상학에 대해서 비판하는 이유는 무엇일까요. 형이상학, 나아가서는 이성을 법정에 세운다는 것이 『순수이성비판』 서문에 나오는 말인데요. 말하자면 그 법정의 시험을 통과해야만 이성이 튼튼하게 진정한 형이상학의 토대를 세울 수 있다는 거예요. 그러니까 칸트가 의도했던 건 이성 비판의 저작들을 써서 당대의 주류 형이상학을 비판하면서 형이상학의 올바른 주춧돌을 만드는 것이었습니다. 그것이 허황된 독단론으로 흐르지 않게 한다는 것이었지요.

『계몽의 변증법』 저자들의 관점도 비슷합니다. 이런 맥락에서는 칸트의 비판 철학은 '비판이론critical theory'이라고 불리는 아도르노와 호르크하이머 시대의 비판과 상통하는 비판 개념을 가지고 있습니다. 그러니까 칸트의 비판 철학과 헤겔의 변증법을 거쳐서 칼 마르크스와 아도르노에 이르기까지 일종의 '비판' 개념의 계보학을 생각해 보면, 거기서 공통적으로 나타나는 게 있어요. 비판은 대상을 절멸시키는 것이 아니며, 비판을 통해서 우리가 새로운 것을 만들어 낼 수 있다는 겁니다. 그런데 비판이라고 하는 건 일종의 부정성이죠. 비판하는 거니까 말 그대로 부정하는 거잖아요. 그런데 여기서 부정은 절멸시키거나 폐기하는 부정이 아니죠. 어떤 대상을 새로운 대상으로 구성하는 부정성입니다.

여기서 말하는 부정성이 규정적 부정bestimmte Negation입니다. 이것도 헤겔한테서 빌려온 말입니다. 헤겔은 또 어디서 이 말을 빌려왔냐, 스피노자한테서 빌려온 거예요. 스피노자는 '모든 규정은 부정이다'라는 문장을 남겼습니다. 무슨 이야기냐면 우리가 어떤 것을 정의 내리고 규정을 하게 되면, 거기에는 항상 부정이 포함된다는 것입니다. 예를 들어서 '사과는 어떤 과일이다'라고 규정하면, 그때 우리는 '사과는 왜 사과가 아닌 것이 아닌지'를 말하는 것과 같습니다. 그러니까 사과가 무엇인가를 규정하는 것은 왜 사과가 배가 아닌지 왜 사과가 포도가 아닌지에 관한 설명이 함축되어 있는 거잖아요. 그래서 우리가 어떤 대상을 규정하는 것은 항상 부정이라고 스피노자가 말을 하는 것이죠. 근데 이걸 헤겔이 가지고 옵니다. 그래서 자기 철학에서 '변증법적 부정성'이라는 개념을 사용하는 거예요. 그런데 이때 핵심은 우리가 어떤 대상을 규정할 때 반드시 부정이 있어야 한다면, 여기서 말하는 부정이란 허무주의적인 부정이나 절멸시키는 부정이 아니라 대상을 규정해 주는 부정이고, 그러한 부정을 통해서 사과라고 하는 긍정적인 개념 규정이 가능해지는 겁니다. 그게 여기서 말하는 규정적 부정의 뜻입니다.

　아도르노는 이런 생각을 받아들입니다. 그리고 이를 어떤 긍정적인 우상을 수립하는 게 아니라, 우리의 눈앞에 보이는 우상들이 왜 허위인지를 계속해서 비판하는 그런 철학적인 부정의 방법을 택해야 한다는 주장으로 연결시킵니다. 아도르노는 헤겔 변증법을 비판하면서도 그것과 공통적으로 모순의 부정성을 사유하지요. 변증법은 결국 비판적인 사유입니다. 그런데 규정적 부정 개념에서 보듯, 여기서 말하는 부정성이란 대상을 구원해 주는 부정성이라고 하는 것이 『계몽의 변증법』이라는 제목에 함축돼 있는 내용이 아닌가 하는 생각이 듭니다.

# 책의 발생사

지금까지 책의 제목에 관해 얘기해 보았습니다. 그다음에 이 책의 발생사에 대해서 설명하겠습니다. 이 책이 쓰인 것은 1944년입니다. 미국 캘리포니아에서 두 망명 지식인 호르크하이머와 아도르노가 1944년에 책을 집필했고, 책이 정식 출간된 것은 1947년 암스테르담에 위치한 크베리도Querido라는 출판사에서였습니다. 그게 1판입니다. 그러니까 1944년에는 그냥 타자기 인쇄본만 있었던 거예요. 제본된 등사판으로 나와 있던 초고가 책으로 정식 출간된 것은 전쟁이 끝나고 나서인 1947년이었던 것입니다. 이 책이 나오고 나서 1950년대에 아도르노와 호르크하이머가 독일로 다시 돌아와 강의도 하고 대학에 자리도 잡고 하면서 그들의 명성이 올라가니까, 『계몽의 변증법』에 관해 많은 사람들이 궁금해했지요. 1950년대와 60년대까지, 특히 1960년대에 이 책이 굉장히 많이 읽히는데 이때는 암스테르담에서 나온 판본은 이미 절판됐고, 해적판이 나와서 널리 확산되었습니다. 그래서 보통 『계몽의 변증법』이 독일 68세대에게 영향을 주었다고 알려져 있는데, 독일 68학생운동에 참여했던 이들은 『계몽의 변증법』을 다 해적판으로 읽은 것입니다. 1969년이 되어서야 책이 정식으로 독일 피셔Fischer 출판사에서 발간됩니다. 69년 출판본은 47년 첫 판본과 크게 다르지 않습니다.

사실 『계몽의 변증법』 서문에서 저자들은 1944년 초고와 1947년 1판 사이에는 아무 변화가 없는 것처럼 말합니다. 그런데 재밌게도 독일 사람들은 이런 것도 다 들여다봐요. 그래서 44년 초고와 47년 판본 사이의 차이를 발견한 사람들이 호르크하이머 전집에 부록으로 초고와 1판 사이의 차이에 대해서 수록해 놓았습니다.[•] 주로 어떤 차이들이냐면, 초고에서는 47년에 나온 1판에 비해 조금 더 마르크스주의적인 언어를 많이 사용합니다. 그래서 이 책에서 '산업 사회', '경제 형태' 같은 말들이 많이 나오는데 이런 단어들은 44년 초고에서는 원래 '자본', '자본주의 생산 양식'으로 표현되어 있었던 것입니다. 두 저자 모두 마르크스주의 지식인들이었고, 그런 마르크스주의적인 언어의 흐름들이 44년 초고에 비교적 많이 남아 있었는데, 전쟁이 끝나고 47년에 정식으로 책이 발간될 때는 그런 단어들을 다소 수정한 것으로 보입니다.

이후에 아도르노와 마르크스주의의 관계에 대해서도 여러 연구들이 진행되어야 합니다. 아도르노는 파시즘을 겪은 후, 혁명을 통한 역사적 진보를 주장했던 마르크스주의에 대해 굉장한 회의를 느끼기도 했지만, 결코 마르크스주의를 포기하지 않았습니다. 68세대 이후 독일어권에서는 마르크스주의의 혁신이 생겨나는데, 이를 주도한 인물들이 아도르노의 제자 세대입니다. 그러니까 아도르노는 한편으로는 68학생운동과의 분열을 겪었지만, 다른 한편으로는 여전히 학생운동 세력과 마르크스주의 지식인들에게 엄청난 영향을 미쳤던 것이죠. 또 본인 스스로 1950년대와 60년대 마르크스 관련 세미나를 하면서 독자적인 마르크스 독해 방식을 발전시키고 이것이 훗날 독일어권의 '새로운 마르크스 독해Neue Marx-Lektüre'나 영국의 '오픈 마르

---

● Willem van Reijen, Jan Bransen: Das Verschwinden der Klassengeschichte in der 'Dialektik der Aufklärung'. Ein Kommentar zu den Textvarianten der Buchausgabe von 1947 gegenüber der Erstveröffentlichung von 1944. In: Max Horkheimer: Gesammelte Schriften. Band 5. Fischer, Frankfurt am Main 1987.

계몽의 변증법 함께 읽기

크시즘Open Marxism'에 영향을 미치게 됩니다. 그런데 이 부분에 관해서 국내에 연구가 거의 없는 것이 현실입니다.


## 계몽의 약속과 좌절

이제 책을 같이 읽어보지요. 서문을 보도록 하겠습니다. 앞부분에 굉장히 유명한 문장이 나오죠. "왜 인류는 참으로 인간적 상태에 들어서지 않고 새로운 종류의 야만 상태에 빠졌는가."(11/12) 『부정변증법』의 서문도 이런 방식으로 시작을 하죠. 이 책하고 약 20년 정도의 터울이 있지만, 『부정변증법』의 앞부분에도 '철학의 실현이 지연됐다'라는 표현이 나옵니다. 말하자면 포이어바흐 이후에 헤겔 좌파 또는 청년 헤겔학파라고 불렸던 사람들—넓은 의미에서 보면 이제 칼 마르크스도 그중에 한 명일 텐데—이 꿈꿨던 것이 '철학의 실현'입니다. 그러니까 이들은 헤겔이 말한 절대정신의 구현 같은 것이 현실 세계에서, 현실의 토대에서 가능할 것이라고 믿었던 것이죠. 그런데 그러한 철학의 실현이 지연됐다는 것입니다. 즉 혁명과 해방이 유예되었다는 것이죠.

『계몽의 변증법』도 이와 유사한 진단에서 출발하고 있습니다. 계몽이 구현하려는 목표가 있었죠. 저자들의 표현상으로는 '참으로 인간적인 상태'를 만드는 거였어요. 계몽이라는 게 합리성, 지성, 이성을 토대로 인간의 자유와 해방을 달성하려고 했던 사유 운동이었고 데카르트 철학을 위시한 근대 철학도 큰 틀에서 봤을 때 계몽의 정신을 가지고 있었다고 말할 수가 있겠죠. 전통적인 중세적 세계관을 전복시킴으로써 그것을 통해서 지성의 자유를 추구했다는 의미에서요. 그리고 나아가서는 칸트와 헤겔 이후에 칼 마르크스의 사유도 계몽의 후예라고 말할 수 있을 겁니다. 계몽 그 자체는 이성을 통한 인간의 자유와 해방을 달성하려고 했다면, 마르크스는 그것을 유물론적인 언어로 바꿔서 생산 관계의 변혁이라는 관점을 도입한 것이죠. 계몽주의자들은 현재를 또는 기존의 세계를 무지몽매한 상태, 암흑기라고 보는 거고, 마르크스는 현재의 계급 사회의 억압과 불평등과 부자유를 타파하고 새로운 세계를 만드는 목표를 추구한 것인데, 그렇게 보면 마르크스 역시 계몽의 연장선에 있다고 할 수 있을 것입니다. 칼 마르크스의 사유를 포함해서 모든 계몽적인 사유는 이런 인간적인 상태를 달성한다는 목표를 설정하고 있는데, 현실에서 인간의 역사는 왜 인간적인 상태, 그러한 해방된 상태가 아니라 파국으로 귀결됐는가 하는 질문이 제기되는 것입니다. 아도르노와 호르크하이머가 던지는 이 물음은 많은 부분 발터 벤야민의 「역사의 개념에 관하여」, 일명 '역사철학테제'라고 불리는 텍스트로부터 영향을 받았다고 말할 수 있습니다. 실제로 벤야민이 '역사철학테제'에서 던지는 질문이 이것입니다. 벤야민은 진보사관에 대해 굉장히 강하게 이의 제기를 하면서, 역사의 진보라고 우리가 믿어왔던 것이 실제로는 파국이라면 어떻게 할 것인가, 하는 질문을 던집니다. 그래서 벤야민에 따르면 오늘날 혁명의 목표는 낭떠러지를 향해 질주하는 기차에 비상 브레이크를 거는 거예요.

그러니까 지금 우리는 미래를 향해 질주하는 계몽이라는 기차를 타고 달리는데, 기차를 타고 전진하면 그것이 어떤 역사적인 궁극적 상태에 도달하겠죠. 칸트는 이걸 세계 시민 사회라고, 또는 영원한 평화라고 부릅니다. 지금은 인류가 서로 적대하고 전쟁을 벌이고 있지만, 언젠가 인류는 적대 없는 사회, 영원한 평화에 도달할 수 있을 것이라는 주장입니다. 마르크스도 비슷해요. 지금은 계급으로 분열된 사회에 우리가 살고 있지만, 혁명을 통해 계급적인 억압이나 불평등이 존재하지 않는, 모든 인간이 조화롭게 살아가는 사회를 향해 나아갈 것이라고 전망합니다. 그래서 기차처럼 전진하는 역사의 막을 수 없는 진보를 통해서 궁극적으로 도달할 수 있는 상태가 무엇인가, 이것이 계몽주의자들이 꿈꾸었던 역사철학인 것입니다. 그런데 이처럼 볼테르 이래 등장한 계몽주의 역사철학에 대해 벤야민은 우리가 이 기차를 타고 나아가다가 궁극적으로 어떤 이상적인 상태에 도달하는 게 아니라 낭떠러지로 떨어지면 어떻게 할 거냐고 질문하는 것입니다. 실제로 역사는 어디로 귀결됩니까? 역사는 두 차례의 세계대전과 파시즘의 귀결로 나아가게 됩니다. 그렇다면 우리가 지금 취해야 할 혁명적인 행동은 앞으로 나아가도록 액셀러레이터를 밟는 게 아니라 비상 브레이크를 밟는 것이겠지요. 이것이 벤야민이 말하는 '정지상태의 변증법'입니다. 그리고 아도르노와 호르크하이머도 이러한 벤야민의 사유로부터 많은 영향을 받았다고 할 수 있습니다.

이제 '계몽의 자기 파괴'에 관한 내용이 나오고, 그다음에 계몽의 자기 파괴를 설명하기 위해서 계몽이 상품으로 전락하는 현상, 지식이 상품이자 동시에 자연을 착취해서 더 많은 이윤을 내기 위한 수단으로 전락하는 현상들이 지적됩니다. 그런데 이런 표현에서 읽을 수 있는 게 뭐냐면, 남이 계몽을 파괴하는 게 아니라 계몽 스스로가 자기 자신을 파괴하고 있다는 것입니다. 그러면 여기에 대해서 어떤 대안을 말해야 할까요. 계몽이 스스로 자기 자신을 파괴하고 있다면,

그 자기 파괴에 대해서 자기 스스로 성찰할 수 있어야 합니다. 다시 말해 계몽은 자기 자신에 대해 반성을 해야 합니다. 결국 계몽에 대한 아도르노와 호르크하이머의 비판은 계몽의 자기반성과 성찰을 촉구하는 것임을 알 수 있습니다.

많은 분들이 아도르노를 일종의 직관주의로, 합리성에 대한 비판이나 계몽 비판 사상가로만 이해하는 경우가 있는데, 사실 아도르노가 이 책에서 계몽을 굉장히 과감하게 비판하고 있지만, 그럼에도 아도르노는 어떤 의미에서는 마지막 계몽주의자일 수 있다는 게 제 생각이에요. 즉 오히려 '자기반성을 통한 계몽의 현재성을 말하려는 것이 아도르노의 참된 의도가 아니었을까'라는 게 저의 해석입니다. 합리성에 대해서도 마찬가지고요. 아도르노와 호르크하이머가 도구적 이성 비판을 제기하고 이성이 도구화되었다고 계속 비판하지만, 그것이 이성을 포기하자는 의미는 아닙니다. 어떻게 도구화된 이성이 자기반성을 통해서 이성의 본래 기능을 되찾을 것인가, 비판적인 능력으로서의 이성의 본래 기능을 되찾을 것인가를 말하려 했던 것 같습니다. 아도르노나 호르크하이머의 계몽 비판은 20세기 후반 프랑스 철학, 대표적으로 포스트모더니즘 철학이나 후기구조주의 철학과 많은 유사성을 가지고 있는데, 그럼에도 결정적으로 드러나는 차이가 여기에 있는 것 같아요. 후기구조주의적인 사유나 포스트모더니즘에서는 계몽이나 합리성을 비판한 뒤에는 그것에 더 이상 특별한 의미를 부여하지 않죠. 그러나 아도르노와 호르크하이머의 비판이론에서는, 아까 제가 말씀드린 것처럼 '비판을 통해 구원한다'라는 게 목표이기 때문에, 계몽의 자기 파괴를 스스로 성찰하게끔 만드는 것, 이것이 계몽 비판의 목표가 됩니다.

이런 맥락에서 이 책의 서문에서는 본격적인 내용에 앞서 이런 내용들이 다뤄집니다. 진보의 파괴적인 측면, 계몽이 신화로 퇴보하게 된 원인, 자연 지배에 대한 관점, 또 계몽의 퇴보가 정신의 사물화와 연결돼 있고 그것이 어떻게 대중의 무기력성을 야기하는 조작이나 선동 가능성으로 이어지는가, 그것이 왜 전체주의의 집권으로 나아가는가 하는 물음이 그것입니다. 1930년대에 서유럽에서는 독일에서, 동구권에서는 스탈린 체제에서 나타났던 전체주의의 요소가 어째서 등장했으며 그것이 계몽의 자기 파괴 경향과 어떻게 연결되는가, 이것이 지금 아도르노와 호르크하이머가 분석하고자 하는 내용입니다. 이 『계몽의 변증법』은 1940년대, 전체주의의 폐해가 극에 달한 상황에서 전체주의의 피해 당사자이기도 한 두 유대인 지식인들이 발행한 최초의 철학적인 전체주의 분석이라고도 말할 수 있을 것 같습니다. 근데 왜 '철학적인' 전체주의 분석이냐면, 전체주의 분석에 대해서 정치경제학적인 접근도 할 수 있을 것이고 여러 가지 접근 방법이 있겠지만, 이 두 저자는 '계몽과 계몽이 대변하려고 했던 근대적 이성이 어째서 실패했는가'를 주로 규명하면서 전체주의 분석을 이성 비판과 연결하는 철학적 작업을 수행했던 것입니다.

## 공포와 지배

이제 '계몽의 개념' 파트로 넘어가겠습니다. 이 부분은 사실 이해하기도 가장 어렵고 또 가장 중요한 부분입니다. 첫 문장부터 한번 읽어볼게요. "진보하는 사유라는 가장 포괄적인 의미에서 계몽은 예전부터 인간으로부터 공포를 몰아내고 인간을 주인으로 세운다는 목표를 추구해 왔다. 그러나 완전히 계몽된 지구는 승리하고 있는 재앙의 표식 속에 빛나고 있다. 계몽 기획은 세계의 탈주술화였다. 계몽은 신화를 해체하고 지식을 통해 상상력을 붕괴시키려 하였다."(19/21)

일단 아도르노와 호르크하이머가 설명하고 있는 '계몽'이 무엇인가 하는 것도 사실 어려운 질문입니다. 좁은 의미에서 18세기 유럽에 '계몽 사조'가 있었지요. 우리가 잘 알고 있는 프랑스의 볼테르도 있고, 독일에서는 칸트 같은 사람이 대표적으로 「계몽이란 무엇인가」에 관한 글을 집필했습니다. 이렇듯 자신들을 계몽 학파 내지는 계몽주의자라고 불렀던 좁은 의미의 계몽주의자들이 있어요. 근데 이『계몽의 변증법』을 보면 저자들이 그런 18세기의 계몽 학파만을 비판한 게 아니에요. 서구의 합리성 또는 합리성을 기초로 한 문명화 과정 전반을 염두에 두고 비판을 하고 있습니다. 그렇다고 이 저작이 근대 합리주의 철학만을 겨냥한 것도 아닙니다. 책의 앞부분에 대표적으로 비판을 받는 사람은 베이컨이고요. 그다음에 그런 의미에서의 계몽의 후예들인 20세기의 실증주의자들을 비판합니다. 그런데 사실 베이컨이나 실증주의자들은 경험주의에 더 가깝거든요. 그러니까 철학사적으로 보면 합리론과 경험론 전반을 아울러서 서양의 근대적인 사고방식 전반에 비판을 가하고 있는데, 근대에만 한정된 논의들도 아닙니다. 조금 더 읽어보면 고대 그리스의 소크라테스, 플라톤과 같은 고전 철학자들도 다루고, 그 이전에 비극, 신화, 더 나아가서 선사 시대의 주술적 세계관까지 다뤄집니다.

그러니까 이 짧은 분량 안에 어마어마한 내용이 들어 있는데, 그래서 도대체 여기서 말하는 계몽이 무엇인지 규정하기가 참 어렵습니다. 좁은 의미에서는 계몽 학파를 포함한 서구 근대를 말하는 개념이겠지만 넓은 의미까지 포함한다면 지금 이야기한 대로 인류의 문명사 전반을 아우르는 개념입니다. 그러니까 이 책은 인류의 문명사 전반을 계몽으로 지칭할 때도 있습니다. 계몽이라는 어휘 자체는 18세기 계몽 학파에 의해 등장했지만, 이성을 통한 자연 지배와 지식을 통한 자기보존이라는 계몽의 기획은 서구 역사의 곳곳에 등장하는 것이기 때문입니다. 그러다 보니 계몽 개념이 지나치게 탈역사적인 방식으로 서술되었다는 비판도 이 저작에 가해집니다.

그런데 저자들이 말하는 근대적인 합리화 과정과 고대 그리스를 비롯한 고대 사회에서의 합리화 과정 사이의 묘한 유사성을 어디에서 발견할 수 있을까요? 그것은 공포입니다. 공포 개념은 계몽적 합리성을 이해할 때 굉장히 중요합니다. 일단 공포는 토머스 홉스의 철학에서 가장 중요한 개념이에요. 홉스가 이런 말을 한 적이 있습니다. '나는 공포와 쌍둥이로 태어났다.' 엘리자베스 1세 시대에 어머니가 홉스를 임신하고 있었던 시기에 영국이 스페인과 전쟁을 벌입니다. 그래서 스페인의 무적함대가 영국을 쳐들어와요. 그때 무적함대가 영국 앞바다에 나타났다는 소문이 퍼지니까 영국인들이 겁에 질린 거예요. 그래서 토머스 홉스의 어머니가 조산을 하여 홉스는 일곱 달 만에 태어납니다. 홉스가 나중에 그 이야기를 회상하면서 '나는 공포와 쌍둥이로 태어났다'라고 한 것이죠. 실제로 홉스의 철학이 시종일관 다루고 있는 인간 정서가 공포입니다. 자연 상태에서는 모든 개인이 벌이는 전쟁의 공포가 있죠. 그 후 시민사회를 성립하고 리바이어던이라고 부르는 국가를 만들어 내는데, 그 국가를 만드는 기초

역시 공포입니다. 자연 상태는 인간이 겁에 질린 채 서로 살해하는 상황입니다. 그 자연 상태의 공포에서 탈출하기 위해서 리바이어던을 만드는데, 이 리바이어던 국가는 어떻게 질서를 유지하느냐? 공포입니다. 구성원들에게 공포를 강요하면서, 법을 위반하면 주권자가 너를 처벌할 수 있다는 강력한 국가 권력을 정당화하면서, 절대 주권을 정당화하면서, 그렇게 공포가 공포를 제압할 때 인간은 자연 상태의 무질서를 초월해서 질서를 만들 수 있다는 겁니다.

홉스의 철학은 『계몽의 변증법』과 매우 큰 관련이 있어요. 인간에게는 자연에 대한 두려움이 있죠. 우리 인간에게는 맹수의 날카로운 송곳니나 맹수의 발톱 같은 게 없기 때문에 언제든지 잡아먹힐 수 있어요. 그래서 자연에 대한 두려움을 이겨내기 위해서 계몽은 자연을 지배하는 방법을 택하죠. 왜냐면 대상을 두려워하기 때문입니다. 그래서 공포를 어떻게 이겨낼 것인가, 그리고 인간이 자연이나 낯선 타자에 대한 두려움 속에서 어떻게 자기보존을 이룰 것인가 하는 것이 중요한 물음이 됩니다. 이것은 동시에 홉스의 물음이기도 합니다. 그래서 제가 보기에, 이 '계몽의 변증법'이라는 메커니즘의 전형을 보여주는 철학이 홉스예요. 제가 홉스와 『계몽의 변증법』의 관계에 대해서 쓴 논문도 있는데요.● 히틀러 파시즘의 시대에 아도르노와 호르크하이머가 고찰하는 서구 근대도 어떤 의미에서 홉스적인 근대인 것입니다.

그런데 계몽이 본래 추구했던 것은 홉스적인 근대가 아니죠. 계몽이 추구했던 건 로크적인 자유 개념일 수도 있어요. 그러니까 신흥

---

● 한상원, 「홉스와 '계몽의 변증법': 절대주권과 자기보존의 역설」, 『철학』 147집, 2018, pp.1-25.

부르주아 계급이라는 담지자를 통해 합리성이 중심이 되어 시민의 자유와 권리 그리고 재산권이 존중받는 시민사회 말이죠. 그러고 나서 아담 스미스의 자유방임주의가 나오고, 모든 사람들이 시장의 조화와 자유 속에 서로 부유해지는 것이 계몽이 꿈꾸었던 이상적 사회였던 것입니다. 그런데 실제로 계몽은 홉스적인 근대로 귀결되었습니다. 히틀러나 스탈린 같은 리바이어던 형태의 전체주의 정권이 나타났던 것입니다. 이것이 공포를 극복하고 자기보존을 추구했던 계몽적 주체의 역설적 귀결이었습니다. 왜 계몽은 자신이 추구해 왔던 것과 완전히 다른 결과로 나타났을까요? 이것이 해명돼야 할 내용입니다.

## 지식은 권력이다

　　　　　이를 위해 저자들은 베이컨을 계몽적인 관점의 대표자로 제시합니다. 베이컨의 유명한 말이 이거죠. '아는 것이 힘이다Knowledge is power.' 저자들은 베이컨의 이 명제를 '지식이 곧 권력'이라고 해석합니다. 사실상 두 문장은 같은 것입니다. 아는 것, 지식은 곧 힘, 권력이라는 것입니다. 이 명제는 우리가 무엇을 '안다'고 하는 것은 무엇인가를 '지배'하는 것과 같다, 즉 그 위에 올라가 그것을 이용하고 군림하는 것과 같다는 내용으로 이해될 수 있습니다. 저자들은 베이컨의 지식론을 계몽적인 관점이 빠지게 되는 역설의 논리로 제시합니다. 이 명제가 탈주술화와 합리성의 과정에서, 즉 지식을 추구하는 과정에서 어떻게 계몽이 스스로 대상 세계를 지배하는 권력의 논리로 전도되는가, 군림하는 권력이 되는가를 보여준다는 것이죠. 이것 역시 인간이 세계의 주인이 되고 그것을 통해서 인간적인 세계, 해방된 세계를 만들겠다고 하는 계몽의 원리가 어떻게 해방이 아니라 지배로 귀결되는지를 보여주는 사례입니다. 그런데 이런 베이컨의 지식 권력론을 자기 책에서 인용하는 또 다른 철학자가 있죠. 푸코입니다. 이 지점에서 사실은 아도르노와 호르크하이머의 관점은 많은 부분 푸코하고 유사합니다. 그리고 푸코가 실제로 『계몽의 변증법』을 자신이 읽었으면 내 연구를 상당히 단축시킬 수 있었겠다'라고 평가했던 것은 이런 점에서 유사성이 있기 때문이에요.●

그런데 아는 것이 왜 지배하는 것이 될까요? 독일어에서 무엇인가를 '이해한다'고 할 때 사용하는 단어에는 begreifen, auffassen, erfassen 등이 있습니다. 독일어에서 '개념'이라는 단어는 Begriff입니다. 이것도 begreifen에서 왔어요. 그런데 begreifen에서 사용되는 greifen이라는 어간은 '손에 쥐다'라는 뜻이에요. 그리고 auffassen, erfassen에 쓰이는 fassen은 '가두다'라는 뜻입니다. 무엇인가를 손에 쥐고 가두는 것이 대상을 이해하고 파악하고 개념화하는 일이라는 것입니다. 근데 생각해 보면 우리가 뭔가를 안다고 하는 게, 지식을 갖는다고 하는 게 그걸 가두는 것이거든요. 과학적인 진술이건 철학적인 진술이건 어떤 일반화된 명제를 낸다고 하는 것은 구체성으로부터 공통성을 추상해 내는 거예요. 말하자면 추상화 과정을 거치는 거예요. 우리가 살고 있는 이 세계는 다양성의 세계지만 그 안에서

● "내가 프랑크푸르트학파의 이런 장점들을 모두 인식했을 때, 나는 그들을 더 빨리 알고, 공부했어야만 했다는 후회가 들었습니다. 만약 내가 그들의 작업을 좀 더 일찍 알았더라면, 나는 틀림없이 유용한 시간을 아낄 수 있었을 것입니다." 미셸 푸코, 『푸코의 맑스』, 이승철 옮김, 갈무리, 2010, 16-17쪽.

일정한 동일성을 만들어 내는 게 개념화의 원리예요. 동일성, 같음을 만들어 내는 것은 그 과정에서 불가피하게 대상 세계에 폭력을 가하게 됩니다. 그것이 가지고 있는 다양성을 제거하고 그것을 하나의 개념으로 추상해 버리는 거죠. 그러니까 손아귀에 쥐는 거고, 가두는 거예요. 그래서 지식이라는 게, 우리가 무엇인가를 안다는 게 지배의 요소와 분리할 수 없는 측면이 있습니다.

그래서 이런 문장이 나오죠. "인간이 자연으로부터 배우고자 하는 것은, 자연과 인간을 완전히 지배하기 위해 자연을 이용하는 것이다."(20/23) 베이컨이 나타내고 있는 계몽의 정신들이 지배와 밀접한 연관이 있다는 의심이 이렇게 표현되고 있습니다. 또 "권력과 인식은 동의어"(20/23)라는 표현이 등장하는데요. 이것과 비슷한 말이 벤야민이 쓴 『독일 비애극의 원천』의 소위 '인식비판적 서문'에 등장합니다. 즉 "인식은 소유다"● 라는 것이지요. 여기서도 권력과 인식은 동일하다는, 즉 대상 세계를 인식하는 것은 무엇인가를 내 손아귀에 넣고 소유하는 것과 같다는 의미가 내포되어 있습니다. 『계몽의 변증법』의 저자들 역시 이러한 벤야민의 주장으로부터 영향을 많이 받은 것이죠.

또 '권력과 인식은 동의어'라는 말이 무엇과 연관이 돼 있냐면, 뒤에 반유대주의를 설명할 때 나오게 될 '투사'메커니즘입니다. 투사projection란 나를 대상 세계에 쏘는 겁니다. 빔프로젝터 같은 게 레이저를 벽에 쏘는 거잖아요. 그러니까 대상 세계에 던지는 거죠. 그런데 내가 대상 세계에 나를 던지는 행위는 외부에 있는 대상을 나와 같게 만드는 겁니다. 투사는 이러한 동일성의 논리, 대상 세계

● 발터 벤야민, 『독일 비애극의 원천』, 최성만, 김유동 옮김, 한길사, 2012, 39쪽.

를 나와 같게 만드는 원리입니다. 근데 주술 세계에 있었던 미메시스Mimesis는 내가 대상과 닮아가는 거예요. 카멜레온이 보호색으로 주변 세계에 맞춰 자기 색을 변형하는 것처럼 내가 타자를 또는 내가 주변 세계를 닮아가는 거예요. 이것은 동일성이 아니라 유사성의 논리입니다. 계몽의 논리는 동일성의 논리이고, 대상을 나와 같게 만듭니다. 그러다 보니 불가피하게 폭력을 행사하게 됩니다. 동일성의 폭력이 나타나게 되는 거죠. 그런데 왜 우리가 대상 세계를 나와 같게 만드느냐. 마찬가지로 무섭고 두렵기 때문에 그런 겁니다. 나와 다른 타자가 있다는 것 자체가 두렵죠. 그렇기 때문에 대상 세계를 나와 똑같은 형상으로 만들어 버린 겁니다.

반면 계몽이 억압하려고 했던 주술적인 세계관은 미메시스적인 것이죠. 아주 먼 과거의 신화적인 세계에서는 토테미즘이나 애니미즘이 지배적이었습니다. 그래서 바위를 신으로 숭배한다든지 호랑이를 신으로 숭배한다든지 할 때, 대상을 나와 같게 만드는 게 아니라 나를 대상과 닮게 만들어요. 그래서 호랑이 신을 숭배하는 부족에서는 호랑이 분장을 하고 종교적인 제의를 하는 등의 방식으로 인간이 자연을 닮으려고 해요. 그게 주술적인 세계관입니다. 근데 이 원리에서 벗어난 계몽의 세계관은 거꾸로 자연이 인간을 닮게 만들죠. 그렇게 하기 위해서 자연에 수학의 옷을 입힙니다. 철저하게 과학적인 합리성에 따라 계산 가능하고 분석 가능한 대상을 만들고, 자연을 질적인 대상이 아니라 양적인 대상으로 만드는 이유는 대상을 지배하기 위해서입니다. 왜 대상을 지배하려고 하느냐, 역시 두렵기 때문입니다.

현대사회에 적용해 보자면, 이런 계몽의 동일성 논리를 가지고 우리가 해볼 수 있는 이야기는 혐오 논리예요. 다양한 파국적인 상황에 접한 인간이 공포에 직면했을 때 그 공포를 반드시 특정 대상에게 투사하는 방식으로 나타나는 게 혐오의 메커니즘입니다. 제노포비아를 비롯한 현대사회의 다양한 혐오의 메커니즘 역시 이를 통해 설명할 수 있습니다. 저자들은 이 책을 1940년대에 썼지만, 21세기에 이 책을 통해서 얻을 수 있는 혜안 중 하나가 혐오의 메커니즘을 이해하는 방식이라고 저는 생각해요. 그리고 공포라는 정념과 지배의 상관관계에 관한 저자들의 서술은 오늘날의 우리의 삶을 설명할 수 있다는 생각이 듭니다.

## 체계와 통일성

다음 구절을 보겠습니다. "계산 가능성과 유용성의 척도에 따르지 않으려는 것은 계몽에게 의심스러운 것으로 간주된다."(22/25) 그렇다면 왜 자연 세계를 추상화하고 쪼개고 분해해서 계산 가능한 것을 만드는 걸까요? 지배하기 위해서죠. 왜 그걸 지배하고 싶을까요? 자연 세계에 우리가 두려움을 느끼기 때문입니다. 두려움을 느끼는 외적 대상과 외부 세계를 지배할 수 있는 방법은 그것을 수량화하는 것입니다. 나아가 계몽의 또 다른 원리는 주체로의 환원입니다. 저자들이 '신인동형론'을 끌어들인 이유는, 기독교에서 인간이 신을 모방한 것이듯이, 계몽은 인간을 닮은 형태로 자연을 만들어 낸다는 설명을 하기 위해서입니다. 자신을 외부에 투사하는 주체의 모습은 곧 모든 것을 주체로 환원하는 것과 같죠. 모든 것을 인간 주체와 같은 것으로 만들어 버리는 과정에서 나타나는 철학의 개념이 '체계'라는 거예요. "계몽의 이상은 모든 것이 도출되는 체계다"(23/26)라고 저자들은 말합니다.

　고대 철학도 물론 체계를 중시하지만, 본격적으로 철학에서 체계를 중시한 것은 근대 철학입니다. 물론 데카르트 철학과 같은 근대 초기 철학도 마찬가지지만, 본격적으로는 칸트 철학이 대표적으로 체계성의 철학의 특징을 나타냅니다. 칸트 철학의 정신은 철학의 주춧돌을 만든다는 것이고, 결국 그것은 체계를 만드는 것을 뜻합니다. 그래서 근대 철학에는 두 가지 특징이 있어요. 하나는 주체 철학입니다. 근대 철학은 주체를 중시합니다. 데카르트의 코기토cogito도 마찬가지고, 세계의 중심이 더 이상 신이라는 객관적 대상이 아니라, 그것을 사유하는 내가 되는 것입니다. 사유의 출발점은 사유하는 '나'입니다. 그러면서 그러한 인식의 방향 전환을 '코페르니쿠스적 전회'라고 부르는 게 칸트인 것이죠. 그러면서 이제 칸트부터는 주관적 인식이 주체의 능동적 구성작용에 의해 가능한 것으로 설정됩니다.

　그런데 이러한 근대 철학에서는 유한한 존재인 '나'라는 주체가 어떻게 세계의 무한성과 절대성을 파악할 수 있는 것일까요? 그 비밀은 통일적인 체계를 만드는 겁니다. 그것이 근대 철학이고, 칸트의 철학과 그 한계를 극복하는 헤겔의 절대성의 철학인데, 여기에서 개별적인 대상의 세부에 이르기까지 모든 것을 도출해 낼 수 있는 이러한 체계가 바로 계몽적 합리성을 나타내 주는 요소입니다. 일종의 그물을 치는 거죠. 아주 촘촘한 그물을 쳐서, 다양체로 존재하는 세계로부터 공통성을 도출해 내고 그것에 '개념'이라는 이름을 붙이게 됩니다. 칸트에게서도 다양한 경험 현상들로부터 인식의 법칙을 만들어 낼 수 있는 것은 인식하는 주체인 내가 선험적으로 통일되어 있고, 그러한 통일성을 통해서 세계를 체계적으로 이해할 수 있기 때문입니다. 그렇기 때문에 인간이 이성적인 존재자고, 이성적인 존재자로서 위대하고 존엄하다는 결론까지 나오게 되는 것이죠.

근데 아도르노는 여기에 대해서 의심을 제기하면서, 그러한 체계 안에도 마찬가지로 탈주술화, 합리성, 동일성의 논리 속에 지배의 메커니즘이 나타나고 있다고 비판하고 있습니다. 그러면서 여기에 자본주의 상품경제에 관한 정치경제학적, 유물론적 분석을 곁들입니다. "세계의 계산가능성의 도식"(23/27)에 대한 저자들의 분석은 다음과 같은 결론에 도달합니다. "부르주아 사회는 등가물에 의해 지배된다."(23/28) 즉 세계를 숫자로 환원하고 체계의 통일성으로 환원해서 계산 가능한 것으로 수량화하는 계몽의 사고방식이 단지 사유의 논리 안에만 존재하는 게 아니라, 어떻게 보면 근대 세계 자체가 부르주아적인 상품 교환의 논리에 따라 만들어진다는 겁니다. 상품 교환의 논리는 등가교환의 논리죠. 등가교환의 논리는 세계에 존재하는 다양한 물건들을 하나의 동일성으로 환원한다는 것입니다. 수많은 다양한 상품들을 하나의 양적 관계로 환원하기 위해서 화폐가 필요해요.

마르크스가 『자본론』에서 분석하는 것도 비슷한 내용입니다. 커피, 밀, 장미꽃, 지우개 등 수많은 상품이 존재합니다. 경험 세계가 다양체이듯이 상품 세계도 질적으로 상이한 상품들의 다양성이 존재합니다. 그런데 질적으로 완전히 다른 커피하고 밀 사이에 어떤 공통점이 있나요? 없죠. 장미꽃과 지우개 사이에도 아무런 공통점이 없어요. 근데 2천 원이라고 하는 화폐가 도입이 되면 이 상품들 사이에 '등가(=)'가 생겨납니다. '2천 원=커피 한 잔=밀 20g=장미꽃 한 송이=지우개 2개' 이런 식으로요. 이렇게 부르주아 상품경제의 특징이 동일성 논리에 있다는 것입니다. 모든 것을 상품으로 만드는 부르주아 상품 경제가 바로 이 동일성 논리의 현실입니다. 근대가 주장하는 주체의 통일성 또는 자연 세계에 대한 계산 가능성, 추상화 등 이러한 관념적인 동일성 원리는 유물론적 관점에서는 물질적 실재, 즉 화폐를 통한 모든 상품의 교환 가능성이라는 현실의 원리와 구조적으로 동일하다고 할 수 있습니다.

## 주술과 미메시스

여기까지는 이제 계몽에 대한 설명이고, 그다음에는 다시 "계몽에 의해 희생제물이 된 신화 자체도 이미 계몽 자신의 산물이었다"(24/28)라는 말이 나오죠. 계몽이 억압했던 신화와 주술적인 세계관도 이미 계몽의 산물이었다는 것인데, 왜냐하면 신화 안에는 이미 주어진 세계를 이해하고 인식하기 위한 합리성의 요소가 들어 있기 때문입니다. 이러한 신화가 계몽으로 넘어가게 되면서 자연은 단순한 객체의 지위로 떨어지게 되죠. 계몽과 신화를 설명하는 과정에서 흥미로운 지점들이 나오는데요. 주술적 세계관이 지배하는 태고의 세계에서는, 공포를 극복하기 위해서 대상을 처음부터 지배하는 게 아니라 처음에는 대상을 닮아간다고 설명하고 있습니다. 그래서 여기 어떤 설명이 나오느냐면, 무당이 혼령을 불러낼 때를 상정하고 있는데요. 애니미즘이나 토템의 숭배에서도 그렇고, 무당이 자기 안에 죽은 자를 소환한다든가 또는 어떤 신성한 존재를 흉내 내거나 아니면 고대 제전들에서 보듯 인간이 동물의 탈을 쓰고 춤을

춘다든가 하는 것들이 바로 대상 세계를 닮아가는 과정, 외부 자연을 닮아가는 과정입니다. 이처럼 주술적인 단계에서 인간은 미메시스를 통해서 공포를 극복하려고 해요. 그런데 점차 인간이 문명을 만들어 나가고 그 문명은 철저하게 합리화를 추구하게 되지요. 그러면서 이 합리성을 토대로 한 문명의 발전은 주술의 세계관, 신화의 세계관, 즉 미메시스의 세계관을 억압하지만, 미메시스는 인간에게서 결코 제거할 수 있는 게 아니에요. 왜냐하면 미메시스는 인간의 본성적인 충동이기 때문입니다.

인간에게는 미메시스를 하고 싶은 강한 충동과 욕구가 있어요. 누가 시키지 않아도 내가 주변 세계를 닮아가려고 하는 욕구나 충동이 있지요. 예컨대 어린아이들이 놀 때 서로 무언가 흉내를 내요. 칙칙폭폭 하면 기차가 되기도 하고, 이런 식으로 대상 세계를 계속 흉내 냅니다. 벤야민이 「유사성론」이라는 글이나 『일방통행로』에서 지적하는 바이기도 합니다만, 어린 아이들은 놀이를 하면서 외부 세계를 따라 합니다. 서로 닮아가려고 하는 거예요. 그다음에 가장 흔한 개그 소재 같은 것도 성대모사 하는 거잖아요. 어떤 개그맨이 유명한 사람들, 연예인이나 정치인을 똑같이 흉내 내면 우리가 보면서 다 잘한다고 웃잖아요. 왜 웃을까요? 어떤 정치인이 국회에서 연설을 하는 원본을 볼 때는 하나도 재미가 없잖아요. 근데 어떤 개그맨이 그 사람의 말을 똑같이 흉내 내는 걸 보면 되게 재미있잖아요. 왜 그럴까요. 그러니까 인간에게는 미메시스, 즉 대상 세계와 닮아가려고 하는, 유사성을 추구하려고 하는 본성적인 측면이 있어요.

그걸 인간이 문명의 합리화 과정의 발전에 따라서 억압하게 됩니다. 근데 억압한다고 해서 사라지는 게 아니라, 프로이트가 말하듯이 억압한 것은 항상 돌아와요. 어떻게 돌아오느냐. 미메시스를 내 머릿속에서 억압하고 추방해 버립니다. 그러나 닮고 싶어 하는, 같아지고 싶어 하는 충동은 남아요. 그러면 이 논리가 전도됩니다. 내가 대상 세계를 닮아가는 게 아니라 대상 세계를 나와 같게 만들어 버리는 거예요. 그런 폭력적인 방식으로 미메시스가 전도되는 겁니다. 그래서 동일성의 지배 원칙은 억압된 미메시스의 전도된 형태로의 회귀, 프로이트식으로 말해 억압된 것의 회귀인 것입니다. 내가 외부를 닮아가는 게 아니라 타자나 외부 세계를 나와 똑같이 만들어 버리려는 충동으로 나타나는 것이죠. 문명인들은 대상 세계를 나와 동일한 모습Ebenbild으로 만들어요. 마치 기독교 세계관에서는 인간이 신을 모사했듯이, 계몽적인 세계관에서는 대상 세계가, 외부 세계가 '인간을 닮은' 자연이라고 생각하게 되는 모습으로, 그런 방식으로 자기 동일성의 논리가 나타나게 되죠.

그래서 정신의 동일성과 그것의 파트너인 자연의 통일성, 그리고 추상적 동일성이 나타나는 메커니즘이 여기서 설명됩니다. 또 그것이 나타내는 논리가 대표 가능성Vertretbarkeit입니다. 대표 가능성은 여전히 주술적인 세계관에 남아 있어요. 예를 들어서 아가멤논이 트로이로 출정할 때 바람이 안 도와주니까 딸 이피게네이아를 희생제물로 바치게 되는데, 이때 여신 아르테미스가 순식간에 이피게네이아를 암사슴으로 바꿔버립니다. 또 성경책에 보면 아브라함이 이삭을 번제물로 바치려고 하는데, 이삭이 양으로 바뀌게 되죠. 이때 이피게네이아를 사슴으로 바꾸고 이삭을 양으로 바꿀 때의 논리가 대표 가능성이에요. 근데 계몽적인 합리성의 논리는 이 대표 가능성을 대체 가능성Fungibilität으로 바꿉니다. 근대적인 관료제의 논리가 대체 가능성이잖아요. 그런 방식으로 계몽은 신화적인 세계관을 대체해 가는데, 즉 계속해서 해체해 가는데, 그 과정에서 보편적인 대체 가능성 또는 ―독일어 Fungibilität는 '기능성'이라는 뜻도 돼요―하나의 기계의 기능처럼 인간이 부품이 되는 거죠. 그런 방식으로 어떻게 합리화 과정에서 나타나는 동일성 원리가 미메시스를 대체해 가면서 지배의 원리를 수립하는지를 저자들이 설명하고 있습니다.


## 우상 금지 원칙과 부정사유

이번 챕터의 마지막 부분을 보시면, 어떻게 계몽의 자기 파괴를 넘어서는 철학의 과제를 설정할 것인가로 저자들이 관심을 돌리는데, 여기서 등장하는 게 유대교에 관한 설명입니다. 이로부터 해방적인 사유의 가능성을 찾으려고 하는 것 같아요. 유대교의 사유에서는 신의 이름을 부르는 것이 금지됐죠. 이게 모세의 십계명에도 나오는, 신의 이름을 부르지 말고 또 우상을 숭배하지도 말라는 거예요. 우상을 숭배하지 말라는 원칙과 같은 유대교 신학의 요소를 저자들이 어떻게 발전시키느냐면, 무엇이 우리가 추구해야 할 이상향인지를 선언적으로 말하는 게 철학의 과제가 되어서는 안된다는 것입니다. 왜냐하면 그렇게 해서 미래의 청사진을 말했던 근대 철학자들, 예컨대 칸트의 영원한 평화라든지 마르크스의 계급 없는 사회라든지 미래에 도래할 낙관적인 전망이 무엇이든지 간에, 우리가 도래할 긍정적인 청사진을 수립하는 순간 그것은 우리의 의도와 무관하게 지배 메커니즘에 봉사하게 될 수가 있기 때문입니다.

그래서 비판적인 사유가 추구해야 할 것은 긍정적인 청사진을 수립하는 게 아니라 무엇이 허위인지를 계속해서 반박해 나가는 과정이라는 거예요. 그게 유대교 정신이라는 겁니다. 그러니까 신의 이름을 부르지도 않고, 우상을 숭배하는 게 아니라, 거짓 우상을 깨야 한다는 것이죠. 모세가 시나이산에 올라갔다가 내려와서 제일 먼저 하는 게 황금 송아지를 깨뜨리는 거잖아요. 모세가 산에 올라가서 신을 만나고 있는 사이에 유대인들이 황금 송아지를 신이라고 해서 막 섬기죠. 그러니까 모세가 그 황금 송아지를 향해 십계명이 적힌 석판을 던지죠. 그런 것처럼 비판적인 철학이 해야 할 것은 거짓 우상을 깨는 작업이지 새로운 우상을 수립하는 것이 아닙니다. 이처럼 우상 숭배를 금지하는 유대교의 원칙을 아도르노와 호르크하이머는 '규정적 부정bestimmte Negation'으로 연결시킵니다. 새로운 긍정을 수립하는 게 아니라 계속해서 부정하는 작업을 해야 한다는 것이죠. 왜냐하면 그러한 긍정을 수립하게 되는 순간 그것은 애초의 맥락을 초월해서 우리에게 또 다른 형태의 이데올로기가 될 수 있기 때문입니다. 마치 옛 소련 사회에서 마르크스주의가 그런 역할을 했던 것처럼. 피억압 계급의 투쟁을 통해서 해방을 달성한다는 목표가 어느 순간 스탈린과 볼셰비키 정권의 일당 독재를 정당화하는 이데올로기가 되었듯이, 그리고 인간을 세계의 중심에 놓고 인간을 지배로부터, 예속으로부터 자유롭게 만든다고 했던 계몽의 합리성이 지배로 전도되었듯이 말입니다.

그런 맥락에서 봤을 때, 긍정을 선험적으로 수립하는 게 아니라 계속해서 허위들을 부정해 나가는 과정, 현실의 허위들을 비판하는 과정들이 오늘날 사유가 특히 변증법적 사유가 추구해야 할 목표라는 게 아도르노와 호르크하이머의 메시지인 것 같습니다. 그리고 그러한 과정에서 제가 도입부에 말씀드렸다시피, 계몽과 이성, 합리성 나아가서는 진보라는 개념도 마찬가지로, 이런 개념들의 한계를 계속 지적하고 그것들이 자신의 대립물로 전도되고 있다는 비판을 계속하지만, 결국 그러한 자기 파괴 과정을 비판하면서 아도르노와 호르크하이머가 추구하는 것은 고전적인 철학적 개념들, 합리성, 이성, 계몽과 진보를 폐기하는 게 아니라 그 고유한 본래 역할을 찾아주는 일 같습니다.

시간이 많이 됐기 때문에 이 정도로 하고요. 모든 구절을 우리가 다 읽은 건 아니지만 대략적인 얼개는 거의 다 설명한 것 같아요. 그럼 다음 시간에 뵙겠습니다.

2강

# 부연 설명 1:
# 오디세우스 또는 신화와 계몽

부르주아 개인의 원형 / 내적 자연의 억압 / 자기보존의 역설
등가교환과 희생제의 / 오디세우스의 모험들 / 자연 지배와 인간의 지배

지난 시간에 했던 '계몽의 개념' 부분이 『계몽의 변증법』에서 이론적으로 가장 핵심적인 챕터라고 할 수가 있고요. 여기에 대해서 부연 설명이 두 개가 붙는데, 하나가 우리가 지금 살펴볼 호메로스의 오디세우스와 관련된 이야기이고, 다음 주에 다룰 내용은 계몽과 도덕의 문제에 관한 것입니다.

아도르노와 호르크하이머가 이 책을 공저했는데, 어디가 아도르노가 쓴 부분이고 어디가 호르크하이머가 쓴 부분인지 명시적으로 밝히고 있지는 않습니다. 그런데 많은 사람들은 부연 설명 1 부분은 아도르노가 썼다고 짐작을 하고 부연 설명 2는 호르크하이머가 썼다고 추측하고 있습니다. 이 부연 설명 1은 『계몽의 변증법』에서 가장 유명한 부분이기도 합니다. 특히 『오디세이아』와 관련해서 굉장히 상세히 서술되고 있기 때문에 이 부분이 유명해졌습니다. 그런데 이 부분에서는 '계몽의 개념' 부분에서 저자들이 했던 주장들 중에 무엇을 부연 설명하는 것일까요.

『계몽의 변증법』에서 가장 중요한 명제를 다시 살펴볼까요? 계몽은 자신과 대립하는 신화적인 사유로 퇴보하게 되고, 신화, 그러니까 계몽의 관점에는 애초에 합리성이 조금도 들어 있지 않을 것이라고 보였던 그 신화는, 나름의 계몽을 형성하고 있었다는 것입니다. 여기서 오늘 우리가 보려고 하는 건 둘째 명제, 즉 신화가 그 자체로 하나의 계몽이었다는 사실입니다. 이를 부연 설명하기 위해『오디세이아』를 텍스트로 삼아서 오디세우스의 모험을 토대로 서술이 이루어지고 있습니다.

호메로스의『오디세이아』는 신화적인 세계관을 배경으로 하죠. 그래서 여러 신들과 영웅들의 모험과 괴물들이 등장하고 무엇보다 주술이 등장합니다. 그런데 아도르노가 앞부분에서 재미있는 이야기를 하지요. 신화와 서사시는 별개의 개념이라고요. 정확하게 밝혀진 건 아니지만 호메로스는 기원전 8세기 사람이라고 추측되거든요. 그런데 트로이 전쟁은 역사에서 실제로 일어났는지, 일어났다면 언제인지 아무도 몰라요. 과거에 이 전쟁이 실제로 벌어졌다 하더라도 BC 11세기 정도일 것이라고 추측되는데, 그렇다면 그건 호메로스의 시점에서도 까마득히 먼 옛날이라는 말이 됩니다. 그야말로 옛날 옛적—이걸 독일어로 Es war einmal이라고 하는데요—과거의 어떤 시점에 있었을 법한 사건을 신화로 재구성하는데, 그것이 호메로스라는 작가에 의해 서사시 형태의 텍스트로 나온 겁니다. 이게 굉장히 독특한 지점이에요. 우리의 단군신화는 텍스트화되지는 않았잖습니까. 모든 문명권이 다 신화를 가지고 있지만, 이걸 텍스트로 기록한 사례는 많지 않습니다. 그러니까 박혁거세가 알에서 태어났다거나 단군이 누구의 아들로 태어났다거나 하는 신화는 대부분 구전설화입니다. 그런데 이러한 신화를 서사시라는 문학 장르를 통해서 텍스트화하는 과정에서는 계몽적인 합리성이 개입될 수밖에 없다는 것이 아도르노의 생각입니다. 그런 의미에서 『오디세이아』는 신화지만 일종의 서사시이기 때문에 그 안에는 신화와는 다른 형태의 합리성이 내포해 있는 것입니다. 말하자면 호메로스라고 하는 당시의 계몽주의자에 의해서 합리적인 방식으로 각색된 신화, 합리주의적인 방식으로 설명되는 신화인 것이죠. 논리적인 인과 같은 것이 죄의 인과응보 같은 요소들에서 묻어나는 그런 합리성의 요소가 개입된 신화로서의 서사시는 신화 그 자체와는 또 다르다는 설명입니다.

아도르노는 이런 서술을 1920년대에 발간된 빌라모비츠-묄렌도르프Wilamowitz-Moellendorff라는 사람의 연구를 바탕으로 하고 있습니다. 아도르노의 결론은 다음과 같습니다. 결국 『오디세이아』는 하나부터 열까지 다 현실에서 설명되지 않는 상상 속의 이야기들인데, 흥미롭게도 그 신화적인 세계관 안에 계몽의 요소들이 있고, 특히나 그것이 드러내는 것은 바로 "부르주아 개인의 원형"(61/81)이라는 것입니다. 물론 부르주아는 근대적인 사회 계급이지만 넓은 의미에서 부르주아적 근대 개인의 원형이 오디세우스에게서 역설적인 방식으로 드러난다는 것입니다. 그래서 시민적 개인, 부르주아적 개인이라는 개념이 바로 방랑의 운명을 타고난 주인공이 보여주는 일관된 자기주장에서 드러난다는 것입니다. 더 중요한 개념은 자기보존Selbsterhaltung; self-preservation일 텐데요. 이것이 근대적 개인의 가장 중요한 요소입니다.

## 부르주아 개인의 원형

　　　　　　　　근대적인 개인은 무엇보다도 자기보존에서 출발합니다. 과거에 플라톤이나 아리스토텔레스 혹은 로마 공화국의 키케로 같은 사람이 생각했던 것은 정치 공동체는 다수의 조화와 공동선을 위해서 존재한다는 것이었죠. 그런데 이제 개인의 자기보존이 국가의 존재 이유라는 생각이 등장합니다. 이것은 근대적인 사고방식입니다. 그 시초가 홉스인데요. 자기보존은 가장 직접적으로는 자연적인 생명의 유지를 뜻하지만, 더 넓은 의미에서 보면 사회적으로 내 삶을 유지한다는 뜻을 갖습니다. 그래서 재산을 가지고 굶어 죽지 않고 요즘 식으로 이야기하면 패배자가 되지 않고 승리해서 살아남는 자가 되어야 한다는 것이 현대인의 삶의 목표로 설정됩니다. 이처럼 자기보존이 주체의 목적이라면, 이걸 이루기 위해 인간에게는 합리성이 필요합니다. 그러니까 이성이나 합리성은 자기보존이라는 목적을 위한 수단이 되는 거죠. 그래서 인간의 이성, 로고스는 결국 자기보존이라는 목적을 위한 수단 또는 도구로 격하된다는 것이 호르크하이머가 말한 바 있는 '도구적 이성' 개념입니다.

　그런데 바로 그러한 자기보존을 중심으로 하는 부르주아 개인이라는 관념의 원형이 오디세우스에게도 발견된다는 것이죠. 오디세우스는 어떤 사람인가요? 그는 지략을 가진 사람, 합리성을 가진 사람이고 그러한 전략적 사고능력을 통해 모험을 해나가는 사람, 또 모험을 하면서 타자와 만나서 대화를 하는 사람이에요. 그래서 타자를 설득하는 겁니다. 나를 환대해 달라고, 나를 쫓아내지 말라고 말이죠. 즉 그는 그러한 로고스를 가진 사람입니다. 근데 다른 한편에서 그는 약탈도 많이 해요. 쳐들어간 섬에서 사람들을 다 죽이고 그들의 재산을 빼앗기도 하거든요. 이처럼 그는 로고스의 이중성을 보여주기도 하죠. 그런 의미에서는 아도르노가 지적하듯 오디세우스에게서 서구 제국주의의 원형을, 서구적인 식민주의의 원형을 찾아볼 수도 있는 것이죠.

그런데 기원전 8세기에 신화적인 상상력을 동원해서 쓰인 저술에 등장하는 오디세우스라는 인물에게서 18세기, 19세기 서구 근대 계몽의 논리 또는 제국주의적 침략의 논리를 발견할 수 있다는 것이 객관적인 역사성의 측면에서 분석력이 있는지에 관해 회의가 제기되기도 합니다. 이런 비판적인 학자들의 논리는 이 고대 서사시에서 근대적인 주체나 개인을 발견하려고 하는 시도가 너무나 탈역사적, 또는 초역사적이라는 것입니다. 실제로 그런 비판은 어느 정도 일리가 있지요. 제가 해석하는 방식은 『계몽의 변증법』이 『오디세이아』를 오늘날 현대인들이 발 딛고 있는 서구 근대를 되돌아볼 수 있는 '거울 텍스트'로서 인용하려고 시도했다고 보는 것입니다. 이런 맥락에서 아도르노는 『오디세이아』를 "유럽 문명의 근본 텍스트"라고 부르고, 이 작품에서 분명히 드러나는 것이 "계몽과 신화의 상호결합"(63/84)이라고 말하는 것입니다.

많은 분들이 잘 아시겠지만, 이 모든 이야기는 트로이 전쟁에서부터 시작이 됩니다. 트로이 전쟁은 굉장히 어이없이 일어나죠. 헤라, 아테나―이 아테나가 『오디세이아』에서는 가장 중요한 여신입니다―그리고 아프로디테 이 세 여신이 서로 미모를 시기해서 누가 더 예쁜 여신인가를 둘러싸고 언쟁이 벌어집니다. 그래서 세 여신은―어떤 설화 버전에서는 목동으로 나오기도 하고 원래는 트로이의 둘째 왕자이기도 한 ─파리스라는 청년에게 셋 중에 누가 제일 아름다운 여신인지 물어봅니다. 파리스는 미의 여신 아프로디테를 선택하고 그녀에게 황금 사과를 갖다 줍니다. 그러자 아프로디테가 보상을 줍니다. 그건 지구상의 가장 아름다운 여인과 사랑에 빠지게 하겠다는 것이었습니다. 그래서 아프로디테는 파리스가 헬레네와 사랑에 빠지게 만듭니다. 근데 헬레네는 스파르타의 국왕인 메넬라오스의 아내예요. 아내를 잃어버린 메넬라오스는 친형에게 가서 복수를 요청합니다. 그가 바로 미케네의 군주 아가멤논입니다. 이제 아가멤논이 전 그리스의 함대를 소집하고 트로이를 향해 출병합니다. 그때 신화적인 세계관에 따르면 아르테미스 여신의 저주로 순풍이 불지 않아 배가 출항을 할 수 없었어요. 그래서 아가멤논이 신탁을 받았는데, 그 내용은 '너의 딸을 바치면 바람이 불 것'이라는 겁니다. 그래서 그는 딸 이피게네이아를 희생양으로 살해합니다. 그런데 지난 시간에도 언급했듯이, 이피게네이아가 희생되는 그 순간에 아르테미스 여신의 도움으로 그녀를 대신해 암사슴이 바쳐지게 돼요.

이제 순풍이 불어서 출항을 하고 전쟁을 10년 동안 합니다. 그 과정에서 여러 가지 일들이 있었죠. 아킬레우스하고 아가멤논이 대립했고, 그래서 아킬레우스가 전투를 거부합니다. 그런데 나중에 트로이의 첫째 왕자 헥토르가 아킬레우스가 너무나 사랑했던 그의 사촌동생 파트로클로스를 살해하게 됩니다. 이 광경을 보고 너무나 슬퍼서 아킬레우스가 대성통곡을 합니다. 서사시의 또 다른 특징이 뭐냐면, 영웅들이 울어요. 엄청나게 웁니다. 『일리아스』에 보면 아킬레우스가 우는 장면이 여러 번 나오는데, 파트로클로스가 헥토르에게 죽임을 당하는 것 역시 대표적 장면 중 하나입니다. 분노한 아킬레우스가 복수를 다짐하며 다시 참전합니다. 그래서 전세가 기울어지고 그리스가 몰아붙이게 되죠. 그 과정에서 아킬레우스가 헥토르한테 복수를 합니다. 헥토르의 가슴에 칼을 꽂아 놓고, 너무 화가 나서 헥토르의 시신을 수레에 매달아서 질질 끌고 다니죠. 이렇게 시신에 모욕을 가한 뒤에 장례를 치르지 못하도록 시신을 자기네 진영으로 가져가 버립니다. 그때 트로이의 국왕인 프리아모스가 밤에 변장을 하고 아킬레우스 앞에 나타나서 그와 화해를 합니다. '내 아들이 당신의 사촌 동생을 죽였으니, 당신이 내 아들한테 복수하는 것은 정의에 부합하는 일이다. 그래서 나도 당신을 탓하지 않겠다. 그러니 당신도 용서를 하고 나도 용서를 하자.' 그래서 서로 부둥켜안고 울고 화해를 나눈 뒤, 프리아모스가 헥토르의 시신을 찾아가서 장례를 치릅니다. 『일리아스』는 그렇게 끝이 납니다.

그러고 나서 우리가 잘 알고 있는 것처럼 오디세우스가 꾀를 써서 목마를 트로이에 보내 전쟁이 종결되죠. 전쟁에서 그리스인들이 이기고 트로이라는 도시는 완전히 파괴됩니다. 그리스인들은 모두 전쟁에서 돌아옵니다. 그런데 오디세우스는 자신의 고향 이타카로 돌아가지 못하고 그로부터 10년을 지중해 앞바다에서 이 섬 저 섬을 돌아다니면서 모험을 계속하게 됩니다. 그러는 사이 고향 이타카에 있는 아내 페넬로페와 결혼하기 위한 100여 명의 구혼자들이 오디세우스 집에 와서 진을 치고 있어요. 여기부터가 『오디세이아』의 내용입니다. 어떻게 오디세우스가 역경을 뚫고 자기 집으로 돌아와서 이 구혼자들을 물리치고 가정의 평화와 영토를 되찾는지를 서술한 겁니다.

여기서 오디세우스가 풍파를 견디고 각 섬들에 살고 있는 주술적인, 신화적인 존재들을 극복하면서 역경을 딛고 고향으로 돌아가는 과정이 근대적인 언어로 표현하자면 '자기보존'인 것입니다. 이 자기보존을 위해 오디세우스는 합리성을 사용합니다. 자신의 지략, 책략을 사용해서, 그러니까 일종의 간계를 통해서 오디세우스가 자신의 고향으로 돌아가는 과정이 『오디세이아』의 내용인 것입니다. 그렇다면 오디세우스는 자기보존을 위해 합리성에 의존하고 이를 통해 자연을 지배하는 주체라고 볼 수 있겠죠. 자연은 여기서는 신화적인 힘으로 해석됩니다. 예컨대 포세이돈이 노했기 때문에 오디세우스에게 재앙을 주었다는 식으로 해석이 되지만, 그것은 일종의 자연의 힘을 각색하는 방식이겠죠. 이제 그러한 역경을 헤치며 고향을 찾아가는 오디세우스의 모험은 근대적인 언어로 풀어보면 자기보존을 위해 외부세계의 자연, 즉 외적 자연을 희생시키고 그 과정에서 내적 자연을 동시에 희생시키는 과정입니다.

여기서 아도르노가 던지고 싶은 질문은 이런 것입니다. 근대적인 주체가 합리성을 통해서 자연을 지배하고 그 과정에서 자기보존을 달성하는데 그 과정이 왜 자기희생의 과정으로 귀결되는가? 그래서 결국 왜 근대적인 주체는 자기보존에 실패하게 되는가? 이것을 오디세우스의 모험을 통해 숙고해 보는 것이 아도르노의 의도입니다. 『계몽의 변증법』에는 이렇게 서술되어 있습니다. "호메로스의 소재층 속에는 신화들이 침전되어 있다. 그렇지만 신화에 대한 기록, 즉 다양한 설화들에 강요되는 통일성은 동시에 신화적인 힘으로부터 주체가 도망치는 과정에 관한 묘사다."(64/84) 이런 점에서 이 신화적인 힘들을 극복하고 자기보존을 달성하는 오디세우스의 모험 속에서 주체의 근원사를 살펴보는 것이 가능해집니다. 주체의 근원사Urgeschichte라는 개념은 직접적인 주체의 역사가 아니라, 주체의 역사가 어떻게 존재하는지를 살피기 위한 개념입니다. 즉 그것은 주체의 역사의 역사, 주체의 발생 그 자체에 관련된 역사를 말합니다.


## 내적 자연의 억압

　　　　　저자들은 『일리아스』에도 이런 내용이 해당한다고 말합니다. 아가멤논은 합리적인 그리스군의 총대장이면서 조정자로 묘사되죠. 여신 테티스의 아들 아킬레우스가 아가멤논에 대해 분노를 표하고 갈등관계가 형성됩니다. 근데 굉장히 재미있는 게 『일리아스』의 속편인 『오디세이아』의 맨 마지막 부분에 가면, 뚱딴지처럼 아킬레우스하고 아가멤논이 저승에서 화해하는 장면이 나와요. 그 장면이 안 나와도 되는데, 굳이 본편 내용이랑 상관없이 이미 죽은 사람들이고, 『오디세이아』에서 오디세우스가 전쟁이 끝나고 돌아오는 모험을 할 때는 이미 아킬레우스는 죽었고 또 아가멤논도 전쟁이 끝나고 돌아가자마자 아내 클리타임네스트라한테 죽임을 당하죠. 그녀가 남편을 살해한 이유는 남편이 출정을 할 때 자기 딸인 이피게네이아를 죽였기 때문입니다. 어머니가 딸에 대한 복수로 남편을 살해한 것이죠. 여기서 또 어떤 학자들은 가부장 지배에 맞선 여성의 연대를 읽어내기도 하는데요. 그런데 아가멤논의 아들 오레스테스가 어머니와 어머니의 정부 아이기스토스에게 복수를 합니다. 어쨌거나 아가멤논은 전쟁에서 돌아오자마자 죽었어요. 그런데 이 『오디세이아』의 맨 마지막 부분에 느닷없이 아킬레우스하고 아가멤논이 저승에서 서로 화해하는 장면이 나오는 겁니다. 결국 호메로스는 죄와 속죄의 연결을 그려내고 있지요. 누군가가 폭력을 저질렀고, 고대적인 정의관은 등가교환이기 때문에, 그에 대해 반드시 복수를 해야 합니다. 복수가 정의인 거죠. 그런데 복수를 통해 정의가 실현되면 또 그 복수에 대한 복수가 이뤄지고 이 악순환이 끝없이 이어지는데, 어떻게 이 피의 순환을 막고 서로 화해를 이룰 것인가. 이게 저자 호메로스의 의도가 아닌가 싶습니다. 『일리아스』에서도 아킬레우스와 프리아모스가 서로 화해하는 장면으로 마무리되는데, 이것도 이런 관계에서 이해할 수 있을 것 같습니다.

다시 돌아와서, 『계몽의 변증법』 저자들이 『오디세우스』를 통해 강조하는 것은 이런 것입니다. "살아남은 자아가 다채로운 운명에 대해 맺는 대립 속에는 계몽이 신화에 대해 맺는 대립이 새겨져 있다."(64/85) 오디세우스는 자연의 위력에 비하자면 신체적으로 허약할 뿐이죠. 오디세우스를 위험에 빠뜨리는 신화적인 힘들은 현대적인 언어로 바꾸면 인간의 존립을 위험에 빠뜨리는 외적 자연을 뜻하죠. 오디세우스는 자기의식 속에 형성되는 자아를 통해서 이 외부 자연을 지배해 나가는 거예요. 그러니까 신화적인 힘을 굴복시켜 나가는 오디세우스의 모험에는 계몽과 신화의 대립성이 새겨져 있고, 오디세우스에게는 합리화의 과정이 나타납니다. 호메로스가 보여주고 있는 오디세우스는 신화적인 세계관에서 계몽적인 주체로의 이행 과정에 있는 존재라고 할 수 있을 것 같습니다. 즉 신화적인 힘을 합리성을 이용해서 극복해 나가는 주체로서 오디세우스는 계몽적인 주체의 근원적인 형상이라고 볼 수 있을 것 같습니다.

또 오디세우스의 모험이 나타내는 특징은 그가 시련을 겪는다는 것입니다. 오디세우스는 매번 시련의 과정을 겪고 이것을 극복하는

데, 그 과정에서 그는 이러한 위험에 매번 자신을 내맡기게 됩니다. 그 과정을 지치지도 않고 반복하고 살아남죠. 그래서 『오디세이아』는 경험을 통해 성숙해지고 또 여러 모험을 겪을수록 더 용감해지면서 경험의 과정에서 자신의 합리성을 증대시켜 나가는 주체의 모험 과정을 그려내고 있는 것 같습니다. 즉 모험을 통해 강인한 자아를 만드는 거죠. 그 결과로 계몽적 주체는 강인한 자아, 즉 통일성을 부정하는 다양성 속에서 통일성을 갖게 되는 자아를 형성하게 됩니다.

본문의 각주 5번이 굉장히 재미있어요. 그 부분을 보시면, 아도르노가 『오디세이아』 20장 앞부분을 사례로 제시합니다. 이게 뭐냐면, 오디세우스 집에 지금 구혼자 100명이 넘게 몰려 있어요. 이들은 오디세우스가 죽었다고 생각하고 페넬로페와 결혼해서 이타카의 통치자가 되려는 것입니다. 『오디세이아』에서는 이들이 욕망에 가득 찬 난폭한 자들로 묘사됩니다. 그래서 오디세우스의 큰 성 마당에 들어와 그 안에서 먹고 자고 오디세우스의 재산을 축내고 있는 거죠. 오디세우스의 재산인 가축들도 그냥 자기들이 잡아가지고 꼬챙이에 구워 먹고 당시에 굉장히 귀한 재산이었을 술도 마시고 하면서요. 물론 페넬로페는 이들의 구혼을 거부하고 있지요. 시아버지의 수의를 다 짤 때까지 기다려달라고 하면서 말입니다. 그런데 구혼자들은 오디세우스의 성에 머물면서, 오디세우스의 하녀들과 동침을 하기도 합니다. 눈이 맞는 경우도 있고, 뇌물을 쓰는 경우도 있고, 폭력적으로 겁탈하기도 하면서요. 마지막에 오디세우스는 자신의 성을 탈환하고 구혼자들을 죽인 뒤에 그들과 동침한 하녀들도 다 죽여요. 오디세우스는 이들이 치욕스러운 여자들이기 때문에 아름답게 죽이지 않겠다면서 목을 매달아 죽입니다. 오디세우스가 여성들의 목을 매달았을 때, 호메로스는 이들이 발버둥을 쳤지만 오래 가지 못했다고 표현해 놨어요. 아도르노가 보기에는 그런 부분이 호메로스가 독자들의 죄의식이라는 부분을 고민했고, 그래서 여러 명의 여성들을 살해하는 과정을 어떻게 독자에게 가장 죄의식 없이 보여줄 것인가를 치밀하게 계산했다는 것입니다. 호메로스의 서사시에는 그런 의미에서 합리성이 개입되어 있음을 알 수 있다는 겁니다.

밤중에 하녀들이 구혼자들에게 간다는 사실을 처음 알게 됐을 때 오디세우스의 마음에는 화가 치밀어 오릅니다. 그런데 오디세우스는 스스로를 달래며 이렇게 말합니다. "참아라, 마음이여! 너는 전에 그 힘을 제어할 수 없는 키클롭스가 내 강력한 전우들을 먹어치웠을 때 이보다 험한 꼴을 보고도 참지 않았던가!" 그리고 호메로스는 이렇게 쓰고 있습니다. "그가 이런 말로 가슴속 마음을 타이르자 그의 마음도 그의 말에 복종하고 계속해서 꾹 참고 견뎠다."● 오디세우스의 이런 태도에 드러나는 것은 아도르노의 해석에 따르면 '정념을 극복하는 합리성'인 것입니다. 미래를 계산하는 것이죠. 왜냐하면 이 구혼자들을 다 죽이려면 자기 정체가 드러나면 안 되거든요. 지금 오디세우스는 치밀하고 계산적인 전략 속에서 자기 내면의 들끓는 정념을 극복하는 것이고, 달리 말하면 내적 자연을 극복하는 것이죠. 오디세우스는 자신의 신체 부분에 달래는 말을 함으로써 신체의 독립성을 극복하려고 합니다. 곧 심장이 독자적으로 행동하려고 할 때 말을 걸어서, 즉 로고스를 통해서 자신의 신체와 감정을 달래는 모습입니다.

이것이 인간 내부에 있는 자연, 내적 자연을 극복하는 주체의 모습

● 호메로스, 『오뒷세이아』, 천병희 옮김, 도서출판 숲, 2006, 439-440쪽.

　　　　　　　　　　　　　　　계몽의 변증법 함께 읽기

입니다. 내적 자연이라는 표현은 인간이 내면에 선천적으로 가지고 태어나는 자연적인 성향을 말합니다. 인간의 감정, 정념, 신체적인 욕구나 욕망이 여기 포함됩니다. 근대적인 합리성이 억눌러야 한다고 보았던 인간의 감성적인 측면이나 정념, 욕구나 욕망 같은 것들 또는 인간의 충동 같은 것들이 아도르노가 말하는 내적 자연입니다. 오디세우스가 마음을 꾸짖는다는 것 자체가 일종의 합리성을 통해서, 그러니까 구혼자들을 물리치기 위해서는 참아야 한다는 논리를 스스로에게 제시하면서 자신의 내적 자연을 극복하는 모습인 것이죠. 그러면서 오디세우스는 미래를 위해 당면한 현재를 부정합니다. 오늘날의 현대인들도 이렇게 살아가잖아요. 미래를 위해서 현재를 희생하잖아요. 고3 학생들 교실에 이런 말이 붙어 있곤 했죠. 3당4락. '3시간 자면 붙고 4시간 자면 떨어진다.' 미래를 이유로 현재의 희생을 강요합니다. '너희가 지금은 힘들겠지만 잘 버티면 대학에 갈 수 있어'라는 논리죠. 마찬가지로 대학생들도 학점을 잘 받아야 좋은 데 취직을 할 수 있다는 압박감 속에 살아갑니다. 저는 '미래에 저당 잡힌 현재'라는 표현을 씁니다. 이처럼 미래를 위해 자신의 현재를 부정하는 것이 자기보존적 합리성의 현주소라고 할 수 있겠죠. 자기보존의 이름으로 계속해서 자기희생을 강조하는 메커니즘입니다.

## 자기보존의 역설

태초의 인간은 굉장히 약한 존재였을 거예요. 인간은 신체적으로도 약한 존재고, 먹이 사슬의 정점에 있지 않았겠지요. 과거 선사시대에 인간은 짐승한테 안 잡아먹히기 위해서 외적 자연을 극복하는 다양한 장치들을 도입해야 했을 것입니다. 우리가 1장에서 살펴본 토테미즘이나 애니미즘, 샤머니즘 같은 것들도 일종의 이 외적 자연을 지배하기 위한 행위였다고 볼 수 있죠. 옛날에 부족 공동체 같은 게 있었을 거고 거기서 호랑이한테 사람이 잡아먹혔다고 생각해 봅시다. 마을 사람들이 호랑이를 잡으러 갑니다. 근데 호랑이를 어떻게 잡나요? 돌을 갈아서 아니면 뾰족한 나뭇가지를 갈아서 무기를 만들어서 가야겠죠. 근데 그런 무기가 있다고 하더라도 호랑이를 사냥하는 게 얼마나 힘들었겠어요. 그러니까 어떻게 합니까? 구석기 시대에 보면 동굴에 벽화를 그리잖아요. 그리고 벽화에다가 창을 던지는 거죠. 그렇게 하면 실제로 내가 마치 호랑이를 잡는 것처럼 연습도 되고 그러지 않았을까요. 아니면 무서우니까 호랑이를 상징하는 조형물을 만들어 놓거나 누가 호랑이 탈을 쓴 다음에 연습을 하는 거죠. 그럼 이제 호랑이 탈을 둘러싸고 춤도 추고 북도 울리면서 사냥 행위를 모방했을 겁니다. 나중에 그런 행위들이 일종의 원시적인 제의로 발전했을 거예요.

그 구체적 방식은 시대마다 달랐겠지만 공통적으로 인간은 자기보존을 위해 외적 자연을 극복해야 합니다. 그때 이 지배의 무기는 합리성밖에 없지요. 인간은 강력한 손발톱이나 송곳니가 있는 것도 아니어서 결국은 합리성이 필요합니다. 그런 과정에서 문명도 만들어졌을 것이고 계몽적인 근대성 역시 이런 원리 위에 성립됩니다. 그런데 외적 자연을 극복하는 과정은 내적 자연에 대한 지배나 억압과 연관되어 있다는 것입니다. 이는 결국 외적 자연을 지배하기 위해서 내 안에 있는 자연적인 요소를 억압하는 것을 뜻합니다. 인간에게는 자연으로부터 물려받은 자연적인 욕구나 욕망이나 정서도 있고, 어떤 충동이나 성향 같은 것도 있습니다. 근데 내 안에 있는 그 자연들을 꺾어내지 않으면, 내 안에 있는 자연에 굴복해 버리면 나는 바깥에 있는 자연을 지배할 수가 없어요. 근데 이 내적 자연에 대한 지배는 결국 희생의 논리로 이어집니다. 어떤 충동을 희생시킨다든지, 욕망을 절제한다든지, 아니면 인간에게 존재하는 다양한 욕구들이 합리성의 이름으로 극복의 대상이 되는 것이죠.

우리가 잘 알고 있는 고대 문명들은 공통적으로 대규모 건물을 지어요. 이집트 피라미드도 그렇고 마야 문명의 피라미드는 이집트보다 훨씬 더 컸대요. 중국이나 동아시아도 어마어마한 왕릉 같은 것들을 짓고 지배자들이나 국가의 위용을 표현하기 위한 대규모 건축물을 짓는데, 그러한 건축물들을 지으면서 인간은 이제 자연 안에서 사는 게 아니라 자연의 밖에서, 자연을 지배하면서 살게 됩니다. 그런데 생각해 보면, 이집트에서 그런 피라미드 같은 건축물을 짓기 위해 인간은 고도의 합리화된 노동의 규율에 길들여져야 합니다. 이집트의 피라미드 같은 경우 고도로 발전된 기하학의 원리를 보여주지요. 그러니까 자연에는 존재하지 않는 삼각뿔 같은 기하학적인 도면이 나오고 그걸 실제로 만들어 냅니다. 이집트 피라미드를 만드는 데 쓴 벽돌 하나가 사람 키보다 커요. 근데 그 돌들을 어떻게 정교하게 깎았으며, 사막인데 어디서 어떻게 얻어서 운반했을까, 우리가 오늘날 상상이 안 되니까 불가사의라고 하고 외계인이 지었다는 음모론도 나오기도 하는 것이죠. 어쨌거나 우리가 생각해 볼 수 있는 것은 그만큼 거대한 고대의 건축물을 짓는 과정이 내적 자원을 희생시키는 방식으로, 내 안에 있는 욕구나 욕망을 절제하고 극복하고 합리적인 노동의 규율에 복종시키는 방식으로 이뤄졌을 것이라는 사실입니다. 자연을 극복하고 문명을 만들어 내기 위해서는 합리성의 이름으로 외적 자연을 지배해야 하고, 이를 위해서는 내적 자연에 대한 극복과 억압이 필요한 것입니다.

이것이 자기보존의 역설입니다. 인간이 자기보존을 위해서 외부에 있는 자연을 지배해야 하는데, 그 과정에서 인간 자신의 내적 자연 역시 희생됩니다. 그렇게 되면 자기보존은 언제나 실패할 수밖에 없는 과정인 것이죠. 저자들의 강조점은 다음과 같은 구절에서 나타납니다. 모험을 통해서 강인해지는 자아는 "통일성을 부정하는 다양성 속에서의 통일성"을 갖게 되는데, 그러한 통일된 자아를 형성하는 과정에서 "오디세우스는 […] 자신을 구하기 위해 자신을 버린다."(65~66/86~87) 자기보존을 위해 내적 자연을 부정하고 자기를 구하기 위해 자기를 버린다는 것, 이것이 오디세우스의 모험에서 연속적으로 드러나는 과정이라는 겁니다. 오디세우스는 각각의 모험을 마주할 때마다 자신의 몸을 자연에 내맡기게 되고, 이 파란만장한 모험들을 겪고 나서 냉혹한 사나이가 되어 고향에 돌아와 잔혹하게 적대자들을 제거하고 승리를 거두게 됩니다. 그러나 그 과정에서 그는 자기 자신을 희생제물로 바치게 됩니다.

결국 『오디세이아』 이후의 문학 전통은 인간 개인의 허약한 모습을 그립니다. 오디세우스도 파도에 휩쓸리고 주술적 힘 앞에서 계속해서 위험에 빠지는 연약한 존재로 그려지기 때문에 독자들이 연민을 느끼도록 만들죠. 그런데 결과적으로 영웅 오디세우스는 지략의 힘으로 그걸 다 극복하지요. 『오디세이아』 이후의 문학에서는 그러한 주체의 여정이 주체의 성숙을 위한 모험의 과정으로 그려지는데, 그 과정에서 인간 존재를 그저 허약한 존재로 보는 게 아니라, 허약함을 극복하고 강인한 존재가 되어 원수들을 쳐 죽이고 자기의 지배권을 되찾는 강인한 주체로 그려내는 것입니다.

최근에 철학이나 사회 이론 쪽에서 많이 나오는 담론 중 하나가 이 허약함이라는 주제입니다. 다른 말로 취약성입니다. 주디스 버틀러도 그런 이야기를 하고, 이전에는 돌봄 윤리학자들도 비슷한 이야기를 한 바 있지요. 우리는 주체를 굉장히 강인한 존재로 고찰하는 경향이 있습니다. 철학에서 말하는 근대적인 주체 역시 대상에 대한 인식을 수행할 능력을 가진 존재로, 합리적인 존재로, 따라서 대상을 인식하고 지배할 수 있는 존재로 묘사됩니다. 실천적인 주체도 마찬가지입니다. 역사의 주체로서의 프롤레타리아트 같은 개념을 보면, 주먹을 불끈 쥐고 낫과 망치를 들고 역사를 만들어 나가는 주체로서 프롤레타리아트가 상정됩니다. 그런데 돌봄 윤리학이나 최근의 생명 윤리와 관련해서 나오는 논의들에서는 주체의 신체적 취약성이 많이 강조되고 있어요. 그래서 취약한 주체인 우리가 서로의 약함에 대해 인정해야 하고, 그래야만 연대가 설명될 수 있고 돌봄의 체계를 만들자는 말이 설득력을 가질 수 있다는 것이지요. 기본적으로 인간을 허약한 존재로, 취약한 존재로 보는 관점, 예컨대 인간의 생명 정치적 취약성을 고찰하는 관점을 통해서 비로소 애도의 논리가 나오고 트라우마를 극복하기 위한 공동체적인 연대가 설명된다는 것입니다. '애도의 정치성' 같은 담론들에서도 마찬가지로 인간의 취약성이 주제가 됩니다. 인간의 존재론적 취약성이죠. 그래서 인간을 전통적인 주체관이 가지고 있는 합리적인 주체 또는 강인한 주체, 자기동일적인 주체로 간주할 게 아니라, 인간이 기본적으로 굉장히 취약할 수밖에 없다는 근본적인 조건 속에서 이해하자는 게 최근 담론의 경향이라고 할 수 있습니다.

지금 나오는 구절들은 그 부분과 연결되는 것 같아요. 아도르노는 이 허약성이 『오디세이아』에서는 왜 극복의 대상이 될 수밖에 없는가, 이러한 자기동일성의 형성 과정에서, 자신을 강인한 주체로 만들어 가는 과정에서 자신에 대한 폭력이 행사되는 것은 아닌가 하는 질문을 던지고 있습니다. 본문에는 이런 구절이 있습니다. "모험에서 살아남기 위한, 자기보존을 위해 자신을 버리는 자아의 기관은 책략이다."(66/88) 여기서 사용된 책략List이라는 단어는 헤겔이 말한 '이성의 간지'에 나오는 '간지'와 같습니다. 간사한 계략인 것이죠. 이러한 책략이 곧 '자기보존을 위한 자기부정'인 것입니다.


## 등 가 교 환 과   희 생 제 의

오디세우스는 폴리페모스 같은 신적 존재들과 선물을 주고받기도 합니다. 이 선물은 일종의 등가교환입니다. 그러니까 선물을 주고 '내가 너희를 죽이거나 해하거나 아니면 복수를 하지 않겠다'라는 것을 보여줍니다. 그리고 나서 이제 자신을 환대해 달라고 요구하는 것입니다. 그런 의미에서 등가교환의 원칙이 적용되고 있습니다. 이러한 선물이란 신들에게 바치는 희생제의와 유사하지만, 거기에 등가 논리가 더해져서 합리적인 성격을 얻게 됩니다. 즉 그것은 일종의 '보험장치'로 기능하게 됩니다. 그러한 희생이 최적화되는 방식이 신적인 존재와 교환을 하고 선물을 주고받는 것입니다.

예컨대 오디세우스가 폴리페모스한테 포도주를 주는 것처럼요. 그런 방식으로 선물을 주면서 자기 살 궁리를 하는 내용 안에 일종의 합리적인 계약의 요소들이 포함돼 있다고 볼 수 있습니다.

그런데 이 등가 논리는 반대 방향으로도 작동합니다. 사실은 복수도 등가 논리잖아요. '이에는 이, 눈에는 눈'이라고 하듯이 말입니다. 〈아바타 2〉를 보셨나요. 이 영화에서 저에게 제일 재미있는 장면은 이거예요. 여주인공 네이티리가 스파이더를 잡고 목에다 칼을 겨눈 다음에 악당 마이클 쿼리치한테 '아들에는 아들'이라 말하죠. 이것이 원시 부족 사회에서 통용되던 정의의 원칙이었던 것입니다. '네가 내 아들을 죽였으니까 나도 네 아들을 가져간다'라는 겁니다. 근데 상대방이 자기 자식들을 살려주니까 그녀 역시 그의 아들 스파이더를 보내주고, 이렇게 해서 교환이 성립되는 것이죠.

오디세우스의 가장 큰 적인 포세이돈도 오디세우스에게 벌을 내릴 때 등가교환의 원칙에서 사고합니다. 오디세우스가 자기 아들인 폴리페모스의 눈을 멀게 했기 때문에 포세이돈이 오디세우스의 항해를 계속 방해하지요. 『오디세이아』에 그런 구절이 나와요. 포세이돈이 제우스한테 한탄을 합니다. 저 오디세우스가 고향으로 못 돌아가게 하려고 내가 계속 풍파를 내리고 이 섬 저 섬 떠돌게 만들었는데, 오디세우스가 원래 트로이에서 가지고 온 전리품보다 더 많은 금은보화를 가져간다고. 실제로 『오디세이아』의 내용을 보면, 오디세우스 일행이 트로이를 함락하고 챙긴 전리품 이외에도 트로이에서 돌아오면서 마을 하나를 덮쳐서 또 약탈로 금은보화를 챙겨오는데, 포세이돈의 진노 때문에 풍파를 만나서 다 잃어버려요. 나중에 모험을 하는 과정에서 오디세우스가 스케리아 섬의 파이아케스족에게 환대를 받아 어마어마한 금은보화를 모아서 돌아옵니다. 그래서 포세이돈이 제우스에게 한탄을 하는 것입니다. 그러자 제우스가 포세이돈을 달래기 위해 오디세우스를 도와줬던 파이아케스족을 전부 바위로 만들어 버립니다. 제우스는 등가적 논리에 따른 정의를 이렇게 실현하는 것이죠. 이런 방식으로 신들도 복수에 관해 등가교환의 논리 사고를 해요.

그 정도로 『오디세이아』에는 등가교환 논리가 적용되고 있고, 이런 합리화의 요소는 희생 행위로까지 소급된다고 『계몽의 변증법』의 저자들은 보고 있습니다. 그래서 신들에게 바치는 희생제의에도 그런 요소가 드러난다는 것입니다. 소 100마리를 바치는 헤카톰베, 또 염소의 넓적다리를 바치는 등의 고대적인 제의 행위가 이제 점점 합리화되고 탈주술화되고 세속화되는 과정이 바로 방금 설명한 선물인 것이죠. 그래서 저자들은 이렇게 쓰고 있습니다. "교환이 희생의 세속화라면, 희생 자체는 이미 합리적 교환의 주술적 도식과 마찬가지로, 신들을 지배하기 위한 인간의 행사로 나타난다. 신들은 바로 자신에게 바쳐지는 경배의 체계에 의해 무너진다."(67/88~89) 결국 신에게 바치는 희생제의 속에는 합리적 교환의 요소가 포함되어 있고, 그런데 그러한 합리적 교환은 결국 세속화와 탈주술화를 낳는 계몽의 요소인 것이죠. 선물과 마찬가지로 희생제의도 신이라는 외부 대상을 지배하기 위한 일종의 합리적인 조치라는 것입니다. 그래서 아도르노는 신들은 신들에게 바쳐지는 경배 때문에 무너진다고 말하는 것입니다. 이런 문장을 생각한다는 게 참 천재적인 것 같아요. 신에게 바치는 바로 그 경배 장치 자체 내에 신화적인 요소만 들어 있는 게 아니라, 신들을 이기기 위한 인간의 책략과 합리성이라는 형태로 계획된 전략적 합리성의 요소가 들어 있기 때문에, 신들에게 바치기 위한 희생제의 안에는 이미 탈주술화의 요소가, 세속화된 합리성의 요소가 포함되어 있는 것입니다. 이것이 전도된 계몽으로서의 신화의 요소입니다.

다음 부분을 보시면 희생을 대속Stellvertretung한다는 표현이 나옵니다. 그러니까 양을 죽여서 신들한테 보내면 양이 인간의 죄를 대신해서 죽는 겁니다. 신들이 인간이 저지른 죄 때문에 노했는데, 헤카톰베를 해서 인간이 소 100마리를 바치면 소가 죽는 것이지 인간이 죽는 게 아니잖아요. 인간이 벌을 받는 게 아니라 소가 죽고 소가 인간을 대신해서 속죄하잖아요. 마찬가지로 기독교에서는 '하느님의 어린 양'이 예수입니다. 인간이 죄를 저질렀는데 신의 아들인 예수가 죽고 인간을 대신해서 죄를 갚아주잖아요. 이것이 대속의 논리입니다. 어떻게 보면 '죄를 대신해서 갚아준다'라고 하는 대속의 사고 안에는 등가적인 논리가 들어 있죠. 그러고 보면 종교 안에도 굉장히 합리적인 요소가, 굉장히 계산적인, 추상적인 합리성 같은 게 있다는 생각도 듭니다. 아도르노와 호르크하이머는 이렇게 말합니다. "자아란 다름 아닌, 대속이라는 주술적 힘을 더 이상 믿지 않는 인간이다."(69/91) 자아는 대속의 논리를 믿지 않고, 자기 자신을 희생양으로 만드는 데 착수합니다. 희생의 등가 논리가 계속 세속화되면, 합리적 교환의 논리는 자기보존을 위해 바쳐야 할 대상을 자기 자신으로 설정하게 된다는 것입니다. 처음에는 신들을 위해서 희생물을 바치다가 이것이 다음에는 선물의 논리가 되고, 이게 돌고 돌아서 내가 살아남기 위해서 신들한테 뭘 바치거나, 아니면 어느 섬에 가서 어떤 초인적인 대상한테 선물을 바치거나 거꾸로 오디세우스가 선물을 받기도 하죠. 그런데 결국은 이렇게 희생이 세속화되는 논리는 어디로 귀결되느냐 하면, 내가 희생제물로 바쳐지는 것입니다. 말하자면 '소가 대신해서 죄를 갚아준다고? 그런 게 어디 있어'라고 비웃는 것이 합리성을 가진 자아의 사고방식인데, 그 합리성을 가진 자아는 결국 자기 자신을 희생시키는 논리에 사로잡히게 됩니다.

다음 부분을 보시면 이런 구절이 나옵니다. "가장 최근의 이데올로기는 가장 오래된 이데올로기의 반복일 뿐이다. 계급사회의 발전이 이전에 인가받은 이데올로기를 거짓이라고 처벌하듯이, 가장 오래된 이데올로기는 바로 그만큼 이전에 알려진 이데올로기의 배후로 되돌아간다."(71/92~93) 결국 새로운 이데올로기는 없고, 이데올로기는 반복된다는 것이죠. 어떤 이데올로기가 거짓으로 판명나 기각된다 하더라도 그것은 형태를 바꿔 다른 방식으로 반복될 것입니다. 예컨대 나치의 우생학의 논리를 보면 이를 알 수 있습니다. 독일은 과학 기술이 가장 발전한 나라였어요. 특히 생화학 기술이 가장 발전한 나라인데, 그 발전된 생명공학이나 생화학의 기술이 나치 치하에서는 '아리아인의 종족적 우월성'을 증명하는 우생학의 논리로 귀결되잖아요. 근데 우생학이라는 건 사실 과학이 아니죠. 그럼 결국 이것은 과학을 동원해서 신화를 뒷받침하는 장면 아니겠습니까. 아리아인이라는 대상 자체가 신화적인 존재일 뿐입니다. 그런데 아리아인의 인종적 우월성이라고 하는 게 도대체 어떻게 과학적으로 입증이 가능합니까? 결국 가장 발전된 인간의 합리성이 다시 신화로 되돌아가 버리는 것이죠. 이렇듯 가장 현대적인 이데올로기와 이 신화에서 드러나는 이데올로기의 구조적인 동일성이 드러납니다. 이것이 지금 우리가 『오디세이아』를 통해서 확인하고 있는 측면이고요.

어쨌거나 아도르노와 호르크하이머는 희생의 논리가 합리성에 힘입어 존속한다고 말합니다. 합리적 자아의 관점에서는 희생의 원리는 비합리적인 것으로 보이는데도, 동시에 희생의 원리가 가진 등가교환의 맥락에서, 즉 합리성에 힘입어서 희생의 논리는 존속하게 된다는 것입니다. 그런데 아까 말한 것처럼, 그러한 희생의 원리는 어디를 향해 갑니까? "계급사회에서 희생에 대한 자아의 적대감은 자아의 희생을 포함하였다. 왜냐하면 그러한 적대감은 외적 자연과 다른 인간에 대한 지배를 위한 내적 자연에 대한 부정을 통해 지불되기 때문이다."(72/94~95) 자아는 희생이라는 비합리적 논리를 적대하게 되지만, 그것의 귀결은 자아를 희생의 대상으로 만드는 것입니다. 이것이 가능한 이유는 외적 자연을 지배하기 위해서는 내적 자연에 대한 희생을 대가로 하기 때문입니다. "인간의 내적 자연에 대한 부정을 통해 외적 자연 지배라는 목적만이 아니라, 고유한 삶의 목적 역시 혼란스러워지고 불투명해진다."(73/95) 그러니까 외적 자연에 대한 지배를 위해 인간은 내적 자연을 부정하지만, 이러한 내적 자연에 대한 부정은 곧 애초의 목적이었던 외적 자연 지배를 통해 얻고자 했던 나의 삶의 의미를 부정하는 것과 같다는 것입니다. 이것은 제 살을 깎아 먹는 방식의 자기보존이지요. 이것이 오디세우스의 모험과 책략에서 드러나는, '강인한 자아'로 숙련되는 과정이기도 하고, 동시에 우리 현대인의 삶의 모습이기도 합니다. 자신의 욕구와 욕망을 부정하면서 살아야 하는 현대인의 삶을 보세요. 내가 살아남기 위해서 나의 생동하는 삶이 희생되는 것이죠. 자아의 발생이란 이처럼 인간의 자기 자신에 대한 지배를 말합니다. 자기보존을 위해 자신을 지배하는 논리가 나타나는 것입니다.

그러면서 저자들은 이렇게 씁니다. "전체주의적인 자본주의의 반反이성, 즉 대상화된, 지배에 의해 결정된 형태 속에서 욕구의 만족을 불가능하게 만듦으로써 욕구를 충족시키고, 인류의 절멸로 치닫는 자본주의의 기술 — 이러한 반이성은 자기 자신을 희생시킴으로써 희생에서 벗어나는 영웅 속에서 그 원형을 형성한다. 문명의 역사는 희생의 내면화의 역사다. 다른 말로, 체념의 역사다."(73/95) 이런 구절들을 통해 결국 아도르노가 계속 강조하는 것은 자기보존의 논리가 자기희생과 자기 부정을 통해 이뤄진다는 것입니다. 내가 살아남기 위해서 나를 희생시키는 거죠. 대표적인 사례가 이제 나오기 시작하는데 그 사례들은 첫째로 세이렌의 노래, 둘째 로토파겐의 에피소드, 셋째로 폴리페모스와의 대결, 그리고 마지막으로 키르케와 페넬로페라는 이분화된 논리를 통해 살펴볼 수 있습니다.


## 오디세우스의 모험들


　　　　　　　첫째로 세이렌은 노래를 부르는 요정들입니다. 인간이 세이렌의 노래를 들으면 정신을 뺏기는 거예요. 선원들이 세이렌의 협곡을 지나갈 때 노래로 그들을 유혹해서 죽음에 이르게 하는 존재들입니다. 이 세이렌의 유혹을 물리치기 위해서 오디세우스는 어떻게 합니까? 선원들한테는 그들의 귀에 밀랍을 부어 넣습니다. 그래서 선원들로 하여금 세이렌의 노래를 못 듣게 해요. 그리고 본인은 어떻게 하죠? 본인은 기둥에 몸을 묶어요. 그래서 자신은 귀를 열어놓고 세이렌의 아름다운 노래를 듣지만, 그러나 몸을 묶었기 때문에 본인이 정신이 빼앗겨서 부하들한테 잘못된 명령을 내리면 그 부하들이 오디세우스의 몸을 더 바짝 묶도록 지시합니다. 선원들은 귀를 밀랍으로 막았으니까 세이렌의 노래를 못 듣기 때문에 계속 노를 저어서 정해진 방향대로 갈 수 있고, 오디세우스 자신은 그 노래를 듣지만, 몸을 묶었기 때문에 유혹에 빠지지 않게 되는 것입니다. 그래서 오디세우스 일행은 무사히 세이렌의 유혹을 통과하게 됩니다. 이것이 보여주는 논리가 뭘까요? 외적 자연을 극복하기 위해서 인간은 자신의 감각 기관을 희생시킵니다. 그들은 세이렌의 그 아름다운 노래를 못 들어요. 오디세우스 자신은 세이렌의 음악을 듣습니다. 대신에 자신의 몸을 기둥에 결박하고 신체의 자유를 구속시킵니다. 그렇게 해서 결과적으로 인간은 신체를 결박하고 귀에 밀랍을 붓는 방식으로 자연의 유혹을 견뎌내는 겁니다. 내적 자연을 부정하는 방식으로 외적 자연의 힘으로부터 벗어나는 것이죠.

그런데 여기서도 노동과 자본에는 다른 논리가 적용됩니다. 노동은, 그러니까 오디세우스의 지배를 받는 선원들은 세이렌의 노래를 못 듣죠. 이건 뭘 암시하나요? 프롤레타리아 계급에게는 향유가 허락되지 않는다는 겁니다. 육체노동을 해야 하기 때문입니다. 반면 명령을 내리는 부르주아 주체의 원형인 오디세우스는 음악을 들어요. 그러나 부르주아 계급 역시 온전한 형태로 예술을 향유하지 못합니다. 그들은 자기 몸은 결박해야 하므로, 자신의 감각을 온전히 향유하지 못해요. 이런 식으로 부르주아와 프롤레타리아는 서로 다른 조건에 있지만, 어느 누구도 자기 자신을 부정하지 않고서는 자기보존을 이룰 수 없다는 사실이 드러납니다.

둘째로 로토파겐은 연밥을 먹는 종족이에요. 이 로토파겐이 사는 섬에 오디세우스 일행이 도착했는데, 로토파겐 종족의 사람들이 선원들한테 연잎을 줍니다. 그래서 선원들이 연밥을 먹고 행복에 도취됩니다. 그들은 자신들이 고된 노동을 해서 고향으로 돌아가야 한다는 사실을 망각합니다. 오늘날로 따지면 연밥은 대마초 같은 것으로 생각해 볼 수 있을 것 같아요. 이 사람들이 뭣도 모르고 대마를 폈더니 기분이 너무 좋은 거죠. 그러니까 고향에 안 돌아가도 되는 거예요. 로토파겐 사람들은 농사를 짓지 않습니다. 그러니까 노동하지 않고 삶을 향유하는 거죠. 선원들도 마찬가지예요. 연밥을 먹으니 너무나 행복해지고, 그래서 고향에 돌아가는 걸 망각하게 됩니다. 또 배를 타면 노동을 해야 되잖아요. 연밥은 그런 고된 노동에 대한 의욕을 사라지게 하는 것이죠. 오디세우스가 뒤늦게 와봤더니 선원들이 집에 돌아갈 생각을 안 하고 행복에 도취되어 있는 것입니다. 오디세우스가 호통을 치면서 이들을 다시 데려갑니다. 그때 오디세우스의 역할은 무엇일까요? 자기보존이라는 목적을 망각한 선원들에게 노동을 강제하는 것이죠. 여기서 '행복의 역설'을 볼 수 있습니다. 행복이라는 건 뭘까요? 오디세우스에게 '행복'은 자기보존을 위해서 인간이 현재의 향유를 '포기'해야 한다는 사고방식을 말합니다. 어떻게 보면 자기보존을 위한 자기 부정이라는 근대적 주체의 논리가 여기서도 드러나지 않는가 하는 것이 저자들의 설명입니다.

셋째로 폴리페모스는 키클롭스라는 외눈박이 괴물 종족인데요. 이 거대 괴물 폴리페모스의 동굴에 오디세우스의 선원들이 갇혔어요. 그리고 선원들이 폴리페모스한테 잡아먹힙니다. 자기 동료들이 산 채로 잡아먹히는 처참하고 끔찍한 광경 속에서 오디세우스가 책략을 씁니다. 일단 그는 최상급 포도주를 폴리페모스한테 줍니다. 폴리페모스가 이 포도주를 한 잔 마시니 너무 맛있는 거예요. 그래서 한 잔 더 달라고 합니다. 그는 총 세 잔을 마시는데, 호메로스는 폴리페모스의 이런 무절제한 모습을 어리석다고 씁니다. 달리 말해, 합리성이 결여되어 있다는 것입니다. 포도주가 주는 즐거움만 알고 거기에 취해버리는 거죠. 어쨌거나 폴리페모스는 이제 취해서 기분이 좋은 상태에서 오디세우스에게 이름을 물어보는데 오디세우스가 뭐라고 답하느냐면, (오디세우스하고 발음도 비슷한) 우데이스udeis라고 답합니다. 이 단어는 '아무도 아닌 자', 그러니까 영어 nobody와 비슷한 뜻입니다. 이렇게 '네 이름이 뭐냐'는 질문에 오디세우스는 '내 이름은 아무도 아니다my name is nobody'라고 답한 거예요. 그러고 나서 폴리페모스가 잠든 사이에 오디세우스가 미리 준비해 놓은 쇠꼬챙이로 폴리페모스의 눈을 찌릅니다. 폴리페모스는 눈이 하나이기 때문에 앞이 안 보여요. 그래서 굉장히 고통스럽게 울부짖습니다. 그의 울음소리를 듣고 다른 키클롭스 종족들이 와서 무슨 일이냐고 묻지요. 폴리페모스가 답합니다. 내 방을 쳐들어온 어떤 자가 내 눈을 찔렀다고요. 다시 다른 키클롭스 종족이 그게 누구냐고 물어보니까, 우데이스라고 답을 합니다. '아무도 아닌 사람이 나를 찔렀다'는 것이죠. 달리 말하면 '누구도 나를 찌르지 않았다'는 뜻이 되는 문장입니다. 그래서 다른 키클롭스들은 '아무도 안 찔렀구나. 별일 없구나' 하고 돌아가 버립니다. 그래서 오디세우스가 살아남죠.

오디세우스가 폴리페모스의 양들한테 자신의 몸을 묶어서 동굴을 빠져 나오는데, 여기서 재밌는 건 폴리페모스가 가장 사랑했던 양이 오디세우스를 태우고 있어요. 폴리페모스는 그걸 모르니까 의아해합니다. 그리고 이렇게 말합니다. '어째서 매번 가장 먼저 나가던 네가 오늘따라 가장 늦게 나가는 것이냐. 너도 주인이 이렇게 고통받고 있는 사실 때문에 마음이 아픈 것이냐?'『계몽의 변증법』본문을 보면 아도르노가 이 장면에서 호메로스가 사용하는 문장 하나하나의 의미들을 분석합니다. 호메로스는 이 마지막 순간에 독자한테 폴리페모스에게 감정 이입을 하게 해주고, 폴리페모스를 굉장히 가슴 아프게 그리는데, 이 괴물과 그의 양 사이에 공유하는 감정 그 자체도 어찌 보면 오디세우스가 물리쳐야 하는 대상이라는 것입니다. 냉혹한 오디세우스가 극복해야 하는 대상 중에는 이처럼 감정적 요소들도 있는 것입니다. 자기가 키우는 양 같은 동물들과 정서적인 이입을 하는 것 역시 자기보존을 위해서는 물리쳐야 할 대상으로 인식되는 것이죠.

여기서 가장 중요한 것은 오디세우스가 보여주는 '이름의 역설'입니다. 우리는 모두 이름이라는 고유명사를 가지고 있습니다. 이 고유명사는 나를 '나'이게 하고 나의 개체성을 보여줍니다. 그런데 오디세우스가 우데이스, 즉 '아무도 아닌 자'가 되는 것은 무엇을 말합니까? 고유명사가 부정되는 것이죠. 그리고 '아무도 아닌 자'가 되는 것이죠. 이처럼 이 폴리페모스의 우화가 보여주는 것은 주체는 자신을 아무도 아닌 자로 만들면서, 이름의 고유성을 부정하는 방식으로 자기보존을 이룬다는 겁니다. 그래서 여기서도 '자기 부정을 통한 자기보존'이라는 역설의 논리가 등장하죠. 저는 이 부분이 홉스의 『리바이어던』과도 관통하는 내용인 것 같습니다. 홉스에게서 리바이어던을 만들어 낸 사회계약의 내용은 곧 고유명사의 소멸을 의미합니다. 자연 상태에서는 누구나 고유한 개인이고 고유명사로서 개인의 욕구나 욕망을 갖지요. 그런데 이것을 포기하는 것, 고유명사proper name

　　　　　　　　　　　　　　　　　**계몽의 변증법 함께 읽기**

가 일반명사common name로 전환되는 것이 사회계약의 내용입니다. 이를 통해 개인이 자기만의 욕구와 욕망을 가진 개인이 아니라 국가의 신민으로, 즉 일반명사가 되는 것이 바로 사회계약이고 그걸 통해서 자연 상태의 무질서를 극복하고 국가의 법과 질서를 만들어 낸다는 것입니다. 그 논리가 아도르노가 『계몽의 변증법』에서 폴리페모스의 일화를 가지고 설명하는 '이름의 역설'과 유사한 것 같습니다.

마지막으로 키르케와 페넬로페는 서로 대립하는 여성의 이미지를 보여줍니다. 키르케는 마녀이고, 오디세우스의 선원들을 돼지로 만들어 버립니다. 그런데 오디세우스가 돌아와요. 키르케가 오디세우스한테도 약을 타서 돼지로 만들려고 하는데 실패하죠. 오디세우스가 키르케의 계략을 알고 있었기 때문입니다. 그래서 오디세우스가 거꾸로 키르케를 위협합니다. 칼을 겨누고 죽기 싫으면 내 선원들을 내놔라, 다시 인간으로 돌려놔라 하고 말하죠. 그러니까 키르케가 선원들을 돌려받고 싶으면 자신과 동침을 해야 한다고 말합니다. 그래서 오디세우스는 키르케의 집에 같이 머물면서 그녀와 잠자리를 하게 되죠. 반면에 오디세우스의 아내 페넬로페는 오랫동안 돌아오지 않는 오디세우스가 죽은 줄 알고 상심해서 슬퍼하고 있는 상태입니다. 그러나 그녀는 남편이 죽었다는 사실을 확인하기 전까지는 정절을 버릴 수 없다고 마음먹습니다. 그래서 페넬로페는 시아버지의 수의를 짜야 한다고 거짓말을 하고 100여 명의 구혼자들의 청혼을 거절하고 있는 상황입니다. 그러니까 페넬로페는 일종의 정숙한 여인의 상징인 것입니다.

키르케는 남성을 유혹하는 일종의 창녀의 원형입니다. 반면 페넬로페는 정절을 지키는 어머니이자 아내로 그려집니다. 여기서 아도르노가 현대 페미니즘 이론을 알았더라면 아마 성녀/창녀 이분법Madonna-whore complex이라는 개념을 떠올렸을 겁니다. 가부장제 사회에서 남성이 여성을 바라볼 때 여성을 두 가지의 카테고리로 이분법화한다는 거예요. 하나는 모성애가 강하고 헌신적이라는 식의 성녀 이미지입니다. 매우 자기희생적이고, '어머니는 짜장면을 싫어하셨어'라고 할 때의 그런 이미지인 것이죠. 다른 한편에서는 남성을 유혹하는 팜 파탈 같은 치명적인 이미지입니다. 때로는 남자들을 돼지로 만들어 버리듯이, 남성들을 지배하기도 하면서 남성을 유혹하는 그런 여성상입니다. 여성에 대한 이분화된 대상화의 논리들이 여기도 마찬가지로 나타나는 것입니다. 부르주아적인 여성에 대한 억압의 원형이 여기서도 보이는 것이죠. 여성을 이렇게 양극단의 이미지로 가둬버리고 범주화하는 것입니다.

## 자연 지배와 인간의 지배

이런 방식으로 오디세우스의 모험을 설명하면서 아도르노는 그 안에서 공통적으로 합리성을 통해 자연을 지배하고 그것을 통해 자기보존을 이루려 하는 계몽적 주체가 어째서 자기보존에 실패하고 자기에 대한 희생, 체념 또는 자기 부정으로 귀결되는가를 보여줍니다. 나아가서 이 주제를 우리는 다음과 같은 설명으로 확장해 볼 수 있을 것입니다. 이렇게 외적 자연이나 내적 자연 같은 자연에 대한 지배는 결국 인간에 대한 지배로 돌아오게 된다는 것입니다. 따라서 자연 지배는 언제나 동시에 인간의 인간에 대한 지배와 얽혀 있다고 말할 수 있습니다. 인간이 자기보존을 이루기 위해 자연을 지배하는 건데, 돌고 돌아서 부메랑처럼 인간이 인간을 지배하는 시스템이 나오는 것입니다. 그래서 결과적으로는 인간 자신이 희생되고 지배 대상이 됩니다. 가장 대표적인 지배나 착취의 문제들을 고찰해 보면 이 사실을 알 수 있습니다.

예컨대 근대 부르주아 계급이 프롤레타리아, 곧 임금 노동자를 착취하고 그들을 지배할 때 어떤 논리를 사용합니까? 부르주아는 어떤 계급입니까? 책에도 '시민적 계몽'과 같은 표현이 많이 나오는 것처럼, 근대 시민 계급, 곧 부르주아 계급은 교양 있는 계급입니다. 학문을 통해 근대 교육제도와 근대적 대학을 만들어 낸 것이 그들입니다. 우리가 계몽 학파라고 부르는 사람들 역시 말하자면 부르주아 계급의 지식인들인 것이죠. 달리 말해 부르주아 계급은 지식을 가지고 있는 계급이에요. 반면에 말 그대로 프롤레타리아라는 말은 자기 몸밖에 가진 게 없는 계급입니다. 프롤레타리아라는 말은 라틴어 프롤레타리우스proletarius에서 왔어요. 이 단어는 원래 로마에서 자식밖에 가진 게 없는, 그러니까 이름이 없고 생물학적인 번식 능력밖에 가진 것이 없기 때문에 짐승과 다를 게 없는 사람들이라고 해서 세금을 내지 않는 사람들을 뜻했다고 합니다. 당시에는 세금을 안 낸다는 게 굉장히 치욕스러운 일이었습니다. 인간 대우를 못 받는다는 뜻이었죠. 그리고 근대 세계의 프롤레타리아 계급은 육체노동을 통해 물건을 생산하는 계급인데 육체라는 것은 어디에 속하는 것인가요? 자연입니다. 그렇죠. 교양이 있는 계급으로서, 합리적인 계급으로서 부르주아가 프롤레타리아를 착취할 때에도 바로 이성이 자연을 지배하는 논리가 나타납니다.

또 서구 백인들이 식민지 원주민을 착취할 때도 마찬가지입니다. 콜럼버스가 처음부터 원주민들을 학살하거나 착취하거나 한 건 아닌데요. 원주민들이 처음에는 신을 뜻하는, 피부가 하얀 사람들이 나타났다며 그들을 환대해 줬기 때문에 처음에는 잘 지냈었지요. 그런데 콜럼버스가 이사벨라 여왕을 비롯한 투자자들의 이익을 보상해 주기 위해 유럽으로 금을 가져가려고 하는데, 아무리 찾아도 금이 없어요. 그래서 뭘 가져갑니까? 원주민들을 산 채로 데려가죠. 노예로 팔기 시작합니다. 그때 이들의 노예화를 정당화하는 콜럼버스의 논리가 있어요. 당시에 남아메리카 지역의 인육 풍습이 있었고, 그걸 스페인 여왕에게 보고하면서 콜럼버스는 '저 사람들은 인간을 먹는다. 저들은 인간이 아니다'라고 말합니다. 이들을 인간 이하의 존재로 취급한 것입니다. 데리고 가서 팔아도 되는 존재로 생각을 한 것입니다. 결국 서구인들은 자신들을 이성을 통해 문명을 만드는 존재로 생각했고, 원주민들은 문명이 아니라 자연에 속한다고 보고 열등하다고 판단했습니다. 그렇기 때문에 노예로 부려먹고, 또 나중에는 아메리카 대륙에 아프리카의 흑인 노예를 데리고 와서 강제노동을 시키지 않습니까. 미국인들이 독립혁명을 할 때, 모든 인간이 다 자유로워져야 한다고 외쳤습니다. 그러나 그 미국인들이 특히 남부에서는 흑인 노예를 소유합니다. 왜일까요? 흑인은 인간이 아니라는 것입니다. 이성이 없기 때문에 자연이라는 것이죠. 이성적이지 못한 존재, 짐승으로 보는 것입니다.

남성과 여성의 관계도 마찬가지입니다. 우리가 가지고 있는 성별의 클리셰들 혹은 편견들이 있잖습니까. 남성은 아주 합리적이고 계산적이고 진취적인 반면, 여성은 감성적이고 출산을 하고 모성애가 있다는 식입니다. 이런 젠더에 관한 고정관념에서도 남성은 이성적인 존재고 여성은 감성적인 존재이거나 아니면 출산과 양육이라는 자연적인 행위를 담당하는 존재라는 이분법이 작동합니다. 이성 대 자연이라는 이분법이 나타나는 것입니다. 이성적 존재인 남성이 자연적 존재인 여성을 다스려야 한다는 것이죠.

이런 지배의 논리들이 공통적으로 보여주는 것이 이성과 자연의 대립입니다. 결국은 인간이 자기보존을 위해 자연을 지배하는 과정에서, 인간 스스로 이성적이지 못한, 자연의 일부라고 규정되는 인간 집단을 만들어 내고, 이성을 가지고 있다고 간주되는 집단이 그렇지 못한 자연에 속한 존재를 억압하고 착취하는 일들이 역사 속에 반복적으로 나타납니다. 이때마다 우리가 확인할 수 있는 것은 자기보존을 위한 자연 지배의 논리가 부메랑이 되어 인간에 대한 지배로 연장된다는 겁니다. 이는 참된 자기보존의 실패라고 말할 수 있겠지요. 저자들은 오디세우스라는 주체의 자기동일성이 획득되는 과정이 자기 자신과 자연, 타자 모두에 대한 폭력의 과정이라는 사실을 지적합니다.

오늘 설명은 이 정도로 하겠습니다. 세미나를 준비하면서 『계몽의 변증법』의 오늘 강의한 부분과 『오디세이아』를 또 한 번 읽었더니 정말로 새롭게 느껴집니다. 예전에 읽을 때 집중해서 보게 되는 측면들이 있었다면, 다시 읽으니까 또 다른 측면이 조금 더 관심이 가고, 예전에 관심이 있던 것과는 다른 구절들이 더 눈에 들어오기도 하는 그런 경험을 했습니다. 그럼 다음 세미나에서 뵙겠습니다.

# 부연 설명 2 :
# 쥘리에트 또는 계몽과 도덕

오늘 강의를 시작하겠습니다. 먼저 '부연 설명 2: 쥘리에트 또는 계몽과 도덕' 부분에 대해서 간단하게 설명을 하겠습니다. 지난 시간에 말씀드린 것처럼 '부연 설명 1'은 아도르노가 썼다고 추측되고 있는 반면, '부연 설명 2'는 호르크하이머가 많은 부분을 작성한 것으로 추측되고 있지요. 그 근거 중 하나는 여기서 언급되는 도덕 철학과 관련된 내용, 그리고 칸트나 사드, 니체 등을 바라보는 관점에서 아도르노와 다소 차이가 나타난다는 것입니다. 오늘 수업에서 다루기는 힘들겠지만 제가 보기엔 그렇습니다. 특히 앞부분에 등장하는 성숙 개념을 아도르노가 나중에는 긍정적인 개념으로 사용하는데, 여기서는 이 개념에 대해서 굉장히 신랄한 고발을 하고 있죠. 그 이유는 이따가 설명하기로 하고요. 오늘 우리가 다뤄야 할 핵심적인 키워드는 '이성의 형식화'라고 할 수 있습니다. 글 앞부분에는 이와 관련된 이론적인 설명이 제시되고 있는데, 여기서 이성의 형식화가 어떻게 '탈정서화', '탈감성화'로 귀결되는지 드러납니다. 이성이 형식적인 절차로 축소되는 것이 결국 감성과 정서 능력의 박탈로 이어진다는 것이죠. 이성의 형식화의 또 다른 특징은 탈도덕화입니다. 그런데 여기서 굉장히 역설적인 측면이 나타납니다. 이성의 형식화는 사실은 칸트 도덕 철학의 근본적 특징입니다. 그런데 이러한 이성의 형식화가 어째서 탈도덕화로 나아간다는 것일까요?

## 어두운 사상가들

계몽의 관점에서 이성의 형식화를 대표하는 철학자는 칸트입니다. 칸트의 인식론을 보면, 예컨대 '순수 이성의 선험적 도식' 같은 표현들이 등장합니다. 도식Schema을 만든다는 것이 대표적으로 이성의 형식화를 나타내지 않습니까. 그래서 이성의 내용이나 그것이 사용되는 구체적인 상황이나 맥락 등이 아니라, 어떤 선험적인 형식적 절차를 통해서 우리의 인식이 가능해지는가를 묻는 것이 칸트 인식론의 과제입니다. 칸트의 도덕 철학도 마찬가지예요. 정언명령에서 보듯, 칸트의 도덕 철학이 중시하는 것은 도덕의 구체적인 맥락을 초월해서 어떤 상황에서든 보편타당한 도덕법칙을 만드는 것입니다. 그렇다면 이성의 형식화를 대표하는 칸트는 이를 통해 강한 도덕 철학적인 지향을 표현하는 것 아니겠습니까? 그것이 정언명령, 그리고 그것과 결부되어 있는 금욕주의입니다. 인간의 욕망, 충동 등을 통제해야 하는 대상으로 보고, 인간의 정서나 욕구나 충동으로부터는 결코 도덕의 내용이 도출되지 않는다고 보는 것이지요. 도덕은 오로지 순수하게 이성적인 법칙에 따라 도출되며, 그렇기 때문에 정언명령은 절대적인 보편타당성을 가질 수 있다는 것입니다. 그런데 매우 역설적으로 칸트에게서 드러나는 이러한 이성의 형식화는, 칸트의 금욕주의와 정반대 편에 있는 사드의 욕망에 대한 긍정, 적극적으로 자신의 욕망을 위해 모든 것을 헌신한다는 사드의 작품 속에 등장하는 세계관과 굉장히 닮아 있다는 것입니다.

물론 겉보기에 칸트의 금욕주의와 욕망을 강조하는 사드의 소설은 서로 완전히 대립하는 것 같거든요. 그런데 조금 뒤집어 보면, '언제 어떤 상황에서건 보편적으로 타당한 도덕 법칙을 도출해야 한다'라고 말하는 칸트의 정언명령과, '언제 어떤 상황에서든 너의 욕망에 충실하라'라고 말하는 사드식의 욕망의 정언명령이 일치한다는 거예요. 어떤 의미에서는 칸트가 이성의 형식화를 위해서 감성이라고 하는 요소를 도덕 법칙에서 배제하는데, 사드에게서도 마찬가지입니다. 예를 들어서 사드에게서 자신의 욕망을 위한 육체적인 관계는 감정에 기반을 두는 사랑의 관계가 아니거든요. 사랑과 무관하게 자기 욕망을 충족시키는 게 사드의 '욕망의 도덕'이에요. 이처럼 이 둘은 '형식화'라는 면에서 일치한다는 것입니다. 형식화라는 게 뭡니까? 구체적인 맥락에 따라 서로 달라지는 게 아니라, 선험적인 형식적 규칙들을 세우는 거잖아요. 그렇다 보니까 칸트와 사드가 서로 완전히 대립하는 내용을 가지고 있지만, 실제로는 굉장히 유사한 측면이 있다는 것입니다. 변증법적인, 대립물의 통일이라는 정식이 여기서도 드러나죠.

칸트와 대립하는 또 한 사람은 니체입니다. 니체는 칸트 도덕 철학에 대한 가장 강력한 비판자입니다. '연민의 감정을 버리고 자신의 자연 본성에 충실하게 살아가는 삶이 도덕적이다'라는 니체의 주인도덕론은, 힘의 의지에 기반을 두고 있습니다. 즉 인간은 누구나 힘을 추구하고 그 힘을 통해서 타인을 지배하고 싶어 하며, 그런 공격 충동이 우리 안에 내재해 있는데, 그것을 긍정하라는 것입니다. 연민은 약자를 사랑하는 것처럼 보이지만 실제로는 인간의 나약함을 사랑하는 것이기 때문에 연민 도덕은 인간을 나약하게 만든다는 것이 니체의 비판입니다. 그러나 우리의 자연적인 욕망에 충실한 삶을 사는 것, 그것이 곧 나 자신의 욕망에 충실하고 나 자신을 긍정하는 삶이라는 니체의 주장은, 동시에 자기보존적 합리성의 극단을 보여주는 것 같기도 합니다.

이러한 맥락에서 아도르노와 호르크하이머는 "부르주아 계급의 어두운 사상가들"을 열거합니다. 이들은 마키아벨리, 홉스, 맨드빌입니다. 그런데 사드와 니체도 여기에 연결될 수 있을 것 같습니다. 이들은 공통적으로 인간의 욕망과 이기적인 충동 같은 것들을 강조하고 있죠. 그런 의미에서 이들은 부르주아 계급의 '밝은' 사상가들과는 대조적인 사상가들입니다. 이 부르주아 사회의 밝은 사상가들이 말하자면 칸트 같은 철학자일 것입니다. 또는 아담 스미스처럼 인간의 이기적 욕망이 동시에 보편적인 조화로 귀결될 것이라고 말한 경제학자도 마찬가지로 '밝은' 사상가에 속한다고 볼 수 있습니다. 그런데 아도르노와 호르크하이머는 이 어두운 사상가들이 소위 '밝은' 사상가들이 말하지 않는 일말의 진실을 말해주고 있다고 봅니다. 계몽은 이성을 통한 도덕적인 사회, 이성적으로 모든 사람이 조화를 이루는 사회를 주장하지만, 그러나 이성은 그 이면에서 동시에 지난 시간

계몽의 변증법 함께 읽기

에 이야기했던 자기보존을 위한 합리성으로 귀결됩니다. 그래서 각 개인은 전체의 조화가 아니라 자기 자신의 개별적인 욕망을 우선시하게 되는 현대 부르주아 사회의 원리가 도출됩니다. '부르주아적 차가움'이라는 말도 그런 맥락에서 등장합니다. 이제 마키아벨리, 홉스, 맨드빌 같은 사람들은 일종의 리얼리스트로서 아도르노와 호르크하이머에 의해서 상당히 우호적인 평가를 받게 됩니다.

## 성숙과 자기보존

본문의 앞부분에는 이성의 형식화와 관련된 철학사에 대한 분석이 나옵니다. 데카르트, 라이프니츠, 칸트 등 근대 철학이 추구했던 것은 바로 이렇게 이성과 사유를 형식화하는 방식으로 사유의 통일성을 달성하고, 그러한 방식으로 사유의 체계를 만들어 내는 것이었습니다. 그리고 사유의 체계를 만드는 이유는 이렇게 보편적인 사유의 체계를 만들어서 보편성으로부터 특수자를 이끌어 내기 위한 사유 활동을 하기 위해서입니다. 바로 근대 철학이 추구해 왔던 이른바 보편적인 인식 또는 그러한 인식을 가능하게 하는 주체의 사유 능력에 대한 강조가 이런 맥락에서 이해될 수 있습니다. 그래서 이성의 형식화 또 사유의 통일성 그리고 그것을 통한 사유의 체계화가 나타납니다. 근대 철학은 한편에서는 주체 철학이라고 규정됩니다. 그리고 또 근대 철학을 다른 맥락에서 체계성의 사유라고 하죠. 근대 철학의 목표는 사유의 확실성, 데카르트식으로 말하자면 명석 판명함을 달성하기 위해서 사유의 꼼꼼한 체계를 만드는 것이고 이 체계를 칸트식으로 말하면 이제 사유라고 하는 건축물의 기둥이 되는 것이죠. 기둥이 확실한 건물은 무너지지 않듯이, 마찬가지로 사유하는 주체의 선험적 사유 형식들, 곧 직관 형식이나 지성 형식들 같은 선험적인 형식들이 주체에 내재해 있다는 것을 밝혀내고 그것을 통해서 경험 세계에 살고 있는 인식 주체가 경험으로부터 개념이나 법칙을 어떻게 도출해 내는지 설명하는 게 칸트의『순수이성비판』입니다. 그래서 이른바 근대 철학, 또는 더 넓게 보면 계몽의 원리가 이렇게 이성의 형식화, 사유의 통일성, 사유의 체계화에 있다는 것이 앞부분의 설명 내용입니다.

"계몽에 전제된 체계는 인식의 형태이며, 그것은 사실들을 가장 훌륭하게 다루면서 주체가 가장 효과적으로 자연 지배를 수행할 수 있도록 지지해 준다. 주체의 원칙들은 자기보존 원칙들이다."(102/134) 계몽이 만들어 내는 체계는 개별적인 사실의 요소들을 능숙하게 요리합니다. 말하자면 일종의 가공을 하는 거죠. 칸트식으로 말을 하면 경험적 직관으로부터 출발해서 그 재료들로부터 요리를 해나가듯이 개념을 만들고 보편적인 법칙을 도출하는 것이 인식 주체의 과제입니다. 그것을『계몽의 변증법』저자들의 언어로 바꾸면, 주체가 체계를 만들어서 각각의 다양한 경험적 대상들을 포섭하는 과정은 곧 주체가 자신의 개념적 활동을 통해 객관적 세계를 지배하는 원리가 되는 것이죠. 그것은 자기보존을 위해 객관 세계를 지배해 나가는 과정인 것입니다.

그런데 이어서 저자들은 "미성숙은 자기보존의 무능력으로 드러난다"(102/134)라는 문장을 덧붙입니다. 미성숙이라는 말은 칸트가 계몽을 정의할 때 등장하는 말입니다. 칸트는 계몽을 미성숙으로부터의 탈출이라고 불렀어요. 자기 자신의 지성을 사용해서 스스로 미성숙으로부터 벗어나는 것이라고 했습니다. 이 미성숙이라는 말이 원래 칸트 시대에는 미성년이라는 뜻이었어요. 성인이 되지 않았다는 말이에요. 성인이 되지 않았다는 말은 스스로 자기 힘으로 살지 못한다는 거죠. 그러니까 『계몽의 변증법』의 저자들은 여기서 칸트가 말하는 미성숙이란 결국 자기보존 능력이 결여돼 있다는 관점에서 해석될 수 있고, 이걸 뒤집으면 '계몽이 추구해야 하는 성숙이 결국 자기보존의 능력으로 귀결되는 것이 아닌가' 하는 혐의를 제기하고 있는 것입니다. 오늘날에도 우리는 성년이 되었다는 것을 '스스로 살아갈 수 있는 능력'으로 정의합니다. 이러한 관점에서는 성년, 성숙한 인간, 곧 성인이 되었다는 것을 타인에 대한 의존 없이 자립적으로 살아간다는 것, 자기 자신에 대해 스스로 책임지는 개인을 뜻하고, 이것은 결국 타자와의 유대관계에서 벗어난 개인, 고립된 개인을 성숙한 인간의 모범으로 칭송하는 근대적 사고방식으로 나타나게 됩니다. 현대 사회의 병리적 현상들이 이로부터 설명되는 것 같습니다. 각자도생과 무한경쟁의 논리 속에서 우리 자신이 병들어가는 것이죠. '스스로 자기 삶에 책임을 진다'는 것이 바로 신자유주의적인 주체의 논리 아닌가요. 그리고 자신이 겪는 불안정, 불평등을 자기 책임으로 여기게 되고 그 결과 번아웃과 자존감 결여가 만성적으로 따라붙게 됩니다. 고립된 개인들은 서로 연대하지 못하고 타자에 대한 혐오 정서에 빠집니다. 그러나 타자 혐오는 결국 자기혐오의 귀결인 것입니다. 자기보존이 자기부정과 자기희생으로 귀결되는 메커니즘이 이런 맥락에서도 확인되는 것 같습니다.

　흥미로운 사실은, 여기서 말하는 성숙이나 미성숙이라는 개념은 아도르노의 후기 사상에서는 훨씬 더 칸트 본연의 의미에서 사용된다는 점입니다. 나중에 망명지 미국에서 독일로 돌아오고 나서 아도르노는 칸트를 차용해 이 성숙이라는 개념을 민주주의에 필요한 비판적 주체를 일컬을 때 씁니다. 그래서 아도르노는 결국 성숙한 주체를 어떻게 길러낼 것인지 묻는 것입니다. 제 개인적인 생각입니다마는, 이때 아도르노가 칸트로부터 물려받아 사용하는 성숙 개념은 20세기 후반의 정치 철학자들이 많이 사용하는 시민다움civility이라는 개념과 상통하는 것 같습니다. 시민다움 즉 시빌리티라는 개념은 발리바르 같은 철학자가 많이 언급하지만, 발리바르뿐만 아니라 영미 자유주의, 공화주의 철학에서도 등장합니다. 예컨대 롤스 같은 경우에 『정치적 자유주의』라는 책에서, 그다음에 마이클 샌델 같은 경우에도 『민주주의의 불만』이라는 책에서 시빌리티라는 개념을 굉장히 중요하게 사용합니다. 그러니까 자유주의자들, 특히 그중에서도 롤스처럼 조금 더 공동체적 성향을 드러내는 자유주의자들이나 아니면 공화주의자들이 현대 민주주의에 가장 결여돼 있는 게 시빌리티라고 말합니다. 그렇다면 도대체 이 시빌리티라는 게 무엇일까요. 이 물음은 복합적으로 고민해 봐야 합니다. 왜냐하면 이를 어떻게 해석하느냐에 따라 굉장히 보수적인 관점이 도출되는 것도 가능하거든요. 그러니까 그냥 '요즘 애들 참 버릇없다' 할 때의 그런 뉘앙스로 해석될 수도 있어요. 반면에 오늘날 자기보존의 논리 속에 철저하게 원자화된 개인들로만 존재하는 이 사회에서 어떻게 공공의 시민적 덕성civil virtue 같은 것들을 만들어 낼 것인가라는 고민이 제기될 수 있습니다. 사실 아도르노가 칸트의 성숙 개념을 차용할 때에도 비슷한 고민이 있었던 것 같습니다. 철저하게 계몽을 비판하지만 동시에 계몽의 후예로서 민주주의의 재건을 꿈꾸었던 아도르노, 혹은 한나 아렌트처럼 고전적인 아리스토텔레스 전통에서 현대사회를 비판하는 철학자, 아니면 자유주의자인 존 롤스나 현대 공화주의자들 내지는 발리바르 같은 포스트 마르크스주의의 관점과 같이 완전히 이질적인 사유 전통들이 공통적으로 이 문제를 다루고 있다는 생각이 듭니다. 이들이 서로 소통을 하고 있지는 않지만, 제가 보기에는 서로 비슷한 맥락에서 현대사회의 자기보존의 논리, 그리고 이와 결합된 문명의 폭력과 야만성을 극복해야 한다는 문제를 고민할 때 이 시빌리티라는 개념이 공통적으로 제기가 된다는 것이 흥미롭고, 저는 이것이 후기의 아도르노가 칸트를 차용해서 사용하는 성숙 개념과 연결된다는 문제의식을 가지고 있습니다. 다만 아도르노와 호르크하이머가 아직 『계몽의 변증법』에서는 성숙 개념을 이런 문제의식에서 사용하고 있지는 않습니다.

계속 읽어볼게요. "이성의 주체들, 동일한 이성의 담지자들이 현실적인 대립을 이룬다는 사실에서 비롯하는 이성 개념의 어려움들은 서구 계몽의 판단들이 갖는 외관상의 명료함의 배후에 숨어 있다."(102/134) 그러니까 서구적 계몽의 어떤 명제들과 같은 것들이 굉장히 자명해 보이지만 실제로 자명하지 않다는 거예요. 왜냐하면 아까 우리가 봤듯이, 어떤 명제들이 완전히 그것에 대립되는 명제들도 뒷받침해 주는 역설적인 논리들이 드러나니까요. 그래서 여기 본문에서도 그 자명성의 배후에 이성의 주체들, 바로 동일한 이성의 담지자들 사이에 존재하는 실제의 대립이 숨겨져 있다고 말하고 있습니다. 달리 말해 이성이 하나의 단일한 이성으로만 존재하는 게 아니라는 것입니다. 이성이라는 게 굉장히 자명한 능력처럼 보이지만 실제로 그 배후에 엄청난 전투가 벌어지고 있다는 것입니다. 그것이 이성 개념의 어려움입니다. 그래서 저자들은 이어서 『순수이성비판』에서의 칸트의 이성 개념이 갖는 모호하고 이중적인 의미를 지적하고 있습니다. 즉 한편에서 "초월론적인 초개인적인 자아"라는 이념에서는 "인간의 자유로운 공동생활"이 내포되어 있고, 이러한 보편적인 주체라는 이념에는 "전체의 의식적 연대"라는 유토피아를 구현하고 있습니다(102/134).

칸트에 따르면 우리는 물자체 그 자체는 경험할 수가 없고 그러나 현상들은 직관을 통해서 경험할 수가 있죠. 근데 인식 주체는 이 직관을 통해 받아들이는 내용들을 있는 그대로 받아들이는 게 아니라, 그것을 선험적인 사유 형식에 의해서 분석하고 가공해 냅니다. 이것이 가능하려면 이미 그 재료들이 내 안에 들어오기 전에, 즉 인식 주체가 경험적 직관의 내용들을 접하기 이전에 그 경험에 앞서는, 그런 의미에서 선험적인, 아프리오리a priori한 사유 형식들이 주체에 내재해 있어야 한다는 것입니다. 그런데 동시에 칸트에게 제기되는 질문은, 그러면 그 선험적인 사유 형식은 인간마다 다른 것인가 하는 겁니다. 이때 그것이 인간마다 다르다고 하면 회의주의나 상대주의로 빠지게 됩니다. 그래서 칸트는 어떻게 답을 하느냐, 우리 안에 있는 이 선험적인 사유 형식은 모든 인간에게 동일하다고 말합니다. 그렇기 때문에 우리는 서로 개념으로 대화할 수 있고 체계를 만들어 갈 수가 있는 거예요. 상호주관성이라고 하는 철학적 요소가 칸트로부터 시작되는 이유도 여기 있습니다. 칸트적인 자아는 우선은 철저하게 개인이에요. 그런데 상호주관성으로 서로 얽혀 있기 때문에 이 개인들 사이에서 방금 설명드린 사유 형식의 공통성과 보편성이 나타납니다. 그런 의미에서 저자들은 칸트에게서 이성이 초개인적인 보편성을 갖는다고 보고 있고, 그 안에 인류의 자유로운 공동체적인 삶이라는 이념이 포함되어 있다고 지적하는 것입니다.

반면에 칸트의 이성에는 또 다른 측면이 있습니다. 그것은 앞서 언급한 형식화와 체계화를 통해 계산적 사유의 심급으로 전락하기도 합니다. 이러한 사유는 자기보존이라는 목적에 대상 세계를 복종시키고, 단순한 감각적 재료들을 주체의 개념적 사유 활동에 종속시킵니다. 그 결과 보편과 특수 사이의 화해되지 않은 폭력이 나타납니다. 그리고 그러한 도식주의적인 사고방식은 생산을 통해 이윤을 창출하는 산업사회의 논리의 반영인 것입니다.

여기서 언급해야 하는 사람이 있는데요. 현대 부르주아 사회의 상품의 논리, 마르크스주의적인 용어로 교환 추상과 칸트적인 선험적 주체의 형식주의 사이의 연관관계를 설명한 것이 알프레드 존-레텔Alfred Sohn-Rethel이라는 사람입니다. 이 사람은 프랑크푸르트 사회조사연구소에서 연구비를 지원받은, 그러니까 연구소의 정식 멤버는 아니지만 넓은 의미에서 프랑크푸르트 학파 마르크스주의자 그룹의 일원이라고 볼 수가 있어요. 존-레텔의 연구는 특히 아도르노한테 많은 영향을 줍니다. 그는 마르크스주의적 관점에서 칸트의 인식론에서 드러나는 추상화 작용이 상품 사회의 논리에서 드러나는 교환 추상의 논리와 구조적으로 유사하며, 이 두 가지 추상화 작용, 즉 정신적 추상화와 상품의 교환 과정에서 일어나는 실재 추상real abstraction; Realabstraktion 사이의 연결고리를 지적합니다. 자본주의 사회야말로 철저하게 상품의 형식주의 논리, 화폐를 통한 일반화된 상품 교환의 논리를 보여주는데, 이 논리가 바로 칸트의 형식주의와 같은 형태로 등장하는 관념적 추상화의 물질적 기원이라는 것입니다.

어쨌거나 우리는 아도르노와 호르크하이머가 칸트 철학을 일방적으로 그냥 비난만 하는 게 아니라는 것을 염두에 둘 필요가 있습니다. 한편에서는 이성의 계산적 사유를 지적하지만, 다른 한편에서는 칸트적인 계몽적 이성으로부터 어떤 초개인적인 공동체의 이념을 읽어내는 독해방식에 주목해 볼 필요가 있어요. 『계몽의 변증법』에 대해 가해지는 가장 대표적인 비판은 이 책의 저자들이 이성을 도구적인 기능으로만 환원한다는 것입니다. 즉 이성으로부터 어떤 해방적 기능을 발견하지 못한다는 것이죠. 그런데 저자들이 이성을 다룰 때의 태도가 이렇게 단순하지만 않다는 것을 우리가 이런 구절들 속에서 확인할 수 있는 것입니다. 칸트 이성 개념에 대해서도 그것을 양가적인 관점에서 보고 있지 일방적으로 매도만 하지 않는다는 것을 읽어낼 수 있습니다.


## 도덕적 폭력


또 검토해야 할 주장이 있습니다. 저자들은 칸트 철학이 "사실로서 도덕적인 힘"(104/136)으로 소급되는 것과 마찬가지로, 도덕의 이론들이 결국은 사실적인 폭력 행위로 귀결된다고 주장합니다. 어째서 도덕이 폭력 행위가 되는 것일까요. 사실 우리는 도덕과 폭력을 서로 무관하거나 아니면 서로 대립하는 개념들로 이해합니다. 칸트 역시 폭력을 정당화한 적이 없고, 오히려 영원한 평화를 주장하고, 인간을 수단이 아니라 목적으로 대우하라고 말합니다.

그런데 니체는 아도르노와 호르크하이머보다 앞서서, 칸트에게서 도덕은 동시에 폭력이라고 주장합니다. 예컨대 칸트가 도덕을 정의할 때 사용하는 술어들이 전부 법칙Gesetz, 명령Imperativ, 의무Pflicht, 강제력Zwang 이런 거예요. 인간의 자연 본성에 따르면 인간은 도덕적인 삶을 살 수가 없어요. 그래서 칸트는 인간의 자연 성향으로부터 벗어나는 명령, 그러니까 자기의 욕망에서 벗어나라고 하는 명령을 수립하는데, 다만 그것은 타인이 나에게 부과하는 것이 아니라 내가 나 자신에게 부과하는 것이고 그것이 칸트가 말하는 도덕법칙이자 도덕적인 명령인 것입니다. 그런데 내가 자발적으로 나 자신에게 명령한다고 해도 그것은 명령이고 법칙입니다. 그래서 니체는 '칸트가 말한 도덕은 철저하게 폭력이다. 내가 나 자신에게 범하는 폭력이다. 그것은 내가 나 자신의 자연 충동을 스스로 체념하도록, 희생하도록 만드는 폭력이다'라고 주장하는 것입니다. 지금 아도르노와 호르크하이머는 이러한 니체의 칸트 비판을 어느 정도 수용하고 있는 거예요.

그런데 이러한 현상은 도덕의 '형식화'와 관계가 있습니다. 칸트는 도덕법칙의 사례로 착한 사마리아인을 제시합니다. 착한 사마리아인은 자기보존 논리에 국한되지 않고, 그 행위의 결과를 묻지 않고, 그것이 옳다는 신념에 의해서 — 그 신념을 칸트는 선의지라고 부르죠 — 선한 의지에 의해 나 자신에게 부과되는 명령에 따른 것입니다. 그런데 그러한 명령이 가능한 것은 이성이 형식화되었기 때문입니다. 도덕은 철저하게 형식적인 법칙이고, 구체적인 내용이 고려되어서는 안 됩니다. 칸트는 예컨대 연민 도덕처럼 어떤 대상에 대한 동정심이나 어떤 경험적 감정상태로부터 유래되는 도덕법칙은 충분히 이성적이지 않기 때문에 절대적인 보편타당성을 갖지 못한다고 봤어요. 왜냐하면 연민으로부터 비롯되는 도덕은 보편타당성이 아니라 주관적 타당성에서 비롯하기 때문입니다. 예를 들어 나랑 가까운 사람일수록 인간은 훨씬 더 동정심을 느끼게 돼요. 물에 빠진 사람이 있을 때 내 가족이 있고 내 가족이 아닌 사람이 있을 때 인간은 누구나 자기 가족을 먼저 구하게 된단 말이에요. 근데 칸트는 그런 사적 관계나 개인적 친화력과 같은 구체적인 맥락이나 내용이 보편타당한 도덕법칙의 장애가 된다고 보는 것입니다. 따라서 아주 철저하게 형식적인 논리가 나와야 보편타당하게 적용될 수 있다는 것입니다. 즉 이성은 철저하게 형식화되어야 어떤 경우에도 적용될 수 있고, 보편타당성을 얻을 수 있습니다. 그런데 이러한 이성의 형식화는 역설적으로 칸트가 말하려고 하는 철저하게 도덕적인 존재자들이 도덕적인 방식으로 살아가는 세계가 아니라, 탈도덕화로 이어진다는 것이 문제입니다. 그리고 이것이 계몽의 역설인 겁니다.

뒤에 보시면 이런 구절이 나옵니다. "정언명령에 대립하여 그리고 순수 이성과의 더 심층적인 일치 속에서 파시즘은 인간을 사물로, 행동 양식의 중심지로 만들었다."(104/138) 정언명령의 내용은 '인간을 한갓 수단으로서만이 아니라 목적으로 대우하라'는 것이죠. 근데 파시즘은 거꾸로 인간을 사물로 만들었으니까 인간을 수단화한 거고, 그래서 이제 칸트의 정언명령에 대립하는 겁니다. 파시즘은 동시에 그보다 더 심층적인 차원에서는 '순수 이성과의 일치' 속에서 작동하고 있다고 저자들은 말하고 있지요. 왜 그럴까요? 파시즘이 순수 이성이 가지고 있는 선험적 형식주의에 조응하는 방식으로 인간을 사물로 만들었다는 의미입니다. 결국 저자들은 이성의 형식화가 탈도덕화로, 인간의 수단화로 이어진다는 현상을 폭로하고 그것이 파시즘 속에서 드러났다고 비판하는 것입니다. 그래서 대상으로부터 어떠한 따스한 공감도 느끼지 못하는 철저한 이성의 형식화가 선험적이고 보편타당한 도덕법칙이 아니라 오히려 그에 대립하는 탈도덕화로, '부르주아적 차가움'으로 나아가는 논리가 바로 파시즘이고 그래서 그것은 인간을 '행동양식의 중심지'로 만듭니다. 여기서 행동양식이란 '반응'을 의미하는 것이죠. 마치 파블로프의 개처럼, 단지 주어진 자극에 반응하는 존재로 인간을 고찰한다는 뜻입니다. 그것은 정언명령에 대립하는 것이지만, 동시에 어떤 의미에서는 굉장히 칸트적인 이성 개념의 연장선에서 파시즘의 논리가 나온 것이 아닌가 하는 비판인 것입니다.

몇 줄 아래에 가면 저자들은 전체주의가 계산적 사유에 전권을 부여하면서, 그것이 "피 튀기는 성과blutige Leistungsfähigkeit"(106/138)의 원칙에 따라, 그러니까 성과주의나 능력주의에 따라 세계를 이해한다고 쓰고 있습니다. 이러한 구절들은 효율성과 성과주의, 능력주의를 강조하는 신자유주의 시대에 더 적합한 것처럼 보이기도 합니다. 오늘날의 능력주의에 대한 우리 사회의 집착을 보면, 능력주의를 유일한 정의의 원천으로 보는 가운데 능력에 따른 차별을 '공정'이라는 이름으로 정당화하는 풍경들이 연출됩니다. 이런 것은 도덕적인 관계와는 거리가 멀죠. 차가운 탈도덕화된 세계입니다. 결국 이성의 형식화가 만들어 내는 세계는 보편타당한 도덕법칙이 아니라, 인간이 다른 인간을 능력의 이름으로, 성과와 효율의 이름으로 차별하는 것이 '공정'하다고 받아들여지는 탈도덕화된 세계인 것입니다.

그런데 여기서 논의는 사드 백작으로 넘어갑니다. 저자들은 사드의 작품에 등장하는 인물들이 '타인의 인도 없이 스스로 자신의 지성을 사용하는' 칸트적인 부르주아 주체라고 말합니다. 철저하게 금욕주의적인 칸트가 들으면 아주 기겁을 하겠지만, 칸트적인 계몽적 주체의 살아 있는 화신은 바로 사드적인 주체라는 것입니다. 왜일까요? 사드의 주체는 자기의 욕망에 철저한 사람이고, 타인의 인도 없이 자신의 욕망을 스스로 추구한다는 점에서 계몽적 주체라는 것입니다. 사드는 실제로 자신의 소설에서 계몽을 추구합니다. 사드의 소설들은 인간의 자연적 욕망과 충동을 정당화하면서, 전래되어 내려오는 금기에서 벗어난 인간 욕망의 해방을 주장합니다. 또 독자에게 정보를 전달하고 주장을 전달함으로써, 대중을 섹슈얼리티와 관련된 무지몽매 상태에서 벗어나라고 촉구하죠. 이에 관해서는 뒤에 더 자세히 설명하겠습니다.

## 고삐 풀린 시장경제

저는 다음과 같은 문장이 흥미롭습니다. "고삐 풀린 시장경제는 이성의 현실적 형태이면서 동시에 이성을 파괴하는 힘이다."(109/143) 굉장히 아도르노-호르크하이머적인 문장이에요. 고삐 풀린 시장경제, 달리 말해 어떠한 외적인 개입도 허락하지 않는, 자유방임주의에서 말하는 무제한적인 시장—저는 그걸 '시장의 권력'이라고 표현을 하는데—그런 시장경제가 한편에서는 이성의 현실적 형태, 즉 이성이 현실적으로 귀결되는 지점이라는 것입니다. 그런데 자기 외부에 아무것도 허락하지 않는 순수한 시장경제의 자율성이라는 형태로, 고삐 풀린 자본주의적인 시장경제 형태로 나타나는 이성이 동시에 이성을 파괴하는 힘이기도 하다는 것이 계몽적 이성의 역설입니다. 이성은 자기 자신을 스스로 파괴하고 있어요. 그런 의미에서 이성의 양가성, 이성의 이중성이라고 하는 테마가 다시 등장합니다. 반면 저자들이 보기에, 낭만주의적인 반동 세력들이 있습니다. 이들은 반계몽주의자들을 말하는 겁니다. 낭만주의자들을 사상사적으로 보면 18세기 계몽주의자들에 대항해서 19세기에 본격적으로 활동하게 되고, 정치적으로는 특히 후기로 갈수록 매우 반동적인 경향을 보입니다. 계몽주의자들이 자꾸 신화적인 힘들을 몰아내려고 하니까, 낭만주의자들은 그에 역행해서 신화적인 힘들을 다시 소환하려고 하는 사람들이죠.

음악의 예를 들어 표현해 볼까요. 계몽주의 시대에 나온 음악이 모차르트나 베토벤 같은 시민적 합리성의 음악적 표현인데, 낭만주의는 이러한 시대상에 반대하는 것이죠. 아도르노에 따르면 음악은 시대를 예술적 감각으로 표현하는 것이고 그런 의미에서 일종의 시대정신의 표현입니다. 모차르트의 〈피가로의 결혼〉을 보세요. 전형적으로 계몽적인 이성의 세계관을 보여주지요. 그다음에 베토벤이 쉴러를 빌려 말하는 〈환희의 송가〉도 계몽의 역사철학적인 귀결을 보여줍니다. 모든 대립과 분열이 철폐되고 인류가 형제가 되는 세계의 실현을 말하고 있다는 점에서 그렇죠. 이런 음악들이 계몽적인 이성이 나타나는 방식인 진보 사관의 관점에서 설명될 수 있는 것들입니다. 그런데 시간이 더 지나 19세기 중후반이 되면 낭만주의자들이 나타나면서 이 계몽주의자들이 몰아내려고 했던 기사도적 사랑이나 내면의 파토스, 아니면 신화적인 내용들, 이런 것들을 소재로 한 음악이 다시 등장합니다. 〈니벨룽겐의 반지〉와 같은 바그너의 음악을 떠올려 보면 됩니다. 아도르노와 호르크하이머는 한편에서 계몽적 이성을 굉장히 비판하고 있지만, 그렇다고 이들이 낭만주의적인 반동에 대해 찬성하는 것은 아닙니다.

어쨌건 저자들은 자유시장 경제, 근대 이성의 현실적인 귀결이었던 고삐 풀린 자유시장 경제는 무엇을 낳았는가 하고 묻게 됩니다. 이 시장 안에서 모든 개인들이 개인으로, 합리적 주체로 서로 마주하면서 무제한적인 경쟁 관계에 돌입하게 됩니다. 근대적인 시장경제는 그런 의미에서 말하자면 홉스적인 의미의 자연 상태인 것입니다. 그렇게 보면, 홉스는 근대적인 시장경제가 드러내는 철저한 원자화와 경쟁의 논리를 자연 상태의 이름으로 보여주는 일종의 리얼리스트로서 이론사적 의미가 있다고 할 수 있겠지요. "초기 부르주아 시대의 어두운 사상가들"(109/143), 바로 마키아벨리, 홉스, 맨드빌 같은 인간의 이기심을 예찬하는 사람들이 이런 맥락에서 고찰될 수 있습니다. 마키아벨리가 『군주론』에서 묘사하는 인간의 특징들, 그리고 맨드빌이 『꿀벌의 우화』에서 예찬하는 인간의 욕망과 탐욕 등은 인간의 자기보존 본능을 강조했다는 공통점이 있습니다. 무엇보다도 이런 측면에서는 '자기보존적 합리성'이 지닌 이중성에 대한 홉스의 고찰이 일종의 '프로토 타입'이라고 할 수 있겠습니다. 여러 차례 언급했습니다만, 제가 봤을 때 『계몽의 변증법』에서 서술되는 자기보존 모델에 가장 부합하는 철학자는 홉스입니다. 무정부적인 일종의 유사-자연 상태로 전락한 '시장'에서 무제한적으로 자기보존을 위해서 경쟁하는 개인들이 지닌 각자의 합리성이 결과적으로는 전체의 비합리성을 초래하는 그런 의미의 역설을 우리가 현대사회에서 마주하고 있고, 홉스는 그 귀결을 예측하고 있습니다.

이제 우리가 알 수 있는 사실은, 아도르노와 호르크하이머가 마키아벨리, 홉스, 맨드빌 같은 '어두운 사상가들'을 탄핵하는 게 아니라, 이들이 오히려 초기 부르주아 사회의 자기보존 논리를 정말 리얼리즘적인 방식으로 보여주고 있다고 생각하기 때문에, 이들이 ─ 변증법적인 용어로 ─ '진리의 계기'를 갖고 있다고 보는 거예요. 이들이 조화의 관념을 탄핵하고, "부르주아 질서의 총체성을 결국 보편과 특수, 사회와 자아 양자를 집어삼킬 공포로 예찬한다"(110/143)라는 점에서 그렇다는 것입니다. 그렇기 때문에 마키아벨리, 홉스, 맨드빌의 결론에 동의하지 않는다고 하더라도 ─ 물론 저는 마키아벨리는 또 홉스, 맨드빌하고 다르다고 생각하지만요. 마키아벨리의 또 다른 저작인 『로마사 논고』를 읽어보면, 그가 얼마나 공화주의적인 자유에 헌신적이었는가, 또 평민과 귀족의 계급투쟁에 대해서 얼마나 많은 관심을 할애하는가를 알 수 있고, 알튀세르가 말한 대로 마키아벨리야말로 근대 초기에 다른 의미의 마르크스였다고 볼 수 있죠 ─ 이들이 부르주아 사회가 만들어 내는 일말의 공포에 대해서 굉장히 현실적으로 폭로하고 있다는 점에서 이 저자들에 주목할 필요가 있습니다. 이들이 밝혀내는 사실은 다름 아닌 자기보존과 자기 파괴가 서로 불가분의 관계라는 것입니다. 홉스만 해도 분명히 드러나잖아요. 자기보존을 위해서는 공포에 의존해야 돼요. 공포를 위해서 시민의 자유를 규제하고 시민들의 생살여탈권을 가져갈 수 있는 전지전능한 신, 살아 있는 신이자 인공적인 신, 인간이 계약을 통해서 만들어 내는 신, 즉 신으로서의 국가 리바이어던을 만들어야만 각 개인들이 자기보존에 성공할 수 있는데, 그렇게 해서 만들어진 자기보존이라고 하는 건 뭡니까? 결국 개인의 고유한 자유가 사라진 상태인 것입니다. 개인의 개별성이 존재하지 않고 개인은 절대적이고 전지전능한 국가 앞에서 공포에 떨어야 하는 것이죠. 그런 의미에서 자기보존은 성공함과 동시에 실패하는 것입니다.

## 계몽에 대립하는 계몽

다른 이야기로 넘어가 보죠. 계몽은 "부르주아 계급을 권좌에 올렸던 수단"(112/147)이었습니다. 부르주아 계급이 어떻게 권좌에 올랐습니까? 중세 봉건 계급에게는 신학적, 종교적 세계관이 있었겠죠. 이 사람들은 스콜라 철학을 바탕으로 해서 존재론적으로 자신들의 기득권과 권력을 뒷받침할 수 있는데, 부르주아 계급은 그런 게 없어요. 부르주아는 철저하게 새로운 근대적 합리성에 의거해서 봉건 세력들과 투쟁해 나갑니다. 부르주아는 해방이나 보편적인 자유, 자율과 같은 '계몽의 힘'을 통해서 봉건 세력과 정신적으로 맞서 싸우고, 또 실천적으로도 부르주아 계급의 급진파 지식인들인 자코뱅은 '계몽의 힘'을 통해서 프랑스 혁명을 일으켰죠. 그런데 이 계몽은 부르주아 계급이 지배계급이 되어 억압의 주체가 되기 시작하자마자 이 계급에 등을 돌리게 되었습니다. 계몽의 이중성이 여기서 다시 한 번 드러납니다. 한편에서는 부르주아가 자기 해방을 위해서 계몽을 수단으로 사용했는데, 부르주아 계급이 지배계급으로서 억압의 주체가 되니까 계몽과 부르주아 사이에도 또 어떤 불협화음이 나타난다는 설명이죠. 그래서 저자들이 "계몽의 반권위적 경향"(112/147)이 나타난다고 말합니다. 계몽에는 이성 개념에 내포되어 있는 유토피아적 요소를 실현하려는 충동이 존재하고, 따라서 계몽은 봉건 계급뿐만 아니라 지배계급으로서의 부르주아와도 반목하게 됩니다. 이 문장을 보면 확실히 아도르노와 호르크하이머가 계몽의 유의미함을 완전히 포기하지 않았다는 것을 알 수 있죠. 그러나 다른 한편, 이러한 계몽의 반권위적 원리는 결국 계몽 자신의 대립물로 전도됩니다. 이렇게 계몽 자체에 대립하는 계몽의 사례 중 하나가 오늘 다루고 있는 사드입니다. 그러니까 계몽적인 이성, 칸트가 추구했던 형식주의적이고 금욕주의적인 이성이 있다면, 사드는 그것에 완전히 대립하고 있는데, 동시에 공통점도 나타나게 됩니다. 사드도 어떤 의미에서는 정언명령의 형식주의적인 이성의 목소리를 가지고 있어요. '어떤 경우에든 너의 욕망에 충실하라'라는 것이죠. 또 이런 맥락에서 사드에게서는 '반도덕의 도덕'이 나타납니다.

사드가 도덕에 구애받지 말고 너의 욕망을 충족하라는 일관된 메시지를 전달하고 있다는 것만큼은 사실입니다. 그는 전도된 칸트입니다. 칸트는 '너의 내면의 욕망에 귀 기울이지 말고, 선의지의 명령에 따르라'라고 말하죠. 사드는 그걸 뒤집어서 '너의 내면의 양심의 목소리에 귀 기울이지 말고 욕망에 따르라'라고 말하고 있습니다. 양심은 그거야말로 인위적인 것이라고 질타하죠. '자연은 우리에게 즐기고 향유하라고 명령한다. 그러므로 자연의 목소리에 귀 기울여라' 하고 말할 때에는 굉장히 역설적으로 사드하고 전혀 관계없을 것 같은 볼테르나 루소의 초기 계몽주의를 굉장히 닮았어요. 루소가 얘기하는 게 뭡니까. 자연에서 인간은 자유롭고 평등했는데, 오늘날은 도처에서 인간이 쇠사슬에 묶여 있다는 것입니다. 따라서 루소는 우리 안에 있는 자연적인 본성을 되찾아야 한다고 말합니다. 루소가 인위적인 문명을 거부하고 인위적으로 아이들을 교육시키려 하지 말고 자연에 있는 것들을 꺼내야 한다고 말하듯이, 사드 역시 도덕은 인위적인 것일 뿐이고, 다른 의미의 도덕, 그러니까 욕망에 충실하라고 하는, 자연이 우리에게 부과한 도덕만이 유일하게 우리가 따라야 할 것이라고 말합니다.

이런 맥락에서 사드 역시 어떤 의미에서 나름의 계몽을 수행하고 있어요. 실제로 사드 자신이 굉장히 래디컬한 계몽주의자이기도 했습니다. 그는 자신의 책을 통해서 기독교의 금욕 윤리에 사로잡혀 있는 당대 대중을 계몽하려고 했고 그들이 자기 안에 있는 욕망에 충실하게 살도록 지도하려고 했습니다. 그것이 가장 잘 드러나는 작품은 지금 이 책에서 언급되고 있는『쥘리에트 이야기 또는 악덕의 번영Histoire de Juliette, ou les Prospérités du vice』인 것입니다. 사드의 세계관에서 쥘리에트의 자매 쥐스틴느는 굉장히 순결한 여자로 나오죠. 그녀는 실패한 삶을 살게 됩니다. 반면 그녀의 자매인, 그러나 욕망에 충실한 쥘리에트는 성공하게 되고, 어마어마한 권력을 얻게 됩니다. 나중에 자기의 욕망을 통해서 모든 권력자들을 다 자기 앞에 무릎 꿇게 만들고요. 그래서 악덕이 번영한다는 것입니다. 이런 식의 일종의 계몽이 이뤄지고 있죠. 그런데 이 사드의 계몽 정신이 가장 잘 드러난 작품은『규방 철학La Philosophie dans le boudoir』입니다. 이 작품에서는 실제로 돌망세 백작이라는 사람을 통해서 사드가 자기 이야기를 하는데, 이 돌망세라는 사람이 길거리에서 어떤 팸플릿 같은 걸 사와요. 지금 시점이 프랑스 혁명기거든요. 이 혁명 세력의 팸플릿을 돌망세가 규방에 가지고 와서 그걸 읽는 장면이 나옵니다. 일종의 책 속의 책이죠. 그 글의 제목은「프랑스인들이여, 공화국의 시민이 되기 위해 조금만 더 노력을」입니다. 이 글을 낭독하는 돌망세의 입을 통해 사드가 전달하려고 하는 내용은, 프랑스 혁명이 국왕을 끌어내렸는데 그것만 가지고 혁명이 끝나지 않는다는 것입니다. 풍속을 바꿔야 한다는 것입니다. 몇천 년간 이어져 온 이 금욕주의 도덕을 끝내고 자연이 우리에게 허락한 욕망에 자유로워질 때 그것이 비로소 진정한 혁명이라는 것입니다. 그런 걸 보면 사드도 금기를 깨뜨리려고 하는 일종의 '계몽의 계몽'이라고 불릴 수 있는 작가였다고도 할 수 있겠습니다.


## 전 도 된 칸 트 , 사 드


　　　　　　그런데 사드하고 니체는 칸트의 도덕 철학에 대해, 실천이성 개념에 대해 상당히 격한 비판을 가하게 됩니다. 본문에서도 인용되고 있지만, 칸트는 그의 『덕이론의 형이상학적 기초Metaphysische Anfänge der Tugendlehre』에서 자신의 자연적 성향, 곧 욕망과 충동 같은 기질들 그리고 정념을 이성의 통제하에 두어야 한다는 긍정적 명령을 도덕의 원천으로 규정하고, 그것을 스토아학파를 차용해 아파테이아Apathie의 의무라고 부릅니다. 모든 감정으로부터 초연해지라는 것이죠.

　그런데 역설적인 측면이 나타나게 됩니다. 이러한 칸트의 금욕주의는 그 정반대편에 있는 사드적인 주체의 명령과 유사성을 갖습니다. 곧 감정을 멀리하라는 것입니다. 사드적인 주체, 예컨대 쥘리에트가 하는 말을 보세요. 철저하게 계획을 통해서 무엇을 얻어낼지 계산하고, 이를 위해 아주 냉정해지라고 조언합니다. 쥘리에트도 마찬가지로 아파테이아의 관점에서, 어떤 감정에 휘둘리지 않고 자기의 자연적인 욕망에만 충실한 삶을 살아야 한다고 조언합니다. 그러니까 욕망에 충실하다는 것은 감정에 휩싸여서 사랑에 빠지고 그 결과 사랑하는 사람과 달콤한 성관계를 하는 것이 아니라, 모든 사람을 대상으로 하는 거예요. 모든 인간을 욕망의 대상으로 간주하는 것입니다. 이는 달리 말하면, 모든 인간을 철저하게 물건으로 보는 겁니다. 그런데 그러면 인간을 수단으로만 대우하지 말라는 칸트로부터 완전히 멀어지는 거죠. 그러나 '이성의 형식화'라는 측면에서 사드는 칸트와 유사하다는 것이고 결국 사드는 감정의 지배에 휘둘리지 말고 철저하게 아파테이아의 상태, 무정념의 상태에서 욕망을 추구하라고 명령하는, 전도된 칸트입니다. 이렇게 '이성의 형식화'가 아파테이아에 대한 주문을 거쳐 탈감성화, 나아가 탈도덕화라는 내용을 취하고 현실적으로 냉혹함의 요소로 돌변하는 것은 계몽의 역설적인 측면이고, 따라서 우리는 칸트와 사드라는 양자를 대립물의 통일로 간주할 수 있는 것이죠.

그런데 이제 역사적이고 현실적인 문제들에 대해서도 고민해 봐야 합니다. 이성의 형식화라는 계몽의 주문은 현실적으로 어떻게 귀결된 것일까요? 칸트도, 사드도 서로 대립하지만 인류의 진보를 믿었던 계몽주의자들이었습니다. 그러나 인류의 역사는 결국은 강자의 법칙으로 귀결되고, 어떤 의미에서는 니체식의 주인 도덕이 파시즘의 논리로 귀결되고, 이러한 과정들이 진행되면서 스토아적인 아파테이아는 "부르주아적 차가움"(123/160), 부르주아적 냉혹함으로 귀결된다고 아도르노와 호르크하이머는 말하고 있습니다. 아파테이아, 곧 초연함, 냉정함이란 무엇입니까? 아까 말씀드린 것처럼 고삐 풀린 시장 경제에서 상대방에 대한 공감이나 공동체적인 유대감 없이 철저하게 고립된 개인들 간의 경쟁만이 남아 있는 세계, 그것이 이성의 형식화 이후 나타나는 세계인 것입니다. 물론 저자들은 동정이나 연민에 대한 니체의 비판을 수용합니다. 동정이나 연민, sympathy는 독일어로 Mitleid라고 합니다, 고통Leid을 함께mit 나눈다는 뜻이에요. 그러나 동정은 상대와 연대하는 감정이 아니라 상대를 약자로 여기면서 시혜적으로 갖게 되는 감정이기 때문에, 거꾸로 이 동정에 반대하는 사람들이 혁명의 편에 서게 되었다는 것이죠. 그런데 그렇게 해서 나타나는 혁명이 어떻게 귀결될까요? 그렇게 해서 나타나는 혁명이 결과적으로는 어째서 또 다른 의미에서 억압적 지배 체제로 공고화되는가? 이런 것들도 『계몽의 변증법』의 분석 대상이 되는 것입니다.

이러한 맥락에서 다음 구절을 해석해 볼 필요가 있습니다. 사드가 묘사하는 것은 잔혹함과 결부된, "치명적인tödlich 사랑"(134/174)입니다. 니체가 강조하는 것도 부끄러움과 치욕을 모르는 대범함과 용기입니다. 그런데 이러한 요소들은 모두 독일 파시즘에서 실현됩니다. 아도르노와 호르크하이머는 이렇게 덧붙이죠. "현실이라는 무의식적 거인, 주체 없는 자본주의der subjektlose Kapitalismus가 맹목적으로 절멸을 주행하는 반면, 반항적인 주체의 광기는 자신의 실현을 이 절멸에 빚지게 된다."(134/174) 이러한 절멸의 세계에서 사랑은 차갑게 식어 사물로 전락한 인간들의 관계로 왜곡됩니다. 광기는 지배에 대한 반항이 아니라 잔혹한 지배로 둔갑합니다. 방금 인용한 구절에서 저자들이 사용하는 '무의식적인bewußtlos', '주체 없는subjektlos' 등의 수식어들에 주목할 필요가 있습니다. 현대 자본주의에서의 지배는 의식을 상실한 상태에서, 주체가 소멸한 상태에서 이뤄진다는 의미가 깔려 있습니다. 이것이야말로 계몽의 실패가 처참하게 증명되는 순간입니다. 계몽이 이루려고 했던 목표가 바로 의식의 주체와 그의 합리적 사고 아니었습니까? 그런데 어째서 현대 자본주의의 현실은 의식과 주체의 소멸과 상실, 그로 인해 '합리화 과정을 거쳐 실현되는 비합리성'의 지배로 귀결되는 것일까요? 이것이 본질적인 질문입니다.

결론적으로 저자들은 이렇게 말합니다. "부르주아 계급의 어두운 작가들은 부르주아 계급의 옹호론자들과 달리, 계몽의 귀결을 조화의 교리를 통해 왜곡하려 하지 않았다."(139/180) 부르주아 계급의 어두운 사상가들, 곧 아까 이야기했던 마키아벨리, 홉스, 맨드빌 같은 사람들은 예컨대 존 로크의 자유로운 시민들의 정부에 대한 전망이나 몽테스키외의 권력분립 이론이나 아담 스미스의 '보이지 않는 손' 개념처럼 일종의 평화로운 분업을 통해 개인들이 조화로운 사회를 이룰 수 있다는 장밋빛 전망을 신봉하지 않았습니다. 또 이들은 형식주의적인 이성이 비도덕이 아니라 도덕과 친화력을 갖는다고 믿지 않았다는 공통점 역시 가지고 있습니다. 이런 점에서 이들은 이성의 형식화를 통해 정언명령의 도덕법칙과 도덕적 세계의 실현이 가능할 것이라고 믿은 칸트에 대립합니다. 이 어두운 작가들이 제기하는 충격적인 사실들에 대한 무자비한 폭로의 후계자는 사드입니다. 이것은 악덕을 찬양하는 쥘리에트에게서 과감하게 나타납니다. 물론 사악한 지배만이 정의롭다는 쥘리에트의 입을 빌린 사드의 주장은 과장임이 분명합니다. 그러나 아도르노와 호르크하이머는 이렇게 말합니다. "그러나 오직 과장만이 진리다."(139/181) 비판이론 연구자들이 특히 아도르노를 분석할 때 이 문장을 그대로 인용해서 아도르노의 철학에 적용하기도 해요. 아도르노의 특징이 굉장히 과장된 논리를 많이 보여준다는 것입니다. 그래서 그가 너무 사태를 과장하는 거 아닌가 하는 반론을 받기도 하는데, 그때 아도르노를 옹호하는 쪽에서 과장만이 진리라는 이 문장을 인용합니다. 과장을 통해서 우리가 우리 자신을, 혹은 우리가 살아가는 근대성을 되돌아볼 수 있고, 그런 의미에서 과장이 불가피하지 않겠느냐는 대답을 하는 겁니다. 과장만이 진리라는 말은 지금 사드한테 하고 있는 말이지만, 그런 의미에서 아도르노와 호르크하이머가 자신들에 대해서 하고 있는 이야기 같기도 합니다.

현대사회는 사드나 '어두운 작가들'이 예언한 극단적인 잔혹성의 실현으로 귀결되었습니다. 세계는 자신의 부끄러움을 상실하고 몰염치한 상태로 전도되었습니다. 유대인에 대한 폭력과 학살의 진실은 단순히 통계화될 뿐입니다. 거기에는 생존자들이 겪은 지독한 고문과 같은 상황은 제대로 반영되어 있지 않습니다. 이 잔혹한 세계에서 고통 속에서 희생당한 자들 앞에서 과연 누가 자신이 '행복한 삶'을 살고 있다고 말할 수 있을까요? 그 행위 자체만으로도 그것은 아주 비열한ruchlos 짓이 되어버리고 말 것입니다. 이것은 이후 아도르노가 "아우슈비츠 이후에 서정시를 쓰는 것은 야만이다"라고 말한 것과 상통하는 지점입니다.

오늘날 누군가 '호르크하이머와 아도르노는 칸트에 더 가깝습니까, 아니면 사드나 니체에 더 가깝습니까? 그것도 아니면 누구에 더 가깝습니까?' 이렇게 묻는다면, 이것을 단답형으로 답하기가 참 어렵습니다. 특히 아도르노 철학이 그래서 어려운 것 같아요. 아도르노는 '모두까기'의 철학자잖아요. 모두 다 비판합니다. 그래서 저는 가끔 누구 한 명은 좀 비판을 안 했으면 하는 생각이 드는데, 모두를 다 비판하기 때문에 아무도 아도르노의 편이 아닌 것처럼 느껴지기까지 합니다. 오히려 아도르노는 대립하는 두 진영이 사실상 '대립물의 통일'을 이루고 있다고 폭로하면서 자신의 포지션을 애매하게 숨기는 경우가 많죠. 그래서 그는 그 대립하는 두 개의 진영들 사이에 어떤 묘한 근접성이 있다는 걸 계속 폭로하면서 어느 쪽도 아닌 것 같아 보이기도 합니다. 저는 이때 아도르노가 대립하는 두 입장들 사이에서 '위태로운 줄타기'를 한다고 표현합니다. 그런데 이것은 의도된 것입니다. 하나로, 한쪽으로 환원되지 않는 철학만이 현실을 비판적으로 고찰할 수 있기 때문입니다. 그러나 결국 이것은 어떤 하나의 문장으로 요약되기 어려운 입장인 것이죠. 저는 이것을 통해서 아도르노가 사태의 복잡성을 우리에게 보여주고 있다는 생각이 듭니다. 마찬가지 이유에서 저는 이 '부연 설명 2' 부분이 『계몽의 변증법』에서 가장 어려운 부분이라고 생각합니다. 왜냐하면 이 저자들의 문장들이 명제적인 형태로 요약이 잘 안 되고, 그 안에 너무나 많은 사상가들이 등장하는데, 그들 사이에 지도를 그리는 것도 굉장히 어렵기 때문입니다. 그러나 이 서술들을 나름 이해하려는 시도를 오늘 해보았습니다. 오늘은 여기까지 하겠습니다.

**4강**

# 문화산업 :
# 대중 기만으로서의 계몽 1

문화산업 비판의 의미 / 개별자의 예속 / 관상학적 방법: 벤야민과 아도르노

뉴미디어와 K-콘텐츠 시대의 문화산업론 / 위대한 예술

강의를 시작하겠습니다. 오늘 다루게 될 '문화산업' 챕터는 이전 주제들에 비해서는 읽을 만한 텍스트인 것 같아요. 물론 글 속에서 제시되는 문화예술 작품들, 대중매체의 많은 사례들이 21세기를 살아가는 우리에게는 낯설기 때문에 이해하기 어려운 경우들이 있습니다. 1940년대의 시점에서 대중문화를 대표하는, 우리에게는 이미 낯설어진 옛날 배우들이나 옛날 가수들 또는 과거의 작가들이 인용되고 있기 때문이죠. 그런데 역으로 이 때문에 이 부분이 당시에는 상당히 대중적인 텍스트가 아니었을까 싶습니다. 자신들에게 익숙한 배우와 작품들이 실례로 등장하니까요. 이 때문에 아도르노가 쓴 것으로 알려진 이 '문화산업' 챕터가 『계몽의 변증법』에서 가장 유명하고, 또 아도르노 철학을 대표하는 개념으로 널리 확산되지 않았을까 추측해 볼 수 있습니다. 그런데 그만큼 여기 등장하는 문화산업론은 매우 뜨거운 논쟁을 형성하기도 합니다.


## 문화산업 비판의 의미


　　　　　　사실 저는 대학교 때 아도르노를 열심히 공부했지만 '별로 내 스타일은 아니다'라는 생각을 했습니다. 그 이유 중 하나가 이 문화산업론에 대해 제가 별로 공감하지 않았기 때문이에요. 저는 아도르노의 매체 이론에 나타나는 특유의, 당대의 매체에 대한 가혹한 비평들이 좀 지나치다는 생각을 했고, 항상 창작자에 대한 예의가 없는 고도로 엘리트적이고 지나치게 비관적인 비판을 그가 가하고 있다고 생각했습니다. 그리고 특히나 동의할 수 없는 부분은 대중매체의 자발성이 조금도 인정되지 않는다는 점이었습니다. 아도르노의 글을 읽어보면 대중매체에서는 사회를 비판할 수 있는 대중들의 자생적인 시각이 나타나는 것이 거의 불가능한 것처럼 묘사돼 있기 때문입니다. 아도르노는 물론 나중에 자신의 문화산업론이 대중문화 비판이 아니라고 이야기를 하지요. 그래서 '나는 대중문화라는 표현을 잘 쓰지 않는다. 나는 문화산업이라는 표현을 썼다'라고 덧붙임으로써 대중문화 자체를 공격하려는 게 아니었다고 말하고 있지만, 그럼에도 불구하고 그의 텍스트를 읽어보면 결국 대중문화 비판으로 읽힌단 말입니다. 그래서 아도르노의 문화산업 비판은 특히 실제로 몇몇 구절들에서는 심지어 당대 민주주의 그 자체에 대한 일종의 플라톤적이거나 니체적인 비판, 곧 대중 민주주의에 대한 강한 어조의 비판 같은 게 느껴지기까지 합니다. 그래서 사실 아도르노의 문화산업론을 받아들일 수 있느냐라는 주제로 대화를 했을 때, 아도르노를 연구하는 사람들 사이에서도 견해가 엇갈립니다. 여전히 통용된다고 보는 분들이 있고 그렇지 않다, 시대착오적인 부분이 있다고 하는 분들도 있습니다. 그런데 실제로 우리가 아도르노 하면 떠오르는 가장 대표적인 이미지는 바로 이 문화산업론이에요. 저 같은 경우에도 그런 문화산업론에 대한 반감이 컸기 때문에, 아도르노에 대해서 상당히 거리를 취하기도 했습니다.

말이 길어졌습니다만, 예전과 달리 최근에 드는 생각은 아도르노의 문화산업론이 현실에 대한 설명력이 있는 이론이라는 것입니다. 물론 아도르노의 문화산업론이 전적으로 타당하다는 뜻은 아니고요. 그럼에도 현대사회의 문화적 현상들의 많은 부분을 설명해 준다는 생각이 듭니다. 다만 우리는 이 비판의 수위들을 구분해야 합니다. 아도르노의 문화산업론은 현실의 자본주의 사회에서 상품으로서의 문화가 어떤 방식으로 유통되고 이것이 어떤 사회적인 의미를 갖는가에 관한 설명적인 설득력이 분명히 있습니다. 그렇다고 해서 그것이 대중문화 자체를 완전히 기각하거나 대중문화 자체의 의미를 평가 절하하는 것이 아니라는 점을 덧붙여서 이야기할 필요가 있을 것 같습니다.

그러니까 이 이론이 설명적 잠재력을 갖는다는 것은, 현재의 문화산업은 결국 자본주의의 상품의 논리로부터 벗어날 수 없다는 사실을 뜻합니다. 철저하게 모든 것이 다 산업에 의해서 기획된 상품이라는 겁니다. 저는 아도르노의 문화산업론이 갖는 이러한 설명력은 오늘날 21세기 대중매체에 이르기까지 굉장히 포괄적인 설득력을 갖는다고 생각합니다. 그러나 동시에 그것이 의미하는 바가 대중문화 자체를 멸시하거나 대중문화 자체의 의미를 송두리째 부정하는, 그런 의미에서의 가치 평가나 규범적인 분석으로 보아서는 안 된다고 생각합니다. 그러니까 비판의 수위를 구분해야 하는 것이죠. 현실을 얼마만큼 잘 설명할 수 있느냐의 관점에서 아도르노의 문화산업론이 갖는 의미를 인정하되, 그것을 과도하게 규범적인 관점이나 가치 평가의 관점에서 보고 대중문화 자체를 평가 절하하는 관점의 비판으로 나아가서는 곤란하다는 것입니다. 그것은 과도한 엘리트주의에 이를 수 있다는 생각이 듭니다. 오늘 강의에서 이 부분을 좀 더 살펴보도록 하겠습니다.

## 개별자의 예속

본문 첫 문단은 상당히 뛰어난 구절이라는 생각이 듭니다. 이 책은 거의 80년 전에 나온 것입니다. 그러나 지금 보더라도 오늘의 현실을 설명해 주는 것 같은 문장들입니다. 이 긴 문단의 내용을 풀이해 보기로 하죠. 저자들은 오늘날 문화가 모든 것을 동질화한다고 합니다. 즉 모든 것을 유사하게 만들어 버린다는 것입니다. 이것이 아도르노 문화산업론의 가장 큰 명제입니다. 그리고 이것이 예술과 문화의 차이이기도 합니다. 거칠게 말하자면, 아도르노가 보기에 예술에는 어느 정도 해방적 잠재력이 있는 거예요. 이러한 예술이 가지고 있는 잠재력은 아도르노의 『미학 이론』에서 본격적으로 서술이 됩니다. 반면 문화는 많은 부분 인간이 이 현실에 순응하면서 만들어 낸 우리의 관습이기 때문에 거기에는 이데올로기적인 요소가 강하게 묻어 있을 수밖에 없습니다. 그래서 아도르노는 문화가 우리 사회의 모든 것을 동질화한다고 말합니다. 근데 이것은 우리의 경험적인 직관하고 달라 보이죠. 왜냐하면 문화를 만들어 내는 주체들이 서로 경쟁하기 때문에 똑같은 걸 만드는 게 아니라 서로 완전히 다른 문화적인 매체들을 만들어 내잖아요. 그런데 자세히 들여다보면, 그렇지 않다는 것입니다. 스타벅스와 할리스가 경쟁하는 것 같고, 디즈니와 넷플릭스가 만들어 내는 작품 세계가 서로 다른 세계관을 가지고 있는 것 같고, 또 음반 레이블 같은 경우에도 유니버설이 가지고 있는 색깔이 있고 또 다른 레이블이 가지고 있는 색깔이 있다는 식으로, 서로 이렇게 다른 색깔들을 가지고 경쟁하는 것처럼 보이지만, 그 내부에서는 동일성의 논리가 작동하고 있고 비슷한 문화적인 현상들이 수렴되어 나타납니다.

그것이 아도르노가 20세기 초중반에 영화, 라디오, 잡지에서 목격하는 현상들입니다. 이 매체들은 모두 최초의 대중적 매체들이라는 특징이 있습니다. 이 당시에 굉장히 현대적이었던 대중매체들이 전적으로 획일화된 체계를 만들어 내고 있다는 것입니다. 이것은 단지 전체주의 국가만의 특징이 아닙니다. 소련이나 미국이나 이러한 측면에서는 별로 차이가 없다는 것입니다. 어딜 가나 거대한 기념탑이나 고층 건물들이 존재하고, 그것은 이러한 거대 건축물을 짓는 다국적 기업이 제시하는 표준이 전 사회의 형태를 결정짓는다는 것을 의미합니다. 현대사회에서 대도시의 풍경들은 삭막하고 황량하며, 고층 건물로 둘러싸여 있지만, 그 주변에 있는 오래된 주택가는 슬럼화됩니다. 서울의 을지로를 생각해 보면 되지 않을까요. 아주 삭막하고 고층 건물들로 둘러싸여 있는 중심 지역인데, 그 인근은 슬럼화되고, 한때 '힙지로'라고 불리면서 여러 노포들이 성황리에 영업을 했지만 결국은 젠트리피케이션으로 밀려나고 말았지요. 반면에 도시 외곽의 새로 지어진 주택시설들은 현대적인 기술 진보의 상징인 것처럼 보이지만, 통조림 캔처럼 버려질 운명에 처한 모습입니다. 이러한 교외의 신도시들을 보면 핵가족과 개인을 중심으로 한 새로운 주거형태에 맞춰져 있습니다. 그런 면에서 이러한 신도시의 소규모 주택들은 개인이 자율적 주체인 것 같은 가상을 드러냅니다. 그러나 이 현상이 보여주는 것은 오히려 개인들이 "총체적인 자본권력totale Kapitalmacht"(141/183)에 철저하게 종속되어 있다는 것입니다.

저는 이 구절에 주목할 필요가 있다고 봅니다. 이런 비판 속에 아도르노의 문화산업론이 갖는 특징들 역시 나타납니다. 첫째로 이런 표현은 아도르노가 문화산업을 비판할 때 마르크스주의적인 상품화 비판의 논리에서 출발한다는 사실을 보여줍니다. 동시에 둘째로 상품화 경향을 비판했던 당대의 주된 마르크스주의적인 경향—특히 아도르노와 호르크하이머가 많은 영향을 받았던 것은 루카치의 소외나 사물화 이론인데—과 아도르노가 갈라지는 지점 역시 나타납니다. 1920년대와 30년대에 독일어권에서는 루카치와 하이데거가 가장 뛰어난 철학자들이었기 때문에, 그중에서도 마르크스주의자들은 루카치의 영향을 강하게 받습니다. 근데 루카치뿐만 아니라 다른 당대의 마르크스주의자들하고 아도르노가 갈라지는 부분이 나타납니다. 아도르노에게 관건은 자본주의적인 상품 사회의 지배 논리가 관철될 때 지배의 모순이 펼쳐지는 영역은 계급 대립으로 한정되는 게 아니라, 보편과 특수 내지 보편과 개별 사이의 관계야말로 자본주의적인 모순이나 적대를 설명할 때 매우 본질적이라는 것이고, 이것이 당대의 다른 마르크스주의 경향들과 구분되는 지점을 형성합니다.

계몽의 변증법 함께 읽기

결국 아도르노의 자본주의 비판의 핵심은 자본의 무의식적 가치축적 과정과 맹목적인 생산과정 속에서 개별자의 삶이 자본의 자기증식에 완전히 예속된다는 것입니다. 아도르노는 자본주의의 본질적 특징이 개별자의 삶을 맹목적인 운동에 종속시키고 그런 의미에서 전체주의적totalitär이라고 보는 것입니다. 여기에 아도르노의 자본주의 비판이 다른 마르크스주의 경향과 구분되는 지점이 있고, 문화산업론 역시 이러한 맥락에서 서술되고 있습니다. 즉 그것은 "보편자와 특수자의 허위적 동일성"(141/184)에 대한 비판입니다.

저는 이러한 측면은 마르크스가 『정치경제학 비판 요강』, 일명 『그룬트리쎄Grundrisse』에서 설명하고 있고 또 『자본론』에서도 도입하고 있는 자본주의의 예속 관계 분석, 곧 '어떻게 주체가 자본에 의해서 전도되는가, 전도된 주체가 되는가, 그래서 자본이 주체가 되고 인간은 그 주체의 예속된 무의식적 행위자가 되는가' 하는 분석에도 드러나고 있고, 또 상품의 가치와 교환가치, 화폐 분석에서 보편성의 힘, 즉 개별자들을 예속시키는 힘에 대해 마르크스가 서술하고 있는 내용에서도 드러난다고 봅니다. 그리고 그 부분을 지금 우리가 보고 있는 아도르노의 자본주의적 지배 분석과 연결시킬 수 있다는 생각이 듭니다.

## 관상학적 방법: 벤야민과 아도르노

이어지는 맥락에서 "대우주와 소우주의 눈에 띄는 통일성"(141/184)이라는 표현에 주목할 필요가 있습니다. 이것은 라이프니츠의 모나드를 연상시키는 표현이죠. 모나드는 하나의 특수성 속에 보편성이 이미 들어 있는 형태의 개별성이거든요. 그러니까 모나드는 하나의 소우주인데 그 안에 거시적인 대우주가 구현되어 있는 것입니다. 아도르노에게 이러한 개념이 뜻하는 바는 무엇일까요? 오늘날 자본주의적인 지배를 어디서 확인할 것인지 물었을 때, 대규모 생산이 이루어지는 공장의 경제적 권력 또는 국가의 수중에 집중된 정치권력을 답으로 제시할 수 있겠죠. 그렇다면 권력과 지배를 분석하기 위해서는 공장이나 권력기구들에만 주목하면 되는 것일까요? 오히려 아도르노는 그러한 지배가 우리의 미시적인 일상세계에서 표출되는 방식과 그 구체적 문화 현상을 추적합니다. 보편을 들여다보는 게 아니라 특수한 현상을 보는 거죠. 그런데 그 안에 이미 자본주의 사회가 가지고 있는 보편적인 지배의 흔적들이 침전되어 있는 겁니다. 그런 개별적인 현상들 안에서 보편적인 지배의 흔적을 찾아내는 방법, 이것이 아도르노가 벤야민으로부터 차용한 사회와 문화를 분석하는 방법입니다. 이것을 관상학적 방법이라고 합니다. 관상학이란 어떤 사람의 두개골 형태, 쉽게 말해 얼굴 관상으로부터 그 사람의 운명을 추적하는 것을 말하죠. 마찬가지로 비판이론이 어떤 사회의 작동 원리를 분석할 때, 가장 직접적으로 우리에게 드러나는 개별적인 현상들에 주목해야 한다는 것입니다.

예컨대 한국 사회라면 대도시의 아파트에 주목해 볼 수 있을 것입니다. 사람들은 아파트가 그곳에 거주하는 사람들의 품격을 보여준다고 말합니다. '자이', '래미안', '푸르지오' 이런 아파트의 명칭이 자기의 품격이자 자존감이라고 생각을 해요. 그런데 그 안에서 또 전세와 자가를 차별하는 사람들도 있습니다. 전세 거주자가 그 사실을 숨기거나 망각하고 자신의 위치를 아파트 명칭과 동일시하려는 모습도 나타납니다. 현대 한국사회의 극단적으로 왜곡된 형태의 허위의식을 아파트가 대변해 주고 있지 않습니까? 그래서 자본주의 사회가 우리에게 어떤 방식으로 왜곡된 삶을 강요하는가, 그 개별자의 삶 속에 어떤 방식의 구조적인 메커니즘이 나타나는가를 살펴볼 때, 그런 개별적인 현상들로부터 거꾸로 보편적인 지배의 현존을 연역해 내는 방식, 곧 특수한 현상들로부터 출발해서 지배 관계를 고찰하는 방식이 사용되는데, 여기서 벤야민의 관상학적 방법이 차용되는 것입니다. 이러한 방법의 전제는 구체적인 개별적 현상 속에 현재 사회의 모순이나 현대사회의 지배적이고 억압적인 작동 방식이 응축되어 있다는 관점입니다. 그렇게 보면 그러한 하나의 개별적 현상 안에 보편과 특수가 통일되어 있습니다. 이것은 라이프니츠가 말한 모나드에 상응하는 상황이지요. 소우주에 대우주가 포함되어 있고, 미시세계에 동시에 거시세계의 원리가 침전되어 있는 것입니다.

아도르노의 기술 비판이 어떻게 수행되는지를 알 수 있는 구절이 있습니다. "기술이 사회에 대해 권력을 획득하는 기반은 경제적으로 가장 강한 자들이 사회에 대해 갖는 권력이라는 점은 여기서 은폐되고 있다. 오늘날 기술적 합리성은 지배의 합리성 그 자체다."(142/184- 185) 아도르노와 호르크하이머가 보여주는 기술 비판의 특징을 알 수 있는 문장들입니다. 이 당시는 1940년대죠. 그런데 사실 2차 세계대전을 전후로 기술 비판을 제기하는 철학자들은 굉장히 많습니다. 하이데거나 하이데거의 영향을 받은 여러 철학자들이 기술 비판을 제기하죠. 그런데 기술 비판을 제기하는 다른 철학자들과 아도르노의 차이가 뭐가 있을지 고민해 보면, 지금 우리가 읽은 이 문장에서도 어느 정도 드러나듯이, 아도르노의 기술 비판은 기술 그 자체를 비난하기보다는 그 기술이 오늘날 지배적인 힘을 가지게 되는 사회적인 원인을 찾고 있죠. 지금 읽은 문장에서도 기술이 사회에 대해 갖는 권력은 그것을 가능하게 해주는 사회에 대한 경제적 강자의 지배력에서 비롯한다고 보고 있습니다. 기술에 의한 사회의 지배는 오늘날 사회를 지배하는 계급에 의한 것이고, 그래서 오늘날 기술의 우위, 기술이 갖고 있는 이 지배력은 사회 전반에 걸친 불평등과 지배의 문제와 분리되지 않는다는 것이죠. 이것은 굉장히 유물론적인 기술 비판입니다. 어떤 의미에서 기술 그 자체에 대한 비판이라기보다는 그 기술의 지배력을 낳게 만드는 사회적 구조에 대한 비판이죠.

그런데 한발 더 나아가면, 이런 아도르노와 호르크하이머의 기술 비판은 다른 한편에서는 당대의 주류 마르크스주의자들과 갈라지는 지점을 드러냅니다. 당대의 정통파 마르크스주의자들은 기술 그 자체에 대한 비판을 하지 않습니다. 왜냐하면 기술 그 자체를 중립적인 것으로 보기 때문입니다. 그들은 기술 내지는 기술 발전을 통한 생산력의 진보에 대해서, 즉 생산력을 낳기 위한 기술 발전에 대해서 어떤 경각심이나 문제의식을 갖지 않았습니다. 그 발전된 기술을 프롤레타리아 계급이 사용할 수 있다면 심지어는 핵무기의 발전이나 핵발전소 같은 것들도 그것이 프롤레타리아에 의한 의식적이고 계획적인 통제를 통해 운용된다면 충분히 인류 문명의 진보에 이바지할 것이라는 관점에 가까워요. 그래서 엄밀한 의미에서는 아도르노와 호르크하이머 그리고 그 이전에 발터 벤야민이 유물론적 기술 비판을 수행하기 전에는, 마르크스주의적인 의미의 기술 비판이라는 건 사실상 존재하지 않았던 것입니다. 1940년대 시점에서 봤을 때, 한편에서 문명 전반에 대한 비판으로 확장되는 초역사적인 하이데거의 기술 비판과, 다른 한편에서 기술의 진보에 대해서 낙관적이었던, 즉 기술이 생산력을 발전시킬 것이라는 낙관적인 기대를 가지고 있었던 당대 주류 마르크스주의 경향 사이에서, 아도르노와 호르크하이머는 기술 비판을 하지만, 그 기술 지배를 가능하게 만들어 주는 사회적 구조에 대한 비판과 접목시키려고 했던 것이라는 생각이 듭니다. 말하자면, 이들의 이론적 위치는 '하이데거와 정통파 마르크스주의 사이'에 있다고 할까요?

그래서 실제로 어떻게 기술이 당대의 매체 발전에 기여하는지를 설명하는 내용이 굉장히 구체적으로 나오죠. 매체의 발전 역시 기술의 발전에 영향을 받습니다. 처음에는 전신이 나오고, 그러다가 전화가 나오고 그다음에는 라디오가 나옵니다. 지금 주된 분석은 라디오입니다. 라디오가 나오면서 재즈 음악이 널리 확산되기도 하고, 또 영화가 나옵니다. 영화 매체가 할리우드를 통해서 각광을 받기 시작하는 시대인 것이죠. 그러니까 이러한 기술 발전의 단계들이 매체의 발전에 지대한 영향을 미치게 됩니다. 각 시대의 주된 문화적인 현상들은 이러한 매체와 그것을 가능하게 했던 기술의 발전에 상응하게 되죠. 그런데 벤야민과 아도르노가 갈라지는 부분이 여기서 나타나요. 많이들 아시겠지만, 벤야민은 「기술복제시대의 예술작품」이라고 하는 논문에서 이렇게 주장합니다. 기술 발전에 따라서 새로운 매체가 등장하게 되는데, 그것이 사진과 영화이고, 이 사진과 영화는 아우라의 소멸을 가져오며, 따라서 결국에는 그것이 의식적인 대중의 각성과 그것을 통한 정치적 해방으로 귀결될 것이라고 말입니다. 이것은 매우 낙관적인 전망인데 반해, 『계몽의 변증법』에서 아도르노와 호르크하이머는 그러한 기술의 발전이 어떻게 아까 이야기했던 대로 점점 더 개별자들을 보편적인 지배 관계에 예속시키는가를 보려고 합니다.

지금 제가 말씀드린 이 논쟁은 너무 유명하잖아요. 벤야민과 아도르노의 이 논쟁은 이 주제에 관심이 있는 대부분의 사람들이 알고 있는 주제이지 않습니까. 그러나 저는 대중문화를 바라보는 벤야민과 아도르노의 이러한 대립적인 관점이 실제로는 그렇게 단순하지 않다고 생각합니다.

제 개인적인 생각으로는 우선 벤야민은 대중문화에 대해서 많은 이들이 생각하는 것처럼 굉장히 낙관적이고 대중문화 안에서 해방의 가능성을 찾으려고 하는 그런 사상가가 아니었다는 것입니다. 그런 모습이 나타나는 것은 「기술복제시대의 예술작품」이라고 하는 짧은 논문 하나입니다. 이 논문에는 기술 발전과 그것에 따른 아우라의 소멸을 역사의 진보로 예찬하는 측면이 굉장히 강하게 드러납니다. 그런데 이것은 어떤 의미에서 속류 마르크스주의적 관점입니다. 왜 제가 굳이 이것을 속류 마르크스주의적이라고 지적하느냐면, 벤야민 자신이 이러한 기술 발전에 따라서 역사가 진보할 것이라고 하는 속류 마르크스주의를 철저하게 거부하는 사람이기 때문에 그렇습니다. 벤야민이 쓴 방대한 저작 『파사젠베르크Passagenwerk』 같은 데서 그러한 측면이 드러나는 것입니다. 이 저작의 영문판 제목이 『아케이드 프로젝트Arcade Project』인데, 아마 이 제목이 좀 더 익숙하시죠? 또는 벤야민 최후의 저작인 「역사철학테제」, 즉 「역사의 개념에 관하여」라고 하는 짧은 노트에서 드러나는 벤야민의 강조점 역시 기술 발전이 역사의 진보를 낳을 것이라고 하는 계몽주의 진보 사관이 얼마나 마르크스주의를 타락시켰는가 하는 것입니다. 이것이 바로 벤야민이 가장 증명하고 싶어 하는 내용입니다. 그런데 「기술복제시대의 예술작품」은 바로 벤야민이 스스로 비판하고 있는 속류적 유물론의 내용을 차용하고 있어요. 기술의 발전이 예술 매체의 발전을 낳고, 결국 아우라의 소멸과 역사의 진보를 낳는다는 것이지요.

벤야민의 역사철학에 대해서는 제가 2018년에 낸 책이 있습니다. 제목이 『앙겔루스 노부스의 시선』•인데요. 그 책에서 제가 주장하고 있듯이, 벤야민 역사철학의 강조점은 오히려 그러한 '기술 발전과 역사 발전의 필연적인 상응'이라는 속류 유물론 또는 속류 마르크스주의를 부정하는 것이라고 저는 생각하고, 그런 맥락에서 보면 「기술복제시대의 예술작품」은 벤야민이 쓴 텍스트들 중에 '가장 덜 벤야민적인' 텍스트라고 저는 이해하고 있습니다. 물론 그렇다고 이 텍스트 전체의 내용이 기각되어야 한다고 보는 것은 아닙니다. 저는 매체에 대한 유물론적 접근, 그리고 이 논문 마지막에 등장하는 '예술의 정치화' 테제에 대해서는 벤야민이 굉장히 공을 들였다고 생각하고 오늘날에도 시사하는 지점들이 있다고 생각합니다. 다만 기술진보를 예찬하는 것처럼 보이는 속류 마르크스주의 혹은 스탈린주의에 대해 벤야민이 지나치게 경도되어 있다는 것 역시 사실입니다. 이에 관해서는 미카엘 뢰비를 참조하셔도 좋겠습니다.•

어쨌거나 만약 이렇게 벤야민을 이해한다면, 단순하게 '벤야민은 대중문화에 관한 낙관주의자이고, 아도르노는 비관주의자다'라는 식의 이분법적인 해석이 얼마나 사태의 한 면만을 보는 것인지를 알 수

---

● 한상원, 『앙겔루스 노부스의 시선: 아우구스티누스, 맑스, 벤야민. 역사철학과 세속화에 관한 성찰』, 에디투스, 2018.
● 미카엘 뢰비, 『발터 벤야민: 화재경보』, 양창렬 옮김, 난장, 2017.

있지 않느냐는 게 저의 견해입니다. 예컨대 아도르노가 대중매체에 관해 신랄하게 이론적으로 비판했지만, 2차 대전 이후에 독일의 철학자들 중에 가장 많이 라디오에 등장한 철학자가 아도르노입니다. 철저하게 대중매체를 이용하는 것이죠. 왜냐하면 그것을 통해 대중에게 다가갈 수 있기 때문입니다. 실제로 2차 대전이 끝나고 나서 1949년 완전히 독일 지성계로 복귀한 뒤 아도르노의 과제는 민주주의 재건에 철학적으로 기여하는 것이었습니다. 그러기 위해서는 대중들을 설득해야 하고, 이에 제일 좋은 매체는 라디오였던 것입니다.

## 뉴미디어와 K-콘텐츠 시대의 문화산업론

이와 관련해서 생각해 볼 지점이 있어요. 오늘날 아도르노가 태어났으면 유튜브를 가장 신랄하게 비판했을 것 같은데, 또 역으로 유튜브에 제일 많이 출연하는 철학자가 아도르노가 될 수도 있어요. 이게 무슨 뜻일까요? 그는 분석적으로는 문화산업으로서 대중매체를 신랄하게 비판합니다. 모든 것이 자본에 종속돼 있고, 오늘날 지배에 기여하고 심지어는 그 내용 면에서도 보수적인 이데올로기를 강화하는 경우가 많지요. 물론 이렇게 반론을 펼 수도 있습니다. 어떤 대중문화 콘텐츠의 경우 내용 면에서 비판적인 작품도 있을 수 있다고 말이죠. 대표적인 건 봉준호의 〈기생충〉, 〈옥자〉, 〈설국열차〉 같은 작품들이겠지요. 이런 영화들은 계급, 생태, 심지어 대공장 방식의 축산업 등의 사회적 문제들에 대해서 굉장히 신랄한 비판을 하고 있지만, 누구 돈으로 만들었느냐? CJ 돈으로 만들고 넷플릭스 돈으로 만들거든요. 굉장히 아이러니하잖아요. 아카데미 시상식에 CJ그룹 부회장이 〈기생충〉 총괄제작자 자격으로 참석해서 작품상 수상 소감까지 말했어요. 재벌의 힘으로 자본주의 비판 콘텐츠를 만드는 이 모순적 현상에 대해서 분석적으로 비판하는 것은 가능하고, 아마 아도르노도 지금 살았다면 그렇게 했을 것입니다. 근데 이는 거기에 대해서 규범적인 비판을, 그러니까 좋다 나쁘다는 식의, 선하다 악하다는 식의 어떤 가치나 규범의 평가를 가하는 게 아니라, 분석적인 그리고 구조적인 메커니즘에 대한 설명적인 비판을 가하는 것입니다. 이런 식으로 저는 아도르노의 문화산업 비판은 아주 절멸적인 방식으로 대중문화 자체를 완전히 부정하는 방식의 비판이 아니라고 받아들이고 있어요. 왜냐면 방금 설명드렸다시피 아도르노 본인이 제일 많이 대중매체를 이용한 철학자였거든요. 저는 이것을 설명적인 비판, 곧 descriptive라는 의미에서의 비판으로 봐야지, 그 안에서 지나치게 규범적이고 가치평가적인 비판, 곧 prescriptive라는 의미에서의 비판을 찾으려고 하면 안 된다고 보는 것입니다.

유튜브 같은 뉴미디어에 관해서 좀 더 말해볼까요. 최근 등장하고 있는 현상 중 하나는 선호에 따른 선택마저 알고리즘에 따라서 이뤄지는 극단적인 자동화의 메커니즘이라는 것입니다. 유튜브에 들어가서 '뭘 볼까?' 하고 생각하기도 전에 이미 알고리즘이 내가 최근에 재생한 영상들을 분석해서 내가 뭘 원하는지를 제시해 줍니다. 선택을 잘 못하는 사람들한테는 이게 꽤 도움이 되기도 해요. 내가 뭘 좋아할지 인공지능이 알아서 골라주니까 말이죠. 그러다 보니 나타나는 문제 중 하나가 '확증편향'과 같이 어떤 특정한 성향의 콘텐츠만을 반복적으로 보게 되고, 그와 다른 방식의 관점에 대해서는 아예 볼 기회조차 잃어버리게 된다는 것입니다. 매체이론을 연구하는 분들이 이런 이야기를 많이 하는데, 이제는 선택 자체도 기계에게 맡겨버리고 자동화의 메커니즘이 우리의 취향 자체를 완전히 결정해 버리는 시대가 되었고 앞으로 그런 추세가 더 강화될 것입니다.

또 최근에 나타나고 있는 흥미로운 현상은 나이가 어린 세대일수록 오랜 시간 동안 영상을 보는 행위조차도 견디지 못한다는 것입니다. 이제는 2시간짜리 영화도 길게 느껴지는 경우가 많다고 합니다. 유튜브 영상도 최근에는 점차 짧아지는 경향이 있습니다. 최근에는 유튜브 콘텐츠들이 쇼츠Shorts 형태로 제공되고 있습니다. 유튜브 쇼츠나 틱톡 같은 매체가 유행하는 이유 중에 하나가, 어린 세대들이 1분이 넘어가는 영상을 못 참는다는 데 있습니다. 이제는 개그 영상들도 1분 안에 웃겨야 돼요. 그리고 요즘 크리에이터들은 그걸 또 기가 막히게 해내더라고요. 그러다 보면 짧은 시간에 자극적인 재미를 주는 이 영상들에 중독되는 현상들이 나타납니다. 1분 안에 정보를 제공해 주거나 웃겨주기 때문에, 넘기고, 넘기고, 넘기다 보면 한 2시간 금방 가버리는 경우도 있습니다.

그렇다면 아도르노의 문화산업론이 가지고 있는 특징을 오늘날 뉴미디어에 대한 비판으로 적용해 볼 수 있을까요? 저는 그렇다고 봅니다. 그런데 실제로 이 부분을 연결시키는 논의들이 생각보다 별로 없어요. 최근에 저는 K-콘텐츠를 보면서 아도르노의 문화산업론 생각이 많이 나기도 했습니다. K-콘텐츠들이 세계 시장에서 이토록 잘 팔리는 이유 중 하나는 머리부터 발끝까지 전부 다 기획되고 소비자의 니즈에 맞춰서 철저하게 제작된 상품이기 때문입니다. 물론 이러한 주장에 반론도 제기될 것입니다. K팝의 경우 크리에이터들이

계몽의 변증법 함께 읽기

자율적으로 만들어 내는 것이기 때문에 그것이 단순히 기획된 상품이 아니라고 하는 분도 있을 수 있습니다. 예를 들어서 BTS는 '위로부터' 만들어진 아이돌이 아니라, 팬들인 아미와의 상호작용을 통해서 만들어졌다고 분석하는 분들도 존재합니다. 근데 예를 들어 저는 뉴진스 같은 그룹을 보면서 정말 놀랍니다. 어떻게 저렇게까지 모든 것들이 기획될 수 있을까. 심지어 뮤직비디오에 등장하는 사슴의 눈망울까지 다 기획된 아이템인 것입니다. 어떤 소품, 의상, 대사 등이 뭘 상징하는지까지 다 기획의 산물로 대중들에게 제시됩니다. 그런데 이에 대해 '문화산업'이라고 지적하는 것은 별 효과가 없을지도 모릅니다. 왜냐하면 최근 특히 한국에서는 '문화산업'이라는 개념이 부정적인 뉘앙스가 아니라 매우 긍정적인 의미로 사용되고 있기 때문입니다. 문화가 산업인 것이 당연해지고, K-콘텐츠 산업의 성공은 기획의 성공으로 여겨집니다. 기획을 통해 만들어진 상품으로서의 문화라는 개념은 이제 부끄러워해야 할 것이 아니라, 자랑스러운 성공 신화로 이어집니다. 이것이 우리가 살아가는 현주소입니다.

그래서 그런 생각이 듭니다. 문화산업이라는 개념을 통해 철저한 기획으로 탄생한 상품으로서의 대중매체에 대한 비판이 과연 지금의 K-콘텐츠 시대에 적용될 수 있을까? 과거의 이론을 그런 방식으로 현대화시킬 수 있을까? 그렇다면 아도르노의 문화산업 비판이 우리가 흔히 접할 수 있는 다른 뉴미디어 비판에 대해 갖는 차이점은 무엇일까? 오늘날 현실에서 특히 이 뉴미디어 이후에 유튜브나 OTT 시장에 이르기까지 문화산업이 점차 향해가는 방향은 아도르노가 예견했던 것과 크게 다르지 않은 것 같다는 생각이 듭니다. 다만 그러한 경향이 무엇을 말해주고, 이러한 현상들 속에서 어떠한 지배의 본질을 파악할 수 있는가에 관한 발전된 이론들이 등장해야 할 텐데, 아도르노를 이용해서 최근의 뉴미디어 현상이나 K-콘텐츠를 분석하는 이론들은 아직 많이 나오지 않았습니다. 아마 문화이론을 연구하는 분들 중에는 아도르노의 입장을 지지하지 않는 경우가 많기 때문이 아닐까 싶기도 한데요. 아까 설명드린 것처럼 아도르노의 문화산업 비판을 분석적, 설명적 범주에서 이해하고, 가치평가나 규범적 의미에서의 비판이 아니라고 이해한다는 전제하에서 진전된 방식의 연구가 나오지 않을까 하는 기대를 해봅니다.

## 위대한 예술

다른 논점으로 넘어가 보겠습니다. 문화산업과 예술 사이의 관계에 관한 것입니다. 먼저 아도르노와 호르크하이머는 작품의 양식에 관한 질문을 던집니다. 양식은 영어 단어 스타일style을 생각하시면 되겠습니다. 독어로는 이 단어에 상응하는 'Stil'이라는 단어를 사용합니다. 문화산업의 특징은 양식의 물신화로 치닫는 것입니다. 그러나 그 과정에서 양식의 부정을 야기합니다. 무슨 뜻일까요. 먼저 문화산업은 전통적으로 전해져 내려오는 예술의 양식을 극단적인 방식으로 추구하는데, 그 과정에서 양식이 궁극적으로는 "지배의 미적 등가물"(151/197)임이 폭로됩니다. 예술작품의 양식 속에는 감각적 소재들을 이 양식의 지배하에 포섭하는 메커니즘이 나타나지요. 그런 의미에서 통일적 양식이란 사회적 권력구조의 표현을 의미합니다. 양식 그 자체는 경험에 침전된 개별자들의 고통을 표현하는 것이 아닙니다. 오히려 그러한 고통의 경험을 양식이 만들어 내는 전체적인 구조 속에 와해시켜 버립니다.

그러나 위대한 예술은 바로 이러한 양식이 가지고 있는 지배적 구조의 성격을 인식하면서도, 양식을 통해 고통의 경험을 정제된 방식으로 표현하려는 충동을 지니고 있습니다. "위대한 예술가들이란 결코 양식을 가장 매끈하고 완전하게 구현해 내는 사람들이 아니라, 양식을 고통의 카오스적인 표현에 대항하는 냉담함으로서, 부정적 진리로서 작품 속에 받아들인 사람들이었다."(151/197) 예컨대 모차르트의 고전파 음악은 음악적 형식을 강조합니다. 소나타 형식이 대표적이죠. 그 이전의 바흐에게서는 푸가와 같은 대위법 형식이 존재합니다. 이런 것들이 음악이라는 예술에서의 양식들입니다. 그것은 결코 우리의 경험을 카오스적으로 표현하지 않습니다. 일정한 양식이라는 그릇 속에 표현합니다. 그러다 보니 세계 속에 살아가는 개별자들의 경험이 있는 그대로 표현되는 것이 아니라 양식이라는 형식적 제한의 구속을 통해 표현됩니다. 그러나 위대한 예술가들이란 그러한 양식 속에서 개별자들의 경험을 승화된 방식으로 표현하는 사람들인 것입니다. 그러다 보니 이들은 양식 안에서 양식에 대립하는 요소들을 창출해 냅니다. 양식 자체 내에서의 자기초월을 이뤄내는 것이지요. 이것은 두 가지 방식과 대비됩니다. 양식 그 자체를 물신화하여 예술의 양식이 경험과 형식이라는 두 축 속에 드러내는 긴장을 제거하고 양식만을 숭배하는 태도입니다. 아니면 거꾸로, 경험을 어떠한 형식적 구속에도 구애받지 않고 무절제하게 표현하는 것입니다. 위대한 예술은 이 두 가지 극단적 경향 모두에 대립하는 것입니다.

미완으로 그치는 『미학 이론』에서도 그렇지만, 아도르노가 제시하는 위대한 현대 예술가들의 목록이 있습니다. 대표적으로 음악에서의 쇤베르크, 회화에서의 피카소, 그리고 소설가 카프카와 극작가 베케트가 여기 해당합니다. 여기 『계몽의 변증법』에서는 이렇게 서술되어 있습니다. "쇤베르크와 피카소에 이르기까지 위대한 예술가들은 양식에 대한 불신을 가지고 있었으며, 결정적인 상황에서는 양식보다는 사태의 논리Logik der Sache에 자신을 내맡겼다."(152~152/197~198) 이 위대한 예술가들은 양식을 거부하지는 않았습니다. 이들은 양식을 이용하면서도 양식을 혁신하려 했고, 양식 그 자체를 숭배하는 것이 아니라, 이러한 혁신을 통해서 사태 자체의 논리, 세계의 있는 그대로의 상태를 예술적 승화 속에 표현하고자 했던 것입니다.

　양식의 무용성을 주장하고, 양식의 철폐를 주장하면서 예술의 자유를 부르짖는 것은 어리석은 일입니다. 그것은 위대한 예술이 택하는 길이 아닙니다. 왜냐하면 양식의 구속 없이 개별자의 경험을 표현한다는 것은 이러한 경험을 타자와 '소통 가능한' 형태로 전달하는 것이 아니기 때문입니다. 그것은 개인의 주관적 내면을 표현할 뿐, 그러한 경험을 낳는 보편적인 관계에 관해 성찰하는 것을 가로막습니다. 아도르노가 보기에는 다다이즘이나 키치 예술이 이러한 오류를 범하고 있습니다. 반면 위대한 예술은 양식의 폭력성을 인지하면서도 양식 자체를 표현하지 않습니다. 왜냐하면 양식은 예술의 '언어'이기 때문입니다. 그것은 개별자의 경험 속에 깃든 상흔을 그러한 언어를 통해 표현함으로써 경험에 침전된 지배적 관계에 관해 성찰하도록 만들고, 그런 의미에서 보편성을 지향합니다. 위대한 예술은 이 양식에 깃든 폭력성을 인지하며, 양식의 혁신과 재창조를 추구하는 것입니다. 결국 예술은 한편으로 이데올로기입니다. 그것은 사회가 개별자에게 제시하는 약속을 선취함으로써, 기존 사회의 틀을 절대적인 것으로 표현하는 데 이바지하게 됩니다. 동시에 예술은 그러한 약속이 이행되지 않고 있는 현실에 대한 '성찰'에 기여합니다. 아도르노는 예술이 개별자의 고통을 표현하기 위해서는 이러한 역설적 논리 외에 다른 길이 없다고 말합니다.

그러나 문화산업은 이러한 노력을 포기해 버립니다. 문화산업은 양극단의 논리를 보여줍니다. 먼저 키치 예술의 후예로서 문화산업은 양식의 구속을 완전히 폐기하려고 합니다. 문화산업은 양식의 지배적 성격을 폭로하면서 해방을 추구하는 것처럼 보이지만, 실은 양식이라는 장치를 폐기하면서 개인의 내면적 경험을 여과 없이 표출하는 것으로 만족해 버립니다. 이렇게 되면 그러한 경험에 대한 '성찰'의 가능성은 사라지게 되지요. 거꾸로 문화산업은 내용 없는 형식을 추구하면서, 양식 그 자체를 물신화하기도 합니다. 기존의 양식의 논리에 철저하게 순응하면서, 양식에서 벗어나는 것은 배척합니다. 그러한 방식으로 문화산업은 사회적 지배의 논리에 순응하기도 합니다. 전자의 사례는 이렇게 말할 수 있습니다. 그것은 기존의 양식과 변증법적으로 대면하면서 그것을 내재적으로 극복하고 혁신하려는 노력을 회피하는 자세입니다. 그러한 문화산업의 작품은 '구속받지 않겠다'라고 말하면서 동시에 사회적 지배논리에 순응하고 그로 인해 구속받게 됩니다. 대표적 사례로는 뭐가 있을까요? 아도르노 시대에는 값싸고 시장성 높은 예술 상품인 키치Kitsch가 있었고, 또 예술적 형식이 아니라 유용성만을 강조하는 유겐트스틸Jugendstil도 그런 사례 중 하나였습니다. 후자의 사례, 곧 양식을 물신적으로 숭배하는 문화산업의 사례로는 무엇이 있을까요? 지나치게 특정한 코드 진행만을 고집하는 대중가요나, 판에 박힌 상업영화 등을 제시해 볼 수 있을 것 같습니다. 그런데 전자와 후자 모두 동일한 논리로 귀결됩니다. 그것은 예술로부터 성찰 능력을 박탈하고, 즉각적으로 소비될 수 있도록 창조된 상품이라는 것입니다.

그러나 문화산업과 위대한 예술을 개념적으로 구분하는 아도르노의 관점은 논쟁을 야기하기도 합니다. 과연 오늘날 우리는 이 양자를 엄밀하게 구분할 수 있을까요? 예컨대 뱅크시의 작품은 문화산업입니까, 예술입니까? 우리는 이를 어떤 명확한 기준에 따라 분류할 수 있을까요? 답하기가 참 애매합니다. 한 가지 분명한 것은, 아도르노에게는 예술과 문화산업 상품의 기준점이 명확했다는 사실입니다. 그것은 '성찰 가능성'입니다. 위대한 예술은 향유대상이 아닙니다. 그것은 우리를 생각하게 합니다. 그것의 심미적 아름다움은 성찰을 촉구하는 특징과 변증법적 긴장관계에 서 있습니다. 반면, 문화산업의 매체들은 소비되는 상품입니다. 그것은 즉각적으로 우리에게 즐거움을 줍니다. 그러나 그러한 즐거움 속에서 우리는 성찰 능력을 상실하게 됩니다. 바로 이것이 아도르노의 강조점입니다. 우리는 이런 아도르노의 생각을 개념적으로는 어느 정도 이해할 수 있지만 동시에 현재 사회에서 '무엇'이 예술이고 '무엇'이 상품으로서의 문화산업인지를 엄밀히 구분하기 어렵다는 것 역시 사실인 것 같습니다. 어쩌면 이것은 현대 예술이 가진 본질적 딜레마인 것 같기도 합니다. 오늘 설명은 여기까지 하겠습니다.

5강

# 문화산업 :
# 대중 기만으로서의 계몽 2

프랑크푸르트 사회조사연구소 / 욕망의 억압 / 웃음의 폭력 / 유흥의 기능

동일성 논리의 역설 / 개별자의 잉여인간화

강의 시작하기 전에 미리 좀 말씀을 드리면, 프랑크푸르트 대학에 개설된 사회조사연구소가 창립된 지 올해가 100주년입니다. 그래서 독일어권에서는 최근 이에 관해 상당히 많이 언급되고 있어요. 프랑크푸르트 사회조사연구소에는 아주 오랫동안 악셀 호렌트Alex Honneth가 소장으로 재직하고 있었는데, 최근 슈테판 레쎄니히Stephan Lessenich라는 사회학자가 소장으로 취임했어요. 이분이 굉장히 활발하게 사업을 추진하고 여러 매체들과 인터뷰도 하고 있습니다. 그래서 독일어권에서는 올해 굉장히 큰 학술대회들이 많이 열려요. 언론들도 사회조사연구소 100주년을 주목하고 있습니다. 또 국내에서도 학술대회가 열릴 것입니다. 이처럼 올해는 프랑크푸르트 사회조사연구소나 이른바 '프랑크푸르트 학파'와 관련된 이벤트들이 국내외에서 많이 열리게 될 것 같습니다.

# 프랑크푸르트 사회조사연구소

　　프랑크푸르트 사회조사연구소 100주년에 관해 좀 더 말씀드리자면, 이 100년이라고 하는 역사는 일관된 연속적인 역사는 아닙니다. 연구소가 정식으로 창립되기 전에 1923년 5월에 '마르크스주의 작업 주간Marxistische Arbeitswoche'이라고 하는 행사가 열려요. 거기에 당대 독일어권에서 굉장히 저명한 마르크스주의 지식인들이 다 모입니다. 게오르크 루카치, 칼 코르쉬 등 당시의 유명한 마르크스주의자들이나, 이 사회조사연구소를 창립하는 데 결정적 기여를 했던 펠릭스 바일Felix Weil과 같은 독일어권의 마르크스주의 연구자들이 조그만 도시에 총집합해서 일종의 학술적 궐기 대회를 연 것이죠. 그러고 나서 1923년에 연구소가 만들어지는데요. 처음에는 연구소 자체는 등록만 해놓고 공간은 없었어요. 그래서 공식적으로는 1924년 6월에 연구소가 공간을 마련해 문을 열게 됩니다. 그러다가 1930년대에는 나치 집권 이후에 연구소가 망명을 가지요. 이 망명을 준비하고 치밀하게 실행해 나가는 사람이 당시의 소장 막스 호르크하이머였던 것입니다. 독일을 떠나서 처음에는 스위스로 갔다가, 또 파리로 갔다가, 나중에 미국으로 갑니다. 그래서 미국 뉴욕에 본부를 두고, 그다음에는 아도르노하고 호르크하이머가 미국 서부의 캘리포니아로 갑니다. 이들은 캘리포니아 지역에 있는 독일어 사용자들의 마을에 살았는데, 당시 브레히트가 이웃으로 같이 살았고요. 캘리포니아에는 할리우드가 있죠. 그러면서 영화 산업이나 문화 산업에 대해서 글을 많이 쓰게 되지요. 그때 『계몽의 변증법』이 집필되는 것입니다. 이제 전쟁이 끝나고 나서 1940년대 후반부터 연구소의 이론가들이 독일로 돌아옵니다. 물론 미국에 남은 사람들도 있죠. 에리히 프롬과 마르쿠제는 미국에 남아 영어권 독자들에게 상당히 유명한 저자들이 됩니다. 아도르노하고 호르크하이머를 비롯한 나머지 연구소 지식인들은 1940년대 후반에서 50년대 초반에 걸쳐 전부 귀국하는데 그때부터 본격적으로 사회조사연구소의 전성기가 시작됩니다.

사실 연구소 설립 전후로 독일어권 철학에서 가장 중요한 철학자들을 꼽자면, 우파 철학에서는 하이데거, 좌파에는 루카치 같은 사람이 있었지요. 그런데 아도르노나 호르크하이머는 그에 비하면 조금 더 마이너에 속해 있었던 이론가들인데, 2차 세계대전이 끝나고 이들이 미국에서 귀국하면서 독일에서 어마어마한 상징자본과 학술적 권위를 갖게 됩니다. 그래서 아도르노가 프랑크푸르트 대학의 정교수가 되고, 호르크하이머에 이어 사회조사연구소의 소장이 되지요. 호르크하이머는 프랑크푸르트 대학의 총장이 되고요. 그러면서 연구소의 사회적 지위가 올라가게 되고 전성기를 맞이하는데, 68혁명이 일어나면서, 많이 알려진 대로 68학생운동 시위대와 아도르노, 호르크하이머 사이에 불화가 생겨납니다. 학생 시위대가 사회조사연구소를 점거하면서 당시 소장인 아도르노가 경찰 진압을 요청하게 되고, 이것이 아도르노에 대한 학생 시위대의 분노를 야기해서 1969년 1월 아도르노의 강의에 난입한 여학생 3명의 상의 탈의 시위가 벌어집니다. 충격을 받은 아도르노는 휴가를 내고 그해 여름 스위스에서 등산을 하다가 심장마비로 사망합니다.

그러면서 소위 68세대와 프랑크푸르트 학파 사이의 갈등이 상당한 정치적 쟁점이 됩니다. 프랑크푸르트 사회조사연구소의 지식인들은 나치즘에 저항하고, 또 늘 사회를 비판하고 변화를 외쳐 왔는데, 정작 그러한 변화를 요구하면서 혁명의 대열을 이루는 학생운동 세력과 그들의 아버지 세대 지식인들 사이에 벌어지는 오이디푸스적 갈등을 어떻게 볼 것인가 하는 것이죠. 그다음에 68혁명이 끝나가고 운동이 약해지면서 시위대가 고립에 처하게 됩니다. 처음에는 68년 학생운동이 독일이나 프랑스에서 대중적인 사회 변혁 운동을 촉발했지만, 정권이 보수당에서 사회민주당으로 넘어가게 되고, 학생운동의 동력이 소멸되지요. 이것이 사회운동의 딜레마가 아닐 수 없는데요. 한국에서도 시민사회의 운동이 커다란 촛불항쟁을 이루다가도 그 뒤에 정권이 교체되고 나면 사회운동이 더 이상 폭발적으로 안 나오게 되잖아요. 마찬가지로 당시 독일에서도 정권이 교체되면서 아래로부터의 변화의 열기를 새로운 빌리 브란트 정부가 흡수해 버리고 나서 고립된 학생운동 시위대의 일부가 극좌화됩니다. 달리 말해, 테러 단체화됩니다. 1970년대부터 이른바 적군파들이 테러 노선으로 전술을 변경합니다. 대중 투쟁 노선이 실패하니까 테러 전술로 변화를 꾀했던 것이죠. 여객기 납치나 암살 방식의 투쟁이 벌어지고 실패하게 됩니다. 사실 이러한 테러는 굉장히 자멸적인 전술일 수밖에 없지요. 그래서 독일 사회에서 사회민주당보다 더 왼쪽에 있는 급진 좌파 세력들이 고립되어 버립니다.

그런 상황에서 프랑크푸르트 학파도 의심의 눈길을 받게 됩니다. '너희들의 이론이 68혁명을 촉진했다고 많은 사람들이 얘기하는데, 너희들하고 적군파 테러리스트들하고 어떤 관계가 있는 것이 아니냐'라는 의심을 당연히 받겠죠. 그러면서 점차 아도르노 사후에는 비판이론가들이 특히 급진좌파 세력들과 거리를 두게 됩니다. 그렇게 마르크스주의 전체와 점차 단절하는 길을 걷게 됩니다. 그러한 가운데 1980년대가 되면 특히 하버마스의 『의사소통 행위 이론』 같은 저술들이 나오고, 본격적으로 비판이론 1세대와의 일종의 '청산 작업'에 들어가게 됩니다. 그리고 이를 '패러다임 전환'으로 정당화하는 담론들이 분수처럼 쏟아져 나옵니다.

이것을 수행한 것이 하버마스이고, 특히 하버마스는 이론적으로 엄청난 대가로 인정받았기 때문에, 철학, 사회학, 정치학, 법학을 망라해서 모든 인문 사회학 연구자들이 배우거나 이름은 한 번씩 들어봤을 거장이 되었잖습니까. 그러면서 이 패러다임 전환이 탄력을 받은 것이지요. 그러한 전환이 이후 악셀 호네트까지 이어졌고요. 호네트가 몇 년 전에 정년퇴임을 하면서 현 소장인 슈테판 레쎄니히에 이르기까지 전통이 이어지고 있는데요. 프랑크푸르트 사회조사연구소 100년의 역사에는 이런 굴곡의 역사들이 있고, 그 과정에서 초기 비판이론, 아도르노나 호르크하이머나 아니면 마르쿠제나 발터 벤야민 — 벤야민은 정식 멤버는 아니었지만 연구소의 지원을 받았지요 — 을 포함하는 초기 비판이론 1세대를 연구하는 쪽과 2세대의 하버마스에 의한 패러다임 전환 이후의 사유 사이에 어느 정도의 긴장과 단절은 불가피한 것이라고 할 수 있습니다. 물론 우리가 100년의 역사라고 말할 때는 연속적인 과정 같지만, 실제로는 그 안에서 단절이나 긴장 같은 것도 존재합니다.

만일 우리가 이 비판이론 진영에서의 여러 세대들 중에 1세대 비판이론, 특히 아도르노나 벤야민, 호르크하이머와 같은 초기 비판이론이 가지고 있는 장점이 어떤 게 있을까 고민해 보면, 저는 이런 생각을 해보게 됩니다. 어떻게 보면 아도르노나 프랑크푸르트 학파의 1

세대 비판이론가들은 칸트의 비판 철학과 헤겔의 변증법적 사유와 칼 마르크스의 정치경제학 비판으로 이어지는 19세기의 고전적인 비판이론들과 20세기에 등장한 새로운 도전들, 특히 프랑스의 구조주의나 후기구조주의, 즉 알튀세르, 푸코, 데리다, 들뢰즈로 이어지는 이론들 사이에 일종의 가교와 대화의 장을 형성할 수 있었을지도 모릅니다. 왜냐하면 특히 아도르노의 경우, 칸트, 헤겔, 마르크스 같은 고전 철학에도 빚지고 있지만, 동시에 들뢰즈의 차이라든지 푸코의 권력 비판 내지 데리다의 해체주의 또는 알튀세르 이후의 마르크스주의의 혁신이라고 하는 과제와 유사성을 드러내고 있지요. 따라서 아도르노는 그의 이론을 경유해 19세기 독일의 비판이론과 20세기 프랑스의 사유 혁명이라는 두 가지 서로 다른 이론 진영이 대화할 수 있는 중간 다리가 될 수 있지 않았을까 하는 생각을 해봅니다. 그런데 하버마스의 패러다임 전환 이후에는 이 토론의 가능성이 끊기게 되거든요. 왜냐하면 실제로 하버마스는 한편에서는 헤겔과 마르크스의 고전적인 변증법적 비판이론들을 '형이상학적 목적론'이라고 기각하고, 다른 한편에서는 후기구조주의나 프랑스 이론들은 '보수주의'라고 규정하죠. 이성을, 그리고 합리적 사회의 실현을 거부해 버리는 보수주의 이론이라고 선을 긋는 것입니다. 그러면서 이 서로 다른 사상 조류들 사이에 연결고리를 만드는 일이 불가능해지는 것입니다. 양쪽 다 청산 혹은 기각 대상이 되어버렸기 때문입니다.

또 하나, 2세대, 3세대 비판이론의 가장 큰 특징은 1세대 이론가들이 사용하는 사회적 총체성이라는 개념을 더 이상 사용하지 않는다는 겁니다. 마르크스주의 변증법은 이후에 아도르노와 호르크하이머에 이르기까지 사회를 총체성의 관점에서 분석하고 비판하는데, 후기 비판이론가들은 이 총체성 범주를 사용하지 않죠. 이들은 그것이 역사철학적 목적론에 오염되어 있다고 보는 것입니다. 또 총체성의 관점을 가진 이론은 총체적 지배의 외부를 보지 못하기 때문에 비관주의에 머물게 되고, 이성의 비지배적인, 해방적 사용 방법에 대해 무관심했다는 것입니다. 실제로 초기 비판이론가들이 수행한 사회적 총체성에 대한 비판은 말 그대로 사회 전체에 대해 근본적인 수준에서 매우 급진적인 비판을 가하다 보니, 이론적으로는 비관주의로 귀결되는 측면이 없지 않습니다. 왜냐하면 이들은 현존하는 사회만 비판하는 게 아니라, 거기에 대항하는 세력들에 대해서도, 그러니까 당대 마르크스주의적인 비판에 고무된 혁명적 실천이나 저항 운동 등도 가만히 내버려 두지 않고 비판의 칼을 가하다 보니까 이론적으로는 비관주의적인 요소를 내포하는 경향이 있습니다. 그것은 하버마스의 2세대 이후 비판이론가들이 1세대 이론가들에 대해 제기하는 약점으로 남게 됩니다. 그러나 역으로 저는 근본적인 수준에서의 사회 비판이라는 1세대 비판이론의 기획이 오늘날 우리에게 주는 의미가 있지 않을까 하고 개인적으로 생각해 봅니다.

**욕망의 억압**

이 문제는 지금 다루는 문화산업론하고도 관계가 있어요. 지난 시간에 말씀드렸다시피, 아도르노의 문화산업 비판에서 분석적 수준에서의 비판과 규범적인 수준에서의 비판을 구분해야 합니다. 왜냐하면 분석적 수준에서 철두철미하게 비판을 하다 보면, 이 비판이 비관주의적인 방향으로 느껴지는 게 사실이에요. 하버마스 이후의 후배 세대들이『계몽의 변증법』에 제기하는 숱한 반론에서 보듯, 아도르노와 호르크하이머의 서술이 '탈출구 없는' 이론처럼 느껴지게 됩니다. 그런 비판도 물론 일리가 있습니다. 아도르노와 호르크하이머는 비판의 급진적인 예리함, 칼의 예리함을 가지고 있다보니까 비관주의로 갈 수 있는 위험을 물론 가지고 있지요. 그럼에도 불구하고 우리가 오늘날 만약 아도르노와 호르크하이머가 발전시킨 문화산업론을 현재화한다면, 이것을 분석적 차원에서, 대중문화나 대중문화를 지배하는 자본주의 상품으로서의 문화산업이 근본적으로 가질 수밖에 없는 한계에 대한 근본적 통찰로 인정하되, 대중문화를 향유하는 태도 자체를 도덕적으로 문제시하는 식의 가치평가를 내리는 태도로 이어져서는 안 된다고 말해야 합니다. 그러한 규범적인 가치평가식의 비판은 르네상스 그림에 등장하는 벌거벗은 사람들을 다 천으로 가려버리는 중세 성직자들 방식의 아주 잘못된 금욕주의로 귀결되기 쉽습니다. 따라서 우리는 문화산업론을 그런 방식의 결론이 아니라, 문화조차 철두철미한 지배에 봉사하는 상품으로 기능하고 있는 현실 자체에 대한 분석적인 통찰이라는 관점에서 이해할 필요가 있을 것 같습니다.

이런 맥락에서 저자들은 이렇게 말합니다. "문화산업은 그들의 소비자에 대해 자신들이 계속해서 약속하는 것을 계속해서 기만한다."(161/211~212) 이것은 일종의 내재적 비판이죠. 그것이 약속하는 것을 스스로 기만한다는 의미에서입니다. 반면에 예술 역시 어떤 약속을 합니다. 그런데 그런 약속은 아직 실현되지 않은 것입니다. "예술작품은 체념을 부정적인 것으로 형상화함으로써, 충동을 열등한 것으로 묘사하는 관점을 취하하였으며, 체념된 것을 매개된 것으로써 구원하였다. 이것이 미적 승화의 비밀이다. 그것은 실현을 불충분한 것으로 표현하는 것이다. 문화산업은 승화하지 않고 억압한다."(161~162/212) 예술작품은 억압된 충동을, 거절당한 충동을 직접적으로 드러내는 것이 아닙니다. 일종의 승화의 전략을 쓰는 것이 예술 작품의 특징이죠. 사실 억압된 상상력이나 우리의 충동을 그대로 보여주면 그것은 일종의 포르노그라피가 되겠죠. 반면 예술은 억압된 충동을 직접적으로 표현하는 것이 아니라, 그것을 어떤 매개와 승화를 거쳐 표현되도록 만드는데요. 이것이 승화 혹은 숭고화의 메커니즘입니다. 어떤 억압된 충동의 실현을 불충한 채로 표현하는 것입니다. 그런데 문화산업은 억압된 충동을 승화시키는 방식으로 표현하는 게 아니라 그냥 그 자체로 배설하듯 표현합니다. 그래서 문화산업은 충동을 있는 그대로 표현하는 것 같지만, 실은 궁극적으로는 충동을 억압하는 데 기여하고 그렇게 함으로써 지배 질서를 강화하는 데 기여한다는 것입니다.

이건 사실 요즘도 마찬가지입니다. 아이돌 걸그룹이나 연예인들의 신체를 상품화하고 계속해서 어떤 욕망을 자극하는 것이 문화산업의 대표적인 특징이죠. 책에도 서술되어 있듯이, 착 달라붙은 스웨터 속의 가슴이나 스포츠 선수들의 벌거벗은 상반신처럼 욕망의 대상을 끊임없이 욕망의 시선 앞에 노출시킴으로써 문화산업은 승화되지 않은 욕망을 자극하고, 그런 방식으로 인간의 신체를 상품화합니다. 이러한 직접적인 표현방식은 그러한 충족들이 만족되지 않는 상태를 반복적으로 만들어 이를 습관화합니다. 그 결과 그것은 충동을 마조키즘적으로 불구화하게 됩니다. 이해가 되십니까? 우리가 어떤 대중매체를 통해서 에로틱한 영상을 보거나 하면 — 요즘은 넷플릭스에서도 굉장히 선정적인 작품들이 많이 나오잖아요 — 그것이 뭔가 인간의 억압된 성적 욕망 같은 것들을 계속 자극하지만, 실제로는 이 매체들이 그런 욕망을 해소해 주는 건 아니잖아요. 그러다 보면 대중매체의 소비자들은 점차 해소되지 않는 욕망을 당연한 것으로 보게 됩니다.

저는 이 구절을 보면서 뭐가 생각났냐면, 아이돌 산업입니다. 요즘은 좀 달라졌지만요. 특히 2016년 5월 강남역 사건 이후 페미니즘 리부트가 나타나면서 그 이후로 한국의 문화산업, 특히 아이돌 산업에도 다소나마 변화가 생겼지요. 그런데 그 이전에는 한국 걸그룹이 섹스어필을 하는 방식으로 상업적 성공을 거두는 전략을 취하는 경우들이 제법 있었습니다. 그런 풍경들을 보면서 저는 그런 생각이 들더라고요. 한편에서는 청소년들이 많이 향유하는 K-콘텐츠 매체에서 아이돌 그룹이 굉장히 자극적인, 그 당시에는 거의 스트립쇼에 가까운 퍼포먼스를 하고 그것을 공중파 TV에서 여과 없이 보여주고, 다른 한편에서는 청소년들에게 자극적인 방식으로 억압된 성욕을 자극하는데, 한국 사회는 10대의 성을 인정하지 않잖아요. 최근에도 서울시의회에서 성행위는 결혼 이후에 하는 것이라는 식으로 혼전순결을 담은 '학교 구성원의 성생명 윤리규범 조례안'을 통과시킨다고 해서 논란이 있었죠. 요새 청소년들은 룸 카페 같은 장소에서 연애를 하기도 한다고 합니다. 그런 곳은 완전히 밀폐된 채 침대나 TV를 놓고 거의 모텔처럼 운영하는 곳이죠. 그래서 보건복지부에서 이런 시설들에 청소년 출입을 못 하도록 하고 단속을 강화한다는 뉴스가 났습니다. 이러한 장소에서 폭력이 일어날까 봐 청소년들을 보호한다는

계몽의 변증법 함께 읽기

게 아니에요. 그들이 성관계를 할까 봐 단속한다는 것입니다. 그들을 '보호해야 할' 대상으로 보는 게 아니라 '단속해야 할' 대상으로 보는 시각이 드러납니다. 이것은 모순 아닌가요. 대중매체는 공중파 TV의 퍼포먼스에서까지 그들의 억압된 성적인 욕망을 자극하면서, 동시에 그들의 욕망의 해소는 금기시하는 것입니다. 이러한 이중성이 바로 억압에 기초한 사회의 풍경입니다.

아도르노는 한발 더 나아간 지적을 합니다. 이렇게 욕망의 불만족이 습관화되면서 사람들은 해소되지 않는 욕망을 자연스러운 것으로 바라보게 되고 이로부터 그들의 충동이 '마조키즘적인' 방식으로 굴절된다는 것입니다. 그리고 이러한 현상은 지배에 기여하게 됩니다. 욕망을 부추기지만 그것의 해소는 불가능하다고 말하는 사회에서 대중들은 이 사회가 그들의 욕구를 실현시키지 않는 것을 당연하게 받아들입니다. 따라서 그들은 욕구에 대한 억압을 당연한 것으로 받아들이게 되고, 즉 내면화하게 되고, 그러한 욕구의 실현을 지연시키는 사회에 더 이상 분노하지 않게 됩니다. 이러한 방식으로 사회는 수동적으로 길들여진 대중을 만들어 내게 됩니다. 문화산업은 이러한 방식으로도 지배에 기여합니다.

이런 맥락에서 아도르노와 호르크하이머는 "섹스 상품의 대량생산은 자동적으로 섹스의 억압을 낳는다"(162/213)라고 말합니다. 성의 상품화와 대량생산되는 성 상품은 성적 욕망의 해소가 아니라 그것의 마조키즘적 굴절로 이어지고, 욕망의 만성적인 해소불가능성 상태는 승화되지 않은 충동들이 왜곡된 형태로, 공격적인 방식으로 표출되는 것으로 이어집니다. 여기서 드러나듯이 문화산업은 성적 욕망을 충족시켜 주는 방식의 매체가 아니라, 오히려 굉장히 자극적으로

성을 상품화하지만 그 상품화는 중국에 가서는 역설적으로 억압에 기여한다는 것이 저자들의 강조점인 것 같습니다.


## 웃음의 폭력

이어서 재미있는 문장이 나오죠. "웃을 일이 아무것도 없다는 사실에 대해 웃음이 터진다."(162/213) 굉장히 인상적인 표현입니다. 또 저자들은 이렇게 말합니다. 문화산업은 우리에게 웃음을 촉발하는 문화 장치들을 가지고 있는데, 그러한 웃음은 기만적으로 현실의 고통을 추방하고 현실을 장밋빛으로 보게 만드는 이데올로기적 기능을 수행하고 있다는 것입니다. 좀 거칠게 표현하면 이렇게도 말할 수 있습니다. 아도르노와 호르크하이머가 가지고 있는 기본적인 아이디어는 우리를 웃게 만드는 예술은 예술이 아니라는 것입니다. 우리를 웃게 만드는 것은 문화산업의 상품일 뿐, 예술이 될 수 없다는 것입니다. 실제로 그럴까요? 이것도 한번 토론해 볼 만한 쟁점인 것 같아요. 물론 웃음의 종류에는 여러 가지가 있습니다. 그런데 폭소와 같은 희극적인 웃음은 예술 작품의 궁극적인 특징인 부정성을 내포해야 한다는 것에 배치됩니다. 찰리 채플린은 사회 비판적인 작품들을 만들었고 풍자라는 기법을 통해서 당대의 현실을 고발하는 영화배우였지만, 아도르노와 호르크하이머는 찰리 채플린이 우리에게 자아내는 그 웃음 안에서도 지배의 논리를 읽어내려고 했던 것 같습니다. 말하자면 웃을 일이 없는 현실에 대해서 웃음을 터뜨릴 수밖에 없는 지금의 상황을 성찰해야 하는데, 웃는 순간 우리는 생각을 안 하게 된다는 거죠. 그런데 문화산업은 우리를 웃게 만들잖아요. 물론 이러한 저자들의 진단에 동의하지 않을 분들도 많을 것 같아요.

과연 우리가 웃는 순간 생각을 안 하게 되는 것인가. 그러니까 웃음이라는 것은 성찰의 계기가 전혀 없는 것인가. 아도르노와 호르크하이머는 그런 뉘앙스로 말하고 있잖아요. 반면 유흥산업은 계속해서 웃음을 자아내는 유쾌하고 재미있는 소재들로 상품들을 만들어 내는데, 그러한 웃음은 행복을 기만하기 위한 도구가 된다는 것입니다. 아도르노와 호르크하이머가 보기에 참된 행복은 폭소를 터뜨리는 순간이 아닙니다. 행복은 그러한 웃음과는 무관한, 즉 적극적인 즐거움의 상태가 아니라, 웃음도 울음도 없는 고요한 상태, 관조의 순간이라는 것입니다. 반면 허위가 지배하는 사회에서의 웃음은 그러한 허위적 상태를 극복할 수 있는 성찰과 비판적 실천들을 불가능하게 만들고, 결국은 행복의 실현을 불가능하게 만든다는 것입니다.

이러한 웃음에 대한 비판은 '집단적인 웃음'으로도 이어집니다. 집단적인 웃음은 인류 공동체라는 이념의 실현이 아니라, 그러한 이념의 패러디에 불과합니다. 왜일까요? 그러한 집단 속에 있는 개인에 관해 생각해 봅시다. 이들은 자신이 따라 웃는 다수를 든든한 뒷배경으로 삼아서 나머지 타자를 적대시하고 희생시킵니다. 그는 그러한 타자를 비난하면서 그들을 비웃는 집단적 웃음에 동참하지만, 그런 즐거움 외에 기뻐할 것이 하나도 없는 고립된 개체에 불과합니다. 그런 점에서 집단적 웃음에 가담한 개별자는 라이프니츠가 말한 모나드의 실현일 뿐입니다. 그는 외부 세계와의 교류가 없는 철저한 단독자로 존재하는 창 없는 모나드인 것입니다. 아도르노와 호르크하이머는 그런 집단의 웃음은 겉으로 보기에는 어떤 사람들의 화합을 나타내는 것 같지만, 실은 그 웃음은 지금 이 순간에 희생되고 있는 사람들에 대한 조소가 될 수밖에 없지 않나, 하고 말하려는 것 같습니다. 그런 의미에서 집단적인 웃음이 인류의 통일성이나 화해에 기여하는 게 아니라 결국은 고립된 단자들을 만드는 왜곡된 연대감을 창출할 뿐이라는 것인데요. 그 안에는 악마적 요소가 내포해 있습니다. 따라서 웃음이 주는 쾌락이란 잔인한 것입니다.

이렇듯 웃음 그 자체를 기만이라고 거부하는 태도는 문자 그대로 고찰하면 지나치게 금욕적인 거 아닌가, 사람이 웃을 수도 있지 왜 이렇게 웃음을 범죄시하는가 싶기도 합니다. 물론 아우슈비츠를 겪었던, 히틀러 시대의 생존자들로서 이런 지적이 윤리적으로는 이해가 가지만, 지나치게 금욕적인 내용이 아닌가 하는 생각이 들기도 하는데요. 그래서 저도 전에 아도르노를 좋아하지 않았다고 말할 때, 이런 부분에서 느껴지는 과도한 자기검열이나 피해의식이 불편했던 것입니다.

그런데 저는 최근에 이러한 저자들의 주장에 이전보다 더 공감하게 되었습니다. '웃음의 윤리'라는 면에서 말입니다. 우리는 흔히 이런 논란을 접하곤 합니다. 어떤 개그 프로나 만화 소재 같은 것에서 소수자에 대한 비하가 등장하기도 하죠. 그러한 매체의 창작자들은 아마 농담 소재로 그런 장면을 넣었을 것입니다. 그런데 시청자나 소비자들이 그런 장면에 대해 항의를 하면, 그들은 '프로불편러'라는 비난을 듣고, 또 그들을 향해 '개그는 개그일 뿐인데 왜 다큐멘터리 대하듯 하냐'라거나, '그냥 웃고 넘어가라', '웃자고 한 말에 죽자고 달려들지 마라'라는 댓글이 달리기도 합니다. 그런데 우리는 그러한 '웃

계몽의 변증법 함께 읽기

음'이 지닌 폭력성에 관해서도 성찰해야 하지 않을까요?

저는 개인적으로 〈SNL 코리아〉 보는 걸 좋아하거든요. 배우들이 패러디를 정말 잘해서예요. 이분들이 유명인들 흉내를 너무 잘 내요. 예전에는 정치권력을 패러디하는 것이 좋았고요. 최근 SNL은 이런 측면은 거의 사라졌지만, 그래도 여러 가지로 여전히 재미있다고 생각합니다. 그런데 최근에 논란이 된 것 중 하나가 〈더 글로리〉 패러디였어요. 제목을 〈더 칼로리〉로 달았더군요. 이번에도 배우들이 연기를 정말 잘했습니다. 근데 이 패러디 방식이 문제였어요. 학폭 피해자가 너무 뚱뚱해서 먹는 것을 가지고 고문을 하는 방식으로 개그 소재를 가져온 거예요. 원작을 보면 가해자들이 고데기를 가지고 와서 피해학생의 살을 지지는 장면이 나옵니다. 근데 이를 패러디한 코미디 영상에는 그게 아니라 고데기로 쥐포를 지져요. 그러면 피해자 역할을 맡은 배우가 분노하는 거예요. 쥐포를 먹어야 하는데 타버린다고요. 정말로 연기를 잘했지만, 동시에 과연 폭력과 피해자를 희화화하는 것이 옳은 방식일까 하는 의문도 남습니다. 사실 아도르노와 호르크하이머가 이야기하는 게 그런 겁니다. 이런 장면을 보면서 웃을 수 있는 사람들도 있어요. 그런데 누구는 웃을 수 없을 겁니다.

나아가 이런 것도 생각해 볼 필요가 있어요. 개그맨들이 웃기기 위해서 강력 범죄자나 피싱 사기 범죄자를 묘사할 때가 있는데, 그때 습관적으로 연변 조선족 사투리, 곧 동북방언을 쓰곤 합니다. 그러나 이것은 아주 전형적으로 대중매체가 조선족 소수자에 대한 편견을 조장하는 장면이지요. 저는 불편하더라고요. 정말 저 배우를 좋아하고 저 배우가 나에게 주는 웃음이 너무 좋지만, 그 순간 내가 웃는다는 것은 누군가에 대한 편견에 동조하는 거잖아요. 웃음이 어느 순간에 폭력이 되어버리는 것입니다. 농담이 농담이 아닐 수 있죠. 웃음이 칼이 될 수 있죠. 그게 누군가에게는 그 사람의 존재 자체를 범죄화하고 그들의 존재 자체를 우리의 웃음의 소재를 만들어 버리면서 희화화해 버리는 거니까요. 대중매체는 계속해서 그런 웃음을 우리에게 보여줍니다. 우리가 웃음이 폭력이 될 수 있다는 통찰을 망각한다면, 그러한 웃음은 가혹한 무기가 되어버릴 것입니다.

이러한 방식으로, 『계몽의 변증법』 저자들이 가하는 웃음에 대한 비판은 단순한 금욕주의적인 명제로 받아들이기보다는, 웃음이라고 하는 것까지도 비판적 이론의 고찰대상이 되어야 한다는 주장으로 받아들여질 수 있을 것 같습니다. 문화산업은 계속해서 우리에게 웃음을 팔고 그 웃음을 통해서 우리에게 가상의 행복을 주는데, 그런데 때로 그러한 웃음 앞에서 웃을 수 없는 상황이 존재하고, 거기에 대해서 우리가 한 번쯤 생각해 봐야 한다는 메시지로 말입니다. 아도르노와 호르크하이머가 아우슈비츠의 시대에 웃음에 대해서 이렇게 가혹한 평가를 내린 것에 대해서 오늘날의 관점에서 재평가해 본다면 그런 관점에서 이해할 수 있지 않을까 하는 생각을 해보게 됩니다.


## 유흥의 기능

이어서 연결되는 맥락에서 아도르노와 호르크하이머는 문화산업이 담당하는 유흥의 기능을 분석하고 있습니다. 유흥이라는 요소는 장사꾼의 상업적 기질과 많은 부분 유사성을 갖는다고 저자들은 지적합니다. 유흥과 장사 사이의 유사성이 드러나는 지점은 양자가 모두 "사회에 대한 변명Apologie"(166~167/219)이라는 데에 있습니다. 사회를 옹호하고 변호하는 논리라는 것이죠. 어째서 그럴까요? 유흥이 왜 기존 사회의 지속에 기여하고 기존 사회를 변호하는 것일까요? 한국 사회는 전 세계에서 가장 오락 문화가 발전돼 있잖아요. 노래방, pc방 같은 문화가 전 세계적으로 수출됩니다. 전 세계에서 한국인이 게임을 가장 잘하고 음주가무 문화도 매우 발전되어 있어요. 젊은이들이 술자리에서 '술게임'을 하는 민족이 한국 말고 또 있을까요? 어쨌거나 한국이 이렇게 유흥문화가 발전해 있는 이유는 한국의 노동 시간이 길고 스트레스도 크기 때문이에요. 또 부채로 인해 자살률도 높죠. 한국인들의 피로한 삶은 전 세계적으로도 분석 대상이 되는 것 같습니다. 그러니까 우리는 유흥, 오락 거리를 필요로 합니다. 우리의 삶이 고달프기 때문에 그만큼 유흥문화도 발전하는 것입니다. 고도로 발전된 유흥문화 없이는 사회가 주는 이 고강도의 스트레스를 버틸 수가 없어요.

밤새 술 마시고 노래하는 이런 문화는 다른 나라 사람들에게는 생소한 풍경일 겁니다. 제 경험상 독일에서도 우르르 몰려다니면서 2차, 3차까지 술 마시고 떼창 부르는 한국식 유흥문화는 찾아볼 수 없었거든요. 그런데 결국 이처럼 높은 수준의 스트레스를 유흥문화를 통해 해결하는 한국의 풍속은 결과적으로는 그러한 스트레스를 제공하는 사회의 현주소를 바꾸는 데에 기여하지 못합니다. 오히려 그러한 문화는 사람들을 '버티게' 만들어 줍니다. 에너지 드링크처럼 말이죠. 자기 몸을 갈아서 자본주의 경제가 돌아가도록 노동하는 현대인들의 삶을 바꾸는 게 아니라, 그러한 삶이 연장되도록, 노동자들이 버티도록, 현대인들이 그들의 스트레스를 일시적으로 날려버리게 만들어요. 그러는 사이 기존의 사회는 계속되는 것입니다. 그런 의미에서 유흥은 사회를 변호하고 옹호합니다.

또 이어서 저자들은 이렇게 말합니다. "즐긴다는 것은 동의한다는 것을 뜻한다."(167/219) 우리는 무엇을 즐기는 동안 사회 전체에서 일어나는 일에 무감각해집니다. 따라서 이렇게 말할 수 있습니다. "즐김은 언제나, 무엇에 관해 생각하지 않는 것, 고통이 목격되는 곳에서조차 고통을 망각하는 것을 뜻한다."(167/219) 즐김은 무력감에서 비롯한다고 저자들은 말합니다. 즐긴다는 것은 적극적인 행위가 아닌 것이죠. 그것은 도피일 뿐입니다. 내가 처한 현실의 어둠을 망각하기 위해서 마약처럼 빠져드는 것이 유흥이고 그것이 쾌락이고 쾌락을 즐긴다는 것입니다. 이 때문에 유흥이 주는 쾌락을 즐기는 것은 삶의 해방을 뜻하는 것이 아니라 "부정으로서의 사유로부터의 해방"(167/219)입니다. 그것은 마지막 남은 저항의식의 상실을 뜻합니다. 결국 유흥은 우리를 억압적 사회로부터 해방시키는 게 아니라 그 사회를 반성할 수 있는 부정 사유, 사유의 부정성으로부터 해방시키는 것입니다. 이러한 의미에서도 유흥은 사회를 변호할 뿐입니다.

아도르노와 호르크하이머의 이런 주장은 유흥을 즐기는 것이 고통을 잊게 만든다는 사실, 그리고 사유를 대체한다는 사실을 예민하게 지적합니다. 이러한 저자들의 태도에 대해 가해지는 가장 대표적인 비판은 그것이 문화보수주의라는 것입니다. 문화 현상에서 전통을 대변하고 현대적인 문화들을 타락한 것으로 고찰하는 것이지요. 또 와자지껄하게 떠들고 즐기는 유흥 속에서 지배의 계기를 발견한다는 것은, 이 논리를 확대해 보면 유흥의 주체인 대중을 멸시하고 그들을 생각 없이 즐기는 존재로 묘사한다는 면에서 엘리트주의적이라는 비판도 제기될 수 있습니다. 이러한 비판들은 아도르노와 호르크하이머의 진의를 오해해서 벌어지는 것이기도 하지만, 또 이 저자들이 그런 오해를 자초하는 경우도 많다는 생각이 듭니다. 따라서 이러한 비판들을 모두 기각할 수는 없습니다.

그런데 최근에는 저도『계몽의 변증법』저자들과 비슷한 생각을 막연하게나마 하게 되는 것 같아요. 자신의 즐거움이나 쾌락에 대해서도 아까 언급했던 '웃음의 폭력성'이라는 화두와 유사한 고민이 드는 것입니다. 어떤 쾌락이나 즐거움에 대해서, 저는 과거에는 욕망을 해방시키는 것이 급진적인 입장이 취해야 할 덕목이라고 생각을 했거든요. 억압에 저항하고 모든 욕망을 해방하는 것이 곧 사회변혁의 목표라는 생각이 들었던 것입니다. 그런데 최근에는 저도 우리의 기쁨, 쾌감, 즐거움의 윤리에 대해서 과거보다 조금 더 민감해졌어요. 한국 사회에 특히 여러 가지 폭력적인 요소들이 많다는 생각을 하게 되면서부터입니다. 특히 n번방 같은 사건들을 보면서 인간이 자신의 쾌락을 위해서 어디까지 잔인해질 수 있는가를 생각해 보게 됩니다.

아도르노가 말하는 내용이 완전히 옳다는 건 아니지만, 저는 동시에 우리의 웃음이나 오락이나 즐거움, 쾌락, 향유에 대해서도 마냥 웃을 수만은 없는 현실을 고민하게 됩니다. 아까 웃음에 대해 말씀드린 것과 비슷하게, 우리는 우리 자신의 쾌락이나 즐거움에 대해서도 그것이 폭력적인 방식으로 관철될 수 있다는 자기반성적 시선과 윤리적 고찰을 끝없이 수행해야 하는 것입니다. 이러한 의미에서 저는 '욕망의 해방'을 급진적인 혁명의 구호로 외치는 입장이 단편적이라는 결론을 내리게 되었습니다. 오히려 우리 시대의 급진적 정치는 욕망의 폭력 가능성에 대한 성찰을 요청하는 것입니다.

## 동일성 논리의 역설

또 본문에 이런 문장이 나옵니다. "문화산업은 소박한 동일화로 우리를 초대하지만, 이러한 동일화는 곧 취소된다."(168/220) 문화적 현상 속에는 모두를 유사하거나 같은 사고방식으로 만들어 버린다는 특징이 있어요. 서로의 라이프 스타일이 비슷해지는 거죠. 예를 들어서 스타벅스에 앉아 맥북을 켜고 에어팟을 끼고 작업을 하고 집에 가서는 최근 유행하는 영화를 넷플릭스로 보는 등등 이런 방식의 문화적인 스테레오 타입들이 계속해서 대중문화로 인해 만들어지게 됩니다. 그러면서 개인들이 비슷비슷한 문화적인 특징들과 가치관을 갖게 돼요. 개인의 자유를 내세우는 현대사회의 역설이지요. 문화도 유행이 돌고 돌아 굉장히 비슷비슷한 형태로 수렴됩니다.

몇 년 전에 제가 독일에서 한국으로 들어오고 나서 충격받은 장면 중에 하나는, 오후 4시 반 즈음에 도서관에 있다가 집에 가는데, 중학교 학생들 하교 시간하고 겹친 겁니다. 중학생들이 집에 가려고 학교 밖으로 나왔는데, 전교생이 모두 검은색 롱패딩을 입고 있더라고요. 전교생이 전부요. 그걸 보고 정말 충격을 받았거든요. 그러니까 모두의 개성이 중요해지는 사회가 됐는데, 그런데 실은 그 안에는 동일성의 논리가 점점 더 지배적인 것으로 자리 잡고 있습니다. 다들 비슷비슷하게 생각하고 비슷비슷한 문화적 취향을 가진 관계가 되는 것입니다. 그런데 개인이 이렇게 문화적 동일시에 자신을 내맡기는 이유는 개인이 개인으로 남아서 아무런 보호도 받지 못한다는 공포에 시달리기 때문입니다. 저 중학생들의 경우, 자신이 친구들을 따라서 검은색 롱패딩을 안 입으면 이른바 '찐따'가 되는 거죠. 거기서 괴롭힘을 당할 수가 있고, 맞춰가야 하는 겁니다. 여기서 역설적인 논리가 드러납니다. 사회가 '개인'으로 해소되었기 때문에, 개인은 자립적 개인이 되지 못하고, 타인과 동일시함으로써 자기보존을 추구하게 됩니다. '사회'가 존재하지 않기 때문에, '개인'도 무너지는 것입니다. 개인의 고유성과 자율성이 소멸되는 것입니다. 그래서 저자들은 이 문화로 인한 동일시도 다시 '취소된다'고 말하는데, 왜냐하면 그러한 동일시는 개인이 고립된 개인으로 버려졌기 때문에 만들어지는 현상이기 때문입니다.

이어서 굉장히 재밌는 표현이 나오죠. "문화산업은 유적 본질로서 인간을 악의적인 방식으로 실현시켰다."(168/220) 이게 되게 재미있는 표현이에요. 유적 본질Gattungswesen이라는 표현은 포이어바흐를 차용해 청년 마르크스가 사용한 개념입니다. 여기서 유적 본질이란 모든 인간이 가지고 있는 공통적 본성이라고 생각하면 돼요. 청년 마르크스는 인간의 유적 본질이 사적 소유로 인해 소외됐다가 다시 인간이 자기 자신으로 복귀하게 되면 소외된 유적 본질을 되찾게 되고, 그것이 곧 공산주의를 뜻한다고 말합니다. 이를 통해 포이어바흐의 자연주의적 인간학을 공산주의에 관한 논의로 정치화했던 것입니다. 물론 이러한 유적 본질과 같은 소박한 인간의 자연본성에 관한 논의를 통해 공산주의를 정당화하는 방식은 이론적으로는 약점과 한계에 봉착하게 됩니다. 그리고 마르크스 본인이 이후 이론의 전개 과정에서 그러한 인간학적 공산주의 개념을 폐기하기도 하지요.

그런데 아도르노가 보기에, 청년 마르크스의 이러한 소박한 인간관은 굉장히 역설적으로, 그야말로 고약한 방식으로 문화산업에 의해 실현됩니다. 왜냐하면 문화산업으로 인해 모든 인간이 동일하게 생각하고, 동일하게 사유하고, 그래서 모든 사람은 다른 사람에 의해 대체 가능해지고, 개인은 교체 가능한 산물로 전락해 버리게 되어, 결국은 마치 개인을 초월하는 인류 전체의 공통의 본질이 실현된 것처럼 보이는 현상이 나타나게 되었기 때문입니다. 다소 비꼬는 의도가 들어 있는, 그래서 약간은 과장이 섞인 설명이지요. 그런데 우리가 '비슷비슷한' 개인이 되어가고 있다는 저자들의 진단만큼은 곱씹어 볼 만하다는 생각이 듭니다. 오늘날 현대사회는 개인의 차이나 고유성을 강조하는 것 같지만 실제로는 개인의 고유성을 소멸시키고, 개인을 대체 가능한 존재로 만들어 버리고 있는 경향이 분명히 존재합니다. 그리고 이런 사회에서 개인은 '잉여인간'이 될 수 있다는 두려움에 시달리게 됩니다.

## 개별자의 잉여인간화

저자들이 지나가면서 이런 문장을 서술하는데, 저에게는 굉장히 흥미롭게 보입니다. "모든 사람에게 형식적 자유가 보장된다. 그 누구도 공식적으로 자신의 생각에 대해 책임을 질 필요가 없다."(172/226) 저자들에 따르면, 자유주의적인 근대 사회에서 보장되는 자유는 형식적 자유로 남아 있습니다. 그것이 실체적 내용을 갖추지 못하고 있기 때문입니다. 이 형식적 자유 속에서 모든 사람은 자신의 생각이나 발언 등에 대해 공적으로 책임질 필요가 없어집니다. 오늘날 인터넷 댓글 같은 경우를 생각해 봅시다. 말 그대로, 자

계몽의 변증법 함께 읽기

기 생각에 대해서 책임질 필요가 없잖아요. 그러다 보니 온라인 공간에서 타자에 대한 혐오 혹은 자신의 공격적인 충동을 배설하는 경우도 자유라는 이름으로 허락됩니다. 그렇다면 온라인 공간에서 혐오 표현을 어떻게 해야 할까요? 국가가 규제해야 할까요? 그런데 국가가 그것을 일일이 규제한다는 것은 우리가 가지고 있는 자유에 관한 상식에 부합하지 않는 것 같고요. 자유를 무기 삼아 온라인 혐오 표현들은 더욱 홍수를 이루게 되고, 그것은 많은 사람들에게 씻을 수 없는 상처를 주거나 심지어는 자살로 이어지게 됩니다. 연예인들이나 소위 셀럽이라고 불리는 사람들이 사소한 일들로 사이버불링을 당하여 끔찍한 상처로 인해 자살을 택하는 사례들을 여러 차례 목격하게 되지 않습니까. 이러한 것이 '형식적 자유'와 '책임지지 않는 자유'의 사례인 것 같습니다.

그런데 동시에 사람들이 사회적 통제를 갈망하는 경우도 있습니다. 이것 역시 형식적 자유의 귀결일 수도 있지요. 저자들은 현대사회에서 많은 이들이 교회, 클럽, 직업연합 등 여러 관계와 체계에 소속되어 그 안에서 처세를 통해 이른바 '사회생활'을 해나가는 풍경들을 묘사합니다. 이 사회의 논리에 적응한 사람들, 기존 질서에 순응한 사람들, 타인의 눈 밖에 나지 않기 위해서 자신을 낮추고 예의 바르게 행동하는 사람들에게만 사회는 자기보존을 허락합니다. 물론 그러한 자기보존은 참된 의미의 자기관계라고 볼 수 없는 것이지요. 책의 앞부분에서 저자들이 말했듯이, 그것은 순응을 위해 자신을 희생 대상으로 삼는 방식의 자기보존일 뿐입니다. 어떻게 보면 현대사회는 인간에게 형식적 자유를 보장하는 사회인 것처럼 보이지만, 그것은 공적 책임을 동반하지 않는 허울뿐인 자유로 귀결되면서 역설적으로 오히려 많은 사람들이 자기보존을 위해서 사회적 구속을 감내해야 하는 이중적 상황에 처한 것처럼 보입니다. 그래서 저자들은 이렇게 말합니다. "실제로 사회가 오로지 자신에 충성하는 사람들의 삶만을 재생산한다는 것은 이 사회의 비합리적 계획성에 속하는 것이다."(172/226)

오늘날 한국 사회 역시 얼마나 이러한 이중적 상황에 놓여 있습니까. 한편에서는 철저하게 고립된 개인들이 실체적 자유가 아닌 형식적 자유 속에서 타자에게 혐오를 분출하면서 이른바 '개념 있는 사람'으로 간주되기 위해서 약삭빠르게 눈치를 봐가면서 처신해야 하는 것이죠. 정규직 심사평가에 불이익을 받을까 봐 윗사람 눈치를 봐야 하고 갑질도 견뎌야 하는 것입니다. 진정한 의미의 자유, 즉 개인의 주체적인 삶, 주체적인 결정 등은 불가능하고, 오로지 개인의 허울뿐인 형식적 자유라는 외피 속에 감춰진 권위주의적 질서와 그에 순응해야 한다는 압력이 우리의 현실 아닐까요? 이 '형식적으로' 자유로운 사회는 어째서 '질서에 대한 순응과 복종'을 강제하는 것일까요? 오히려 우리의 관계는 거꾸로여야 하는 것 아닐까요? 형식적 자유가 아니라 실체적 자유, 그러니까 타인과의 관계 속의 자유를 추구하면서, 그 안에서 수평적인 관계망 속에 나의 생각을 주체적으로 말할 수 있는 존재로 거듭나야 하는 것이 아닐까요? '자유'와 '관계'는 대립하는 것이 아닙니다. 그러나 오늘날 한국 사회를 살아가는 우리에게는 자유도, 관계도 모두 왜곡된 형태로 서로 대립하면서 결국은 자유와 관계 모두 사라져 버리는 것이 아닌가 하는 반성을 해보게 됩니다.

결국 이것이 문화산업의 세계 속에 드러나는 '표준화된 삶'의 모습입니다. 이 표준적인 삶에서 벗어나는 사람은 어떤 취급을 받게 됩니까? 아웃사이더입니다. 저자들은 이 아웃사이더라는 용어에서 현대 사회가 이질적인 사람, 적응하지 못하는 사람을 어떻게 취급하는지 묘사하고 있습니다. 한국에서도 과거에는 아웃사이더가 뭔가 '반항적이고 멋진 사람'이라는 이미지를 가지고 있었어요. 〈아웃사이더〉라는 잡지가 있을 정도였죠. 체제에 부적응하지만 그로 인해 반항적인 스탠스를 가진 삐딱한 좌파라는 뉘앙스였습니다. 그런데 『계몽의 변증법』 저자들이 1940년대 사회에 관해 묘사하는 바는 오늘날 21세기 한국사회에서도 그대로 적용되는 것 같습니다. 오늘날 아웃사이더로 낙인찍힌 사람은 '가장 큰 죄'로 간주됩니다. 그리고 부끄러워해야 할 일처럼 간주됩니다. '아싸'라는 말은 얼마나 폭력적입니까? 우리는 언제부터 '인싸'들만을 동경하게 되었을까요? 심지어는 기업이나 가게에서 사람을 뽑을 때에도 'MBTI I 성향은 사절'이라는 구인광고를 내고 있지 않습니까? 새로운 갑질이자 새로운 차별인데, 우리는 이에 대해 너무 무감각한 것은 아닐까요?

한편에서는 사회가 사라지고 있습니다. 그리고 사회성 없는 아이들을 길러내고 있지요. 지금의 구조에서는 어린아이들이 태어나서 성인이 될 때까지 자라나는 과정에서 혹독할 정도로 옆에 있는 친구와 경쟁하도록 가르치지요. 옛날에는 학교가 끝나면 골목에서 뛰어놀았는데 지금은 학교 끝나면 봉고차를 타고 학원으로 갑니다. 학원 하나 끝나면 또 다른 학원으로 가고요. 초등학생부터 이런 생활을 하고 있어요. 그런 방식으로 하루 스케줄이 다 정해져 있는데 언제 친구를 만들고 언제 또래들과 즐겁게 놀 수 있겠어요. 넷플릭스 〈오징어 게임〉에 나오는 그런 놀이들을 해보지 못하고 자라나는 것이죠. 골목길이라고 하는 게 사라지는 거잖아요. 그런 드라마가 이제 '쌍문동 골목길' 같은 것을 재현하면서 의문을 던지는 것 아니겠습니까. 우리의 삶이 어쩌다 이렇게 되었나 하고요. 이렇게 아이들을 사회성이 없는 채로 자라나도록 만드는 사회 구조가 동시에 그 안에서 또 사회성을 요구하잖아요. 이른바 질서에 순응하고 타인과 융화되고 조직생활을 할 수 있는 사람을 채용하지 않습니까. 저자들이 말하듯이 아웃사이더는 경멸적인 용어가 되어버렸지요. '인싸'와 '아싸'를 나누는 지금의 한국 사회에서 이러한 저자들의 주장은 더 절실히 와닿는 것 같습니다.

또 저자들의 이런 주장도 현대사회에 울림을 주는 것 같습니다. "자신의 위치를 지키기 위해, 사람들은 고도로 향상된 기술에 의해 그 원리상 생산자로서의 대중들이 불필요해지는 경제를 움직인다. 이데올로기적인 가상에 따라, 원래는 부양하는 계급인 노동자들이 경제의 운영자들, 부양받는 계급에 의해 부양되고 있다."(173/227) 이 책은 1940년대에 나왔는데, 오히려 이러한 구절들은 AI의 발전으로 일자리의 소멸을 걱정하고 있는 21세기에 더 적합해 보입니다. 얼마 전만 해도 '인공지능이 일자리를 사라지게 할 것인가?'라는 질문에 대해서 많은 논자들이 '그렇지 않을 것'이라고 답변했습니다. 또 'AI는 궁극적으로 인간을 대체할 수 없다'는 견해들 역시 존재했습니다. 그러나 지금 챗 GPT의 등장과 모든 전문가들의 예상을 훨씬 뛰어넘는 AI의 빠른 발전 속도를 보면, 정말 많은 직업군들이 사라지겠구나 하는 생각이 절로 듭니다.

그런데 이미 1940년대에도 지식인들이 이런 현실을 고민했던 것입니다. 기술의 고도 발전으로 인해 대중이 잉여인간으로 전락하고 있는데, 현대사회의 대중은 자신을 점점 더 불필요한 존재로 만들어 가는 기존의 경제시스템을 계속 부양하고 있는 것입니다. 그러나 기술 발전에 따른 이데올로기적 가상에 의해, 시스템을 부양하는 노동자들이 오히려 자본가들에 의해 부양받는 것처럼 보이게 됩니다. 실제로 21세기 한국에서도 그렇지 않나요. 오늘날 이 좁은 취직의 관문을 뚫고 일자리를 얻은 사람들은 기업 경영진들에게 감사하게 되죠. 오늘날 노동자들이 '노동가치설'에 입각한 '계급의식'을 획득하는 것은 점점 더 어려워지는 것 같습니다. 이 잉여인간의 시대에 일자리를 얻은 것만으로도 축복으로 여기게 되겠지요. 노동자들의 노동이 가치의 원천이고, 노동이 부의 원천이며, 잉여가치는 노동자를 착취한 결과로 얻어지는 것이라는 노동가치설이나 잉여가치설이 설 자리가 점점 사라지게 되고, 그에 따라 노동자들의 계급으로서의 각성이나 조직적 단결력 같은 것도 기대하기 어려워지는 조건 같습니다.

그 결과는 어떻게 되나요? 1940년대 저자들은 이렇게 말합니다. 바로 다음 문장입니다. "개별자들의 위치는 취약해진다prekär."(173/227) 아마 이 책이 처음 나왔을 때 많은 사람들은 이러한 문장에 크게 귀 기울이지 않았을지도 모릅니다. 아도르노와 호르크하이머는 복지국가가 탄생하던 바로 그 시절에 이런 구절을 썼습니다. 그러나 오히려 신자유주의와 결합된 인공지능의 시대에 이러한 문장들은 더 절실한 설득력을 갖습니다. 오늘날 개별자들의 삶은 말 그대로 취약해졌습니다. 불안정이 일상화되고 있습니다. 안정적인 일자리가 사라지고, 대부분의 일자리들이 비정규직이거나 불안정 고용입니다. 그래서 나오는 신조어가 취약하다는 의미의 'precarious'와 프롤레타리아를 합친 '프레카리아트precariat'입니다. 우리말로는 불안정 노동자 계급이라고 번역할 수 있을 것입니다. 점차 일자리들이 불안정해지고, 반면 기득권의 지대추구는 계속되면서 안정적인 일자리, 안정적인 거주지 등을 갖지 못한 채 끝없는 불안정과 취약한 삶 속에 떠도는 삶을 살아야 하는 사람들이 늘어나고 있습니다. 고용 형태도 변해서, 예컨대 배달 노동자들의 경우에는 '고용주 없는 노동자' 또는 '알고리즘에 의해 지시를 받는 노동자'로 격하되고 있는 상황입니다. 이것이 신자유주의하에서 자동화와 고도의 기술 발전이 만들어 낸 풍경입니다.

　어떤 의미에서는 아도르노나 호르크하이머는 저주받은 천재일 수도 있어요. 너무 빨리 이런 얘기를 한 것 아닐까요? 1940년대 당시에 저자들의 이러한 주장이 통했을까요? 저는 안 통했을 거라고 봅니다. 많은 사람들이 '에이, 사태를 너무 과장하고 있군' 하고 생각했을 것 같습니다. 왜냐하면 20세기 중반의 복지국가와 사회적 대타협의 시대에는 어쨌거나 사회적 안전망이 그러한 대중의 잉여인간화를 상쇄할 수 있다고 사람들이 확신할 수 있는 조건이었기 때문입니다. 그러나 오히려 신자유주의와 초고도 기술 발전이 결합되어 말 그대로 인간이 쓸모없어지는 21세기를 살아가는 우리에게 저자들의 이러한 명제들이 훨씬 더 현실성 있는 것으로 다가옵니다. 오늘 설명은 여기까지 하겠습니다. 감사합니다.

# 반유대주의적 요소들:
# 계몽의 한계 1

오늘은 '반유대주의적 요소들' 챕터 앞의 절반 부분을 같이 보도록 하겠습니다. 저는 이 챕터가 『계몽의 변증법』에서 굉장히 중요하다고 봅니다. 아도르노와 호르크하이머가 전체주의를 비판하는 맥락에서 『계몽의 변증법』을 썼는데, 그렇다면 그중에서도 이 반유대주의 분석이 이론적으로 굉장히 주목할 만한 요소가 있지 않겠습니까? 그런데 의외로 '반유대주의적 요소들'이라는 챕터는 대중적으로 잘 알려져 있지 않고 연구도 많이 되지 않았습니다. 아마도 이 책이 널리 읽힌 것은 나치즘이 어느 정도 극복된 이후이기 때문에, 이제 전후 독일 또는 유럽에서 반유대주의나 인종 학살의 문제는 어느 정도 청산된 과거라고 생각하는 사람들이 많았기 때문이라고 추측됩니다. 근데 아도르노는 1959년에 '과거의 청산이란 무엇을 뜻하는가'라는 제목의 강의를 했어요. 이 글에서 아도르노가 남긴 주요한 명제 중 하나는 '민주주의는 취약하다'라는 것입니다. 그러면서 그는 여전히 우리 사회에서는 민주주의 안에 파시즘의 요소가 남아 있다는 진단을 합니다. 그런데 당시에 많은 사람들은 그런 아도르노의 진단이 과장이라고 생각을 했어요. 당시에는 파시즘 체제도 막을 내렸고, 스탈린도 사망해서 소련에서도 스탈린 청산 운동이 진행 중이었거든요. 그래서 히틀러의 파시즘이나 스탈린주의 같은 전체주의를 상징하는 정치 체제들은 과거의 일이 아닌가 하고 많은 사람들이 생각을 했지요. 그런데 지금 전 세계적으로 극우세력이나 그보다는 온건한 우익 포퓰리스트 운동들이 광범위하게 벌어지고 있고, 영국의 브렉시트 투표나 미국의 트럼프 집권 같은 현상들 그리고 권위주의적인 형태의 정치 세력의 급성장, 또 유럽 내에서 난민을 비롯한 이주민에 대한 인종 차별적인 성향의 여러 정치 세력들의 성장 같은 현상들을 목격할 수 있습니다. 그래서 그러한 맥락에서 저는 '반유대주의적 요소들'이라는 이 챕터가 상당히 현대적인 시의성을 갖는 텍스트라고 생각합니다.

많은 사람들이 『계몽의 변증법』은 낡은 책'이라고 말할 때, 거기에는 이처럼 '나치즘은 과거인데 왜 이렇게 모더니티나 근대적인 합리성이 갖는 지배적인 성격을 과장하느냐'라는 생각이 깔려 있습니다. 이것은 아도르노 철학 전반에 가해지는 가장 대표적인 비판이기도 합니다. 물론 우리는 지나치게 사태를 과장하면 안 됩니다. 그건 또 다른 오류에 빠질 수 있지요. 오늘날의 민주주의가 물론 위기에 처해 있지만, 그렇다고 지금이 마치 히틀러 집권 전야인 것처럼 말할 수는 없습니다. 그러나 어쨌건 우리가 위기를 진단하고 그리고 왜 오늘날 민주주의가 계속해서 권위주의적인 형태로 나아가는가, 또는 그 안에서 왜 혐오 선동이나 아도르노가 한평생에 걸쳐서 비판해 왔던 대중 조작이나 프로파간다 같은 것들이 오늘날의 뉴미디어의 시대에도 이토록 확산되고 있는가 하는 질문을 던져본다면, 『계몽의 변증법』의 이 텍스트가 여전히 우리에게 주는 시사점이 있다고 할 수 있을 것입니다.

## 인종주의의 변증법

각 절의 번호가 매겨져 있죠. 이 순서로 내용을 검토해 보겠습니다. 각각의 절들에는 일종의 테마들이 있는 것 같아요. 1절의 경우, '인종주의의 역설' 내지는 '인종주의의 변증법'이라고 제목을 붙일 수 있습니다. 여기서 우리가 주목해야 할 문장이 있습니다. "파시스트들에게 유대인들은 소수자가 아니라, 대항인종Gegenrasse, 부정적 원칙 그 자체다."(192/252) 그러니까 유대인들은 독일 내에 존재하는 단순한 소수자도 아니고, 여러 인종 중 하나의 인종도 아닙니다. Gegenrasse는 인종Rasse에 대립하는 인종이라는 뜻입니다. 예컨대 이런 것입니다. 아리아인들의 인종적인 통일성과 아리아인들로 구성된 하나의 동질적인 공동체가 있는데, 그러한 인종적인 동질성의 공동체의 성립을 가로막는 것이 유대인이라는 것입니다. 이 유대인들이 가지고 있는 비동일성으로 인해, 나치 세력은 대항인종인 유대인들을 추방하거나 심지어는 말살해야 할 대상으로 간주하게 됩니다.

철학적으로 조금 더 깊이 들어가 보면, 이런 문장들이 보여주는,

사회를 바라보는 아도르노의 관점이 굉장히 흥미로운데요. 왜냐하면 아도르노나 호르크하이머와는 완전히 다른 맥락에서 정치신학을 전개하는 법학자 칼 슈미트와 비교하는 것이 가능해지기 때문입니다. 칼 슈미트는 『정치적인 것의 개념』이라는 책에서 정치적인 것에 고유한 구별을 적과 동지의 구별에서 찾고 있습니다. 그는 정치공동체의 통일성과 법질서의 효력을 위해서는 적을 선포하는 행위, 그리고 적대 행위라는 구체적 조건이 필요하다고 말합니다. 정치공동체를 통해 '우리'를 만들어 내는 방식은 반드시 '적에 대항하는 우리'의 형태로서만 가능하다고 말하는 것입니다. 달리 말해, 슈미트는 '부정적 원칙'이 사회의 구성에 불가피하다고 말합니다. 즉 그는 하나의 사회가 어떻게 자신의 대립물을 계속해서 산출하는 방식으로 자기 스스로를 유기적으로 조직화하는가를 보여주는 것입니다.

유대인을 부정적 원칙으로서의 '대항인종'으로 서술하는 아도르노와 호르크하이머의 관점에서도 비슷한 측면이 나타나는 것 같습니다. 여기서도 파시즘을 비판하면서, 하나의 사회 내에서 유기적인 통일성을 만들어 내기 위해서는 자신의 대립물이 필요하다는 통찰이 등장합니다. 사회의 유기적인 통일성은 자동적으로 발생되지 않습니다. 칼 슈미트에서 보듯이 적을 설정해야만 '우리'의 통일성이 만들어질 수 있지요. 그런데 이 말 자체에는 어폐가 있습니다. 적을 설정해야만 우리가 구성된다, 그러니까 적이 있어야 동지가 있기 때문에 적을 형성하는 행위가 있어야만 우리가 구성될 수 있다는 말은, 말을 뒤집으면 '우리'의 성립 자체가 바로 우리에게 포함되지 않는 이질적인 요소들에 의존하고 있단 거겠죠. 그렇다면 '우리'의 통일성 그 자체는 사실은 불가능한 것입니다. 왜냐하면 '우리'를 만들어 내기 위해서는 항상 그 내부에 '우리'에 포함되지 않는 이질적인 요소를 포함하고 있어야 하기 때문이죠. 그러니까 '우리'를 하나의 통일성으로 구성한다고 할 때, 이 '우리'를 구성하기 위해선 반드시 그 안에 어떤 이질적인 요소들이 필요합니다. 그렇다고 하면 '우리'라고 하는 이 통일성 자체가 반드시 결핍이나 결여를 내포한다고 할 수 있죠. 그러면 '우리'의 완벽한 형태의 통일은 불가능한 것입니다. 동질적인 '우리'의 공동체, 아리아인들의 인종적 공동체가 됐건 아니면 국가 공동체가 됐건 뭐가 됐건 간에, 하나의 사회의 통일성, 전체적 통일성을 만드는 것은 그것의 구성적 타자로서의 비동일자를 자체 내에 포함해야만 가능한 것입니다. 그러므로 그러한 통일성을 만들어 내는 운동은 역설적으로 불가능하다는 사실이 드러납니다. 그렇기 때문에 본문에 나와 있는 대로 유대인들은 '부정적인 원리'인 겁니다. 그 내부의 부정성 없이는 하나의 동일성이 형성될 수 없다는 것을 말해주는 것이 이 '대항인종'으로서의 유대인입니다. 이 부정성이 파시스트들에게는 유대인이었던 것이고, 그 유대인이 있어야만 파시즘적 의미에서의 '우리', 그러니까 아리아인들의 인종적 동질성이 성립될 수 있어요. 독일 민족의 우월함 같은 걸 증명하려면 그 독일 민족이 대항해야 하는 대항인종으로서의 유대인의 존재가 필요한 것이죠.

근데 이런 논리를 조금 더 확장해 보면, 헤겔, 마르크스 그리고 지금 우리가 보고 있는 아도르노와 호르크하이머뿐만 아니라 방금 소개해드린 칼 슈미트의 경우에도 동일성의 내부에 존재하는 내적 부정성의 원리에 대해 설명하고 있습니다. 헤겔의 경우 그의 『법철학』에 등장하는 '시민사회'의 마지막 부분에 시민사회의 지속을 불가능하게 만드는 세력이 언급됩니다. 헤겔은 이들을 천민Pöbel이라고 부릅니다. 천민은 시민사회의 양극화로 인해 법적 제도 전반에 걸쳐 원한 감정을 갖게 되는 세력을 지칭합니다. 헤겔은 시민사회가 천민을 만들어 내고, 이들에 의한 시민사회 자체의 해체 경향을 스스로 해결하지 못한다고 말합니다. 그래서 이 시민사회의 결함을 극복하기 위해 국가라는 상위의 인륜적 정치제도가 필요하다고 보는 것입니다. 헤겔은 천민을 정치적 주체로 간주하지 않았습니다. 오히려 근대사회의 통합을 결정적으로 무너뜨릴 수 있는 사회적인 위험으로 보았죠. 청년 마르크스는 이러한 헤겔의 이론 구도에 맹렬히 저항합니다. 마르크스는 시민사회를 해체하는 천민의 개념을 전복시켜『헤겔 법철학 비판』의 서문에서 혁명적 계급 프롤레타리아를 묘사합니다. 그에 따르면, 프롤레타리아는 하나의 계급이지만 동시에 그 어떤 계급도 아닌 계급으로 규정됩니다. 즉 프롤레타리아는 일종의 반反계급, 계급사회의 기반을 무너뜨릴 잠재력을 가진 계급인 것입니다. 프롤레타리아는 따라서 하나의 부정성의 원리를 구현합니다. 그러니까 여러 계급들이 조화를 이루는 것처럼 보이는 이 부르주아 사회에서 그들은 완전히 배제되어 있는데, 왜냐하면 그들은 어떠한 재산도 소유하고 있지 않기 때문입니다. 그래서 프롤레타리아는 '계급이 아닌 계급'으로 정의됩니다.

아도르노와 호르크하이머가 유대인을 '대항인종' 혹은 '반反종족'으로 정의할 때에도 이와 유사한 문제설정이 나타납니다. 인간 중에는 아리아인도 있고 아랍인도 있고 아시아인도 있고 흑인들도 있겠지만, 파시스트들에게 유대인은 그런 여러 가지 인종들 중 하나가 아니라, 아리아인들의 민족 공동체를 만들기 위해서 설정되는 하나의 부정성의 원리인 것입니다. 즉 아리아인들의 공동체를 만들기 위한,

긍정적인 동일성의 원칙을 만들어 내기 위해서 필연적으로 요청되는 비동일성인 것입니다. 그러니까 동일성의 성립은 그것과 동일하지 않은 이질적인 것, 비동일성의 존재를 반드시 요청하게 되고, 그렇기 때문에 동일성은 언제나 일종의 자기모순을 가지고 있다고 할 수 있겠죠. 이처럼 동일성의 자기모순을 폭로해 주는 존재로서 유대인의 형상이 아도르노와 호르크하이머에 의해 서술되고 있습니다.

이러한 저자들의 설명과 칼 슈미트가 언급한 적과 동지의 구별을 비교해 볼 때, 우리는 이런 통찰을 얻게 됩니다. 현대사회는 조화로운 공동체를 추구하는 것 같지만, 그 안에 동질적인 하나의 공동체 내지는 하나의 사회적 통일성을 만들어 내기 위해서는 반드시 그 내부의 이질성을 요청한다는 것입니다. 그렇기 때문에 이 동일성은 언제나 불완전한 것이고, 그것이 불완전하면 불완전할수록 더 강박적으로 비동일성에 대한 색출 작업을 통해서 자신의 동일성을 유지하려고 합니다. 현대사회의 지배의 비밀이라고 할 수 있는 이런 원리를 저자들이 여기서 말하고 있는 것이 아닌가 하고 해석해 볼 수 있지 않을까 싶습니다.

물론 곧이어 저자들이 설명하듯이, 유대인이 그들의 민족적인 또는 인종적인 특징과는 무관하게 오직 종교적 전통에 의거해서 형성된 집단이라고도 말할 수 있을 것입니다. 그러나 저자들이 말하려 하는 것은, 어떤 독특한 유대 민족이 기존에 이미 완성된 채로 있고, 그들의 종교가 있고, 그것이 탄압을 받는 게 아니라, 유대인들의 형상은 언제나 그 유대인들을 타자로 낙인찍는 원리에 따라서 부정성의 원리로 정의되어 왔다는 것이죠. 말하자면 유대인 그 자체는 존재하지 않는 것입니다. 언제나 유대인은 유럽인들이 자신들을 정의 내리기 위한 타자로서 계속해서 유대인의 부정성의 원리에 따라 정의 내려지는 것이죠.

## 자유주의의 이중성

　　　　　　이어서 저자들은 자유주의에 관한 논점으로 이동합니다. 저자들은 파시즘에 대립하는 자유주의적인 테제는 이념으로서는 옳다고 하면서 이를 검토하는데요. 자유주의적 테제는 이질적인 것에 분노하지 않고, 각자의 다양한 특성들을 추구하는 사회라는 이미지를 그 이상으로 그리고 있습니다. 그런데 아도르노와 호르크하이머는 여기에 대해서 이렇게 말합니다. "자유주의적 테제는 인류의 통일성을 원칙적으로 이미 실현된 것으로 가정함으로써, 기존의 것의 옹호에 기여한다."(193/253) 그러니까 자유주의가 이념상으로는 전체주의에 대립하고 또 각자의 고유성이 존중받아야 한다고 주장한다는 점에서 원칙적으로 옳은 측면이 있지만, 그것이 그러한 인류의 통일성을 '이미 실현된 것'으로 전제하는 한 기존 사회를 옹호하는 보수적인 이데올로기가 될 위험이 있다는 것입니다. 그렇다면 저자들의 주장은 이렇게 해석해 볼 수 있겠지요. 그러한 자유주의적인 이상을 '이미 실현된 것'으로 간주할 것이 아니라, '실현되지 않은 것'으로 간주해야 한다고 말입니다. 따라서 그것이 어째서 실현되지 않는가에 관한 반성과 그에 기반을 둔 새로운 실천의 발명이 필요할 것입니다.

　나아가 이후 『미니마 모랄리아』 같은 저작에서도 드러나는, 추상적 평등에 반대하고 추상적인 인간의 권리에 대해서 매우 비판적인 아도르노 이론의 측면들이 여기서도 드러난다고 말할 수 있을 것 같습니다. 예컨대 우리가 평등이라고 하면 모든 사람을 똑같이 대우하는 것이라고 생각할 때가 있어요. 근데 아도르노에게서 그것은 추상적 평등에 불과한 것입니다. 아도르노는 『미니마 모랄리아』에서는 용광로, 그러니까 영어로 'melting pot'으로 표현될 수 있을 그러한 방식의 추상적 평등에 반대합니다. 용광로란 모든 것을 다 똑같이 녹여 버리는 것이죠. 아도르노는 용광로 시대의 사회가 가진 추상적 평등의 논리가 결코 우리가 꿈꾸는 해방적인 사회에 가까운 것이 아니라고 말하는 것입니다. 말하자면 평등한 공동체라는 것은 각자가 가지고 있는 고유성과 차이의 논리에서 비롯하는 실질적인 평등에 따른 것이지, 모두를 같게 만드는 게, 모두를 똑같이 대우하는 게 결코 평등이 아니라는 말이죠. 그래서 추상적 평등은 실질적으로는 현실에서 불평등한 결과를 만들어 낼 수도 있어요.

예를 들어볼까요. 2020년 코로나 초기, 이태원에 있는 어떤 게이 클럽에서 집단 발병이 있었죠. 이때 언론은 코로나 집단감염과 성소수자성 사이에 연관관계가 있는 것처럼 보도를 하고, 이로 인해 벌어진 마녀사냥 때문에 해당 클럽을 방문했던 사람들이 그 사실을 숨기는 일들이 벌어졌습니다. 본인이 그 클럽을 방문했고, 성소수자라는 사실이 강제로 '아웃팅'되어 버리면 직장에서 해고된다거나 여러 가지 불이익과 사회적인 차별적 시선을 감당해야 하기 때문에, 해당 날짜에 그 클럽을 방문한 사람들이 그 사실을 숨기는 사례들이 나타났던 것입니다. 여기서 보건당국은 어떻게 대처했어야 할까요? 성소수자이건 아니건, 동성애자건 이성애자건 똑같이 동선 공개하고 확진

자 명단을 공개하는 것을 원칙으로 하는 것이 과연 '평등'일까요? 당시에는 감염된 모든 사람이 어느 장소에 갔는지, 어디 식당에서 누구와 식사를 했는지 등을 보건당국이 다 공개해 버렸습니다. 가뜩이나 차별이 존재하고 이태원 클럽이 게이클럽이라는 사실에만 언론과 대중들의 관심이 집중되어 성소수자 혐오가 증폭되던 시점에서는 모두를 똑같이 대우하는 게 평등이 아닐 것입니다. 오히려 그 소수자들의 특수성을 인정하고 어떻게 방역 정책 속에서 성소수자들의 개인정보와 인권을 보호할 것인가 하는 것이 선행적으로 논의되지 않은 상태에서 그저 모든 사람들이 똑같이 병에 걸리면 언제까지 신고하라고 통보하고 그다음에 동선을 공개하고 이런 방식으로 대응했을 때, 과연 누가 낙인을 이겨내고, 강제 커밍아웃을 이겨내고 자진신고를 하고 자발적으로 당국에 협조를 하겠어요. 결과적으로는 추상적인 평등은 평등이 아니라 차별에 기여하게 되는 것이죠.

말하자면 그런 겁니다. 이런 방식으로 소수자들이 존재하고, 이후에 『부정변증법』에서 아도르노가 쓰는 용어로는 '비동일성' 내지는 '비동일자'가 존재하는 현실 속에서 그리고 그 비동일자들을 슈미트적으로 얘기하면 적으로 또는 어떤 부정적인 원리로, 이른바 '대항인종'으로 낙인찍는 방식으로 우리를 구성하려고 하는 논리가 존재하는 상황에서는 과연 그런 추상적인 평등이 진정한 평등이겠는가 하는 물음을 던질 수 있을 것입니다. 그런 맥락에서 지금 아도르노가 자유주의적인 테제에 대해 가하는 비판은, 개인의 자유와 다양성의 존중이라는 자유주의의 이상이 그 자체로 완전히 틀렸다고 할 수는 없지만, 그것이 어떤 맥락에서 사용되느냐에 따라서, 특히 현재의 권력 구조와 이 사회의 지배 구조를 망각할 때에는 그것이 허상이자 실질적으로는 이데올로기가 될 수 있다는 위험을 지적하는 것으로도 읽힙니다.

저는 이런 주장들을 읽을 때, 오늘날 한국 사회에서 많이 사용되는 '공정'이라는 규범이 생각나요. 공정이라는 단어는 어떻게 보면 굉장히 좋은 말 같은데, 공정하게 대우한다는 말이 만약 비정규직으로 차별 고용된 사람들을 정규직으로 승격할 때 이를 반대하는 논거로 사용될 때에는 차별을 정당화하는 이데올로기가 되는 것입니다. 특히 청년세대의 취준생들이 여기에 격하게 반응했지요. '그 사람들도 똑같이 시험 봐서 들어와야지. 시험 보고 공채에 합격해서 경쟁을 뚫고 들어가야지. 왜 시험도 안 보고 정규직을 시켜주나. 그건 불공정이다. 특혜다.' 이런 논리였습니다. 말하자면 소수자에 대한 지원 정책이나 사회적인 약자들에 대한 혜택을 말 그대로 '그건 혜택이기 때문에 불공정이고 특혜다'라는 논리로 반대하는 정서가 광범하게 퍼지게 된 것입니다. 그러다 보니 '오늘날 진정한 약자는 우리 다수자들이다'라는 역차별론이 등장했지요. 여성이 아니라 남성이, 장애인이 아니라 비장애인이 역차별을 받고 있다는 논리를 강화해 주는 지금의 공정 규범은 아도르노와 호르크하이머가 비판하고 있는, 즉 왜곡된 형태의 이데올로기로 기능할 수 있고 기존의 것에 대한 옹호론으로 귀결될 수 있는 그런 형태의 자유주의를 말하는 것이 아닌가 하는 생각이 듭니다.


**동 화 된  유 대 인 들**


다음 나오는 내용을 보겠습니다. 저자들은 기

존 질서에 대한 순응이 불가능했던 유대인들의 존재에 관해 언급하고 있습니다. 그런데 그들의 존재 자체가 기존의 보편성을 손상시킵니다. 그래서 이것은 동일성 원칙을 추구하는 사람들, 말하자면 독일의 주류 백인들의 심기를 불편하게 만들고 그들로 하여금 유대인을 혐오하게 만들었습니다. 그러나 아까 설명했듯이, 이들이 자신들의 인종적 동질성을 구성하기 위해서는 자신과 다른 타자의 비동일성을 전제해야만 한다는 것이 동일성 원칙의 역설입니다. 누군가를 배제해야 자신들의 동일성이 구성된다면, 그러한 동일성의 형성 과정은 '배제해야 할 누군가'를 항상 전제할 수밖에 없습니다. 그런데 사실은 모든 보편성은 그렇기 때문에 항상 자기모순이고 이율배반이라는 것이 드러납니다. 이 보편성을 하나의 동일성으로 구성하는 운동은 그 자체로 비동일성과의 관계를 전제하기 때문입니다.

유럽인들이 유대인들에게 분개했던 이유도 여기 있습니다. 저자들은 유대인들이 고유한 삶의 질서를 고수하려고 했기 때문에 기존 지배 질서와 불안정한 관계에 빠지게 되었다고 설명합니다. 그것이 기존의 보편성에 대한 위협이 되기 때문입니다. 그러면서 저자들은 흥미로운 문장을 서술합니다. "계몽과 지배의 변증법적 얽힘, 유대인들이 위대한 계몽주의자들이나 민주적 인민운동으로부터 느낄 수 있었던 진보가 잔혹과 해방에 대해 이루는 이중적 성격은 동화된 유대인들 자신의 본질 속에 드러난다."(193/254) 계몽과 지배의 결합이나 진보라는 개념이 지닌 이중성은 이 책 전반의 주제이기도 하지요. 이와 관련해서 지적할 것이 있는데요. 사실은 서구 계몽은 어떤 의미에서는 이중적인 방식으로 추구됩니다. 한편에서는 데카르트부터 칸트, 헤겔에 이르는 서구의 고전적인 사유 전통이 존재하죠. 이성을 중심으로

하는 전통이고, 이것이 서구 근대와 계몽의 근간을 이룬다고 할 수 있을 것입니다. 다른 한편에서는 다른 맥락에서 유럽의 계몽을 이끈 또 다른 전통이 있습니다. 이것은 유대인들로부터 나옵니다. 예컨대 이러한 전통에는 스피노자, 마르크스, 프로이트가 포함됩니다. 그리고 아도르노와 호르크하이머를 비롯하여 20세기에 프랑크푸르트 사회조사연구소에 모여 들었던 유대인 지식인들도 여기 포함될 수 있습니다. 이들은 공통적으로 어느 정도 계몽의 취지에 공감하지만 동시에 그 계몽이 가지고 있는 이중성을 간파했거나 그것을 드러내는 사람들이죠.

여기 동화된 유대인들이라는 표현이 나오는데요. 유대인의 계보를 보면, 독일이나 폴란드 같은 중부유럽이나 동유럽에 살고 있었던 유대인들을 아슈케나짐Aschkenasim이라고 해요. 그리고 이 중부나 동유럽 말고 서유럽, 그중에서도 특히 이베리아반도의 스페인이나 포르투갈에 살고 있었던 유대인들을 세파르딤Sephardim이라고 합니다. 이 양쪽 모두에서 동화된 유대인들이 나오는데, 특히 스페인과 포르투갈에 살고 있었던 세파르딤 유대인들의 경우 갑자기 스페인의 절대왕정으로부터 가톨릭으로의 개종을 강요받게 됩니다. 가톨릭으로 개종하지 않은 유대인들에 대해서는 추방령이 내려집니다. 그래서 유대인들은 두 가지 길을 택해야 합니다. 어떤 사람들은 도피를 합니다. 그래서 이 사람들은 이베리아반도를 떠나 어디로 가느냐, 네덜란드로 가요. 네덜란드는 당시 가톨릭이 아니라 신교가 통치하고 있었고 상대적으로 종교의 자유가 허용되고 있었기 때문입니다. 그래서 이후 네덜란드 상업자본의 발전을 가져온 사람들이 유대인들이에요. 그리고 이렇게 네덜란드로 이주한 유대인 집안 중 하나가 바로 스피노자 가문입니다. 스피노자 가문은 포르투갈의 유대인 가문이었다가 가톨릭으로의 개종을 요구받고 나서 유대인들의 정체성을 지키기 위해서 종교의 자유가 허락되는 네덜란드 암스테르담으로 이주를 했고, 그 가문에서 우리가 알고 있는 바뤼흐 데 스피노자가 태어난 것입니다. 스피노자는 암스테르담 유대인 공동체에서 종교 교육을 받았지만, 유대인 공동체로부터 추방됩니다. 이후 그는 굉장히 독특한 방식으로 자신의 사상을 전개하는데, 어떤 의미에서는 계몽적인, 그러나 주류 계몽사상과는 또 구분되는 형태의 굉장히 이질적이고 별종적인 형태의 철학을 전개했지요.

그런데 세파르딤 중에서 그렇게 스피노자 가문처럼 다른 국가로 이주한 사람들도 있지만 스페인에 남아 있는 사람들도 있어요. 그 사람들은 어떻게 해야 합니까? 개종해야 합니다. 그런데 명목상으로만 개종을 하는 겁니다. 그러니까 정부한테는 일요일에 성당에 가는 것처럼 보여주고 그다음에 자기들끼리 모여서는 본래 유대인들의 고유한 의례를 계속 이어가는 거죠. 이 '개종 유대인'들을 스페인인들이 마라노Marrano라고 부릅니다. 마라노는 원래 스페인어로 돼지라는 뜻입니다. 혹은 돼지처럼 더럽다는 뜻입니다. 그래서 이 단어를 통해 그들은 개종한 유대인들이 겉과 속이 다르다고 경멸적으로 모욕하고자 했던 것입니다. 겉으로는 가톨릭인 척 하지만 실제로는 자기들의 유대인 정체성을 지키고 있다는 이유에서였습니다. 그리고 나중에 전체주의적인 성향을 지닌 칼 슈미트가 가톨릭 우파의 관점에서 유럽의 자유주의와 대결하려고 했을 때, 그는 이러한 대결의 신학적인 배경을 '마라노에 대항하는 대심문관의 투쟁'으로 설정한 것입니다. 일종의 종교재판관을 자임한 것입니다. 왜냐하면 마라노는 어

　　　　　　　　**계몽의 변증법 함께 읽기**

떤 존재인가요. 겉으로는 복종하지만 속으로 복종하지 않는 사람들이죠. 그게 어떻게 보면 자유주의적인 개인인 거예요. 겉으로는 법을 지킨다고 하지만, 속으로는 동의하지 않는다고 해도 자유주의에서는 그러한 개인을 처벌할 수가 없잖아요. 자유주의적인 개인은 그런 의미에서 국가 공동체의 정치적 통일성을 붕괴시키고, 겉과 속이 다르고, 내면의 양심의 자유를 내세워 국가의 통일성을 파괴하는 사람들이라고 슈미트는 본 것이고, 그것의 원조를 마라노에서 찾는 것입니다. 그만큼 개종 유대인의 존재는 유럽에서 자유주의적 근대의 형성에 커다란 영향을 미쳤다는 사실은 분명하고, 유대인은 그런 의미에서 일종의 '계몽', 그러나 주류 계몽과는 다른 맥락에서의 계몽을 일으켰던 것입니다.

이것은 아슈케나짐에서도 마찬가지입니다. 마르크스와 프로이트, 그리고 20세기의 아도르노와 호르크하이머도 일종의 삐딱한, 전복적 계몽을 수행한 사람들이었습니다. 이들은 강제로 종교를 개종할 필요는 없었어요. 유대인으로 살아간다고 해서 추방되거나 하진 않습니다. 그러나 이들도 공식적인 직함을 얻기 위해서는 기독교로 개종을 해야 했습니다. 이들이 지금 아도르노가 말하는 '동화된' 유대인입니다. 예컨대 마르크스는 『유대인 문제에 관하여』라는 책을 썼죠. 이 책을 읽어보면 맨 마지막 부분에 유대인들에 대한 아주 경멸적인 표현들이 등장합니다. 물론 그 책 자체는 브루노 바우어의 노골적인 반유대주의적 주장들을 비판하기 위해서 나온 것이긴 하지만, 그런데 결론적으로는 마르크스 자신도 유대인성을 굉장히 속물적이고 자본주의적인, 말하자면 『베니스의 상인』에 나오는 샤일록같이 묘사하고, 극복해야 할 인간의 소외된 상태로 서술합니다. 그런데 그가 이렇게 서술했다는 것은, 그가 자신을 절대 유대인으로 이해하지 않았다는 걸 뜻합니다. 그런데 사실 마르크스의 집안은 랍비 집안이에요. 칼 마르크스의 할아버지는 랍비였어요. 반면 칼 마르크스의 아버지 하인리히 마르크스는 변호사입니다. 나폴레옹의 프랑스 군대가 모젤 지역 트리어를 점령했을 때 마르크스의 아버지 하인리히는 이 프랑스 군대의 점령을 적극적으로 협조합니다. 왜냐하면 그는 프랑스의 혁명 정신을 지지했기 때문입니다. 그래서 그는 나름 계몽된, 동화된, 서구의 이성을 받아들이는 지식인이었고, 유대교의 메시아주의보다도 서구적인 이성, 자유, 권리 등을 더 중시하는 인물이었던 것이죠. 그래서 나폴레옹의 프랑스 군대의 지배에 협조했고 프랑스 치하에서는 변호사로 활동을 했어요. 그런데 나중에 프랑스 군대가 철수합니다. 그 이후 프로이센은 유대인들이 어떠한 공직도 얻을 수 없게끔 포고를 내립니다. 그래서 하인리히 마르크스는 프로테스탄트로 개종을 해요. 그리고 가문명을 바꿉니다. 원래는 가문 이름도 모데카이Mordechai라는 랍비 가문명이었는데, 유럽식 성인 마르크스Marx로 개명한 것입니다. 이렇게 개종하고 성을 바꾸면서 하인리히 마르크스는 '동화된' 유대인의 전형이 됩니다. 그리고 그의 아들 칼 마르크스는 그러한 아버지의 계몽정신으로부터 영향을 받고 자라난 것입니다. 이 때문에 칼 마르크스는 자신이 유대인이라는 생각을 거의 하지 않고 살았던 것이죠.

그리고 아도르노 같은 사람도 마찬가지예요. 아도르노의 경우 아버지가 유대인이거든요. 어머니는 이탈리아에서 온 프랑스 혈통의 사람인데요. 아도르노가 누구랑 더 친했냐면, 압도적으로 어머니랑 친했습니다. 또 아도르노 집에는 이모도 같이 살았어요. 그래서 그는 언젠가 '나는 엄마가 둘이었다'라는 말을 할 정도로 엄마하고 이모 사이에서 굉장히 화목하고 행복한 유년 시절을 보냅니다. 그리고 그는 어머니를 사랑했기 때문에 같이 성당을 다녔어요. 그래서 아도르노가 나중에 어머니를 따라 가톨릭 세례까지 받습니다. 또 그는 어려서부터 칸트를 읽고 독일 철학을 배웠죠. 그러니까 아도르노는 유럽의 문화, 칸트의 철학, 그리고 어머니의 종교인 가톨릭을 받아들인 것입니다. 그에게 유대교는 아무런 영향도 미치지 못했습니다. 그의 성 아도르노Adorno 역시 어머니의 성입니다. 본래 어릴 적 쓰던, 아버지로부터 물려받은 성은 유대인 성인 비젠그룬트Wiesengrund였지요. 그가 훗날 아도르노라는 어머니 성을 쓰는 것도 그가 어머니를 더 가깝게 느꼈고 자신을 유대인보다는 유럽인으로 간주했음을 보여주는 사례입니다. 그런데 동화된 유대인으로 살다가 어느 순간, 나치 정부가 아도르노에게 '너는 유대인이다'라고 말하고 탄압을 한 것입니다. 독일 대학에서는 교수직을 얻을 가능성이 없었던 것이죠. 그런 식으로 자신이 믿고 있었던 자신의 존재 자체가 부정당하는 경험을 하게 되는데요. 이 동화된 유대인들이라고 하는 표현에는 이런 유대인들의 역사가 함축되어 있는 것입니다.

그리고 스피노자와 같은 이단적 사상가나 마르크스나 아도르노와 같은 동화된 유대인 지식인들이 이루는 지성사를 보면, 서구의 계몽과는 다른 방식의 또 다른 계몽이 추구되고 있었던 것을 알 수 있습니다. 정통 유럽 합리주의 사조라고 할 수 있는 사유 전통과 결을 같이하면서도 동시에 어느 정도 거리를 유지하면서 독자적인 방식으로 진행되는, 그러나 큰 틀에서 봤을 때 계몽이라고 할 수 있는 사유가 추구되었던 것이죠. 스피노자를 볼까요. 그는 '무지를 쫓아내고 인간의 지성을 해방시킨다'라는 계몽의 목표를 가지고 있었죠. 그러나 데카르트를 비롯한 당대의 주류 합리론과는 구분되는 고유한 길을 걷습니다. 마찬가지로 칼 마르크스 역시 이데올로기에 대항하는 유물론의 투쟁, 그리고 정치경제학 비판의 기획 속에서 '물질적 관계'가 인간의 사회적 삶을 얼마나 조건 짓는지를 폭로합니다. 그의 사유 역시 일종의 계몽 사유의 연장선에서 이해될 수 있지요. 또는 프로이트도 마찬가지로 인간의 억압된 충동이나 성적 욕망, 무의식 같은 범주들을 해방시키고 전통적 도덕의 관점에서 이러한 인간의 측면들을 부정했던 당시의 주류적 사고에 대항했던 일종의 계몽적 지성인으로 분류될 수 있습니다. 나아가 마르크스와 프로이트를 계승한 20세기의 프랑크푸르트 학파 지식인들도 큰 틀에서 마찬가지로 계몽 정신에 입각한 이데올로기 비판을 벌였다고 할 수 있을 것 같습니다. 그러나 동시에 지금 이 책 『계몽의 변증법』이 보여주듯, 이들은 서구 계몽 기획 전반의 파국적 귀결에 대해 혹독하게 비판하고 있고, 동시에 계몽 비판가로서의 모습을 보여주고 있기도 합니다. 그러니까 이들을 이런 맥락에서 '계몽의 계몽'을 추구했던 철학자들로 볼 수 있겠지요.


## 대중운동으로서 반유대주의

2절은 '운동'이라는 제목을 붙이면 좋을 것 같습니다. 하나의 민중운동이나 대중운동으로서 반유대주의나 전체주의를 이해한다는 것이죠. 이렇게 민중운동 또는 아래로부터의 대중운동으로 전체주의를 이해한다는 측면에서는, 지금 서술되고 있는 아도르노와 호르크하이머의 관점이 한나 아렌트의 『전체주의의 기원』에 등장하는 '대중mass' 개념과 어느 정도 부합한다고 볼 수 있습니다. 아렌트는 대중 개념을 굉장히 비판적인 의미로 씁니다. 아렌트의 책 『전체주의의 기원』의 매력은, 어떻게 가장 개인주의적인 사회에서 전체주의 운동에 동원되는 대중이라는 집단, 그런 집단 운동의 주체인 대중이 출현하는가를 보여주는 데 있다는 생각이 듭니다. 지금 아도르노와 호르크하이머도 비슷한 맥락에서 문제를 제기하고 있습니다. 예컨대 본문에는 "민중운동Volksbewegung으로서의 반유대주의"(194/255) 같은 표현이 등장하죠. 반유대주의가 기층민중의 운동으로 등장할 수 있었던 배경은, 그 지지자들이 사회민주주의자들을 향해 제기하는 비난과 같은 것입니다. 그것은 '평등주의'라고 저자들은 말합니다. 그런데 여기서 저자들은 평등주의라는 말을 'egalitarianism'이 아니라, 독일어로 'Gleichmacherei'라는 단어로 표현합니다. 우리말로는 '똑같이 만드는 짓'이라는 뜻에 가깝습니다. 아까도 추상적인 평등에 대한 아도르노의 비판을 살펴봤지요. 모두를 똑같이 만드는 것은 실은 소수자의 권리를 생각하는 방식의 실질적인 평등이 아니라, 반유대주의가 추구했던 목표로 등장하는 운동의 모토가 되는 것입니다. 즉 그러한 동일성 원칙이 바로 반유대주의의 기반을 이루게 됩니다.

그러니까 나치와 그들의 지지 세력이 추구하는 것은 "집단에 의한 자신의 분노의 재가"(194/255)였습니다. 달리 말해, 자신들의 분노를 집합적인 방식으로 승인받고 공식적인 것으로 만들어 내는 것이었습니다. 이런 대중운동, 민중운동으로서의 반유대주의는 분노에서 출발합니다. 그리고 자신들의 분노를 인정받고자 합니다. 이 집단적 운동에 가담하는 자들은 자신들의 분노를 표현할 대상이 필요한 것이죠. 그 대상이 유대인으로 설정된 것이고요. 그리고 실질 소득이 적을수록 사람들이 더 광적으로 반유대주의 운동을 지지했다는 표현도 등장합니다. 마르크스주의자들의 관점에서는 자신들이 믿고 있었던 신조가 있었지요. 그들은 프롤레타리아트나 경제적인 하층민들이 더 혁명적인 의식을 갖고 사회를 변혁할 것이라고 기대했지만, 오히려 소득이 적은 하층민들은 사회에 대한 내재화된 불만을 외부의 또 다른 분노의 대상, 표적에게 쏟아붓는 방식으로 대응합니다. 그래서 저자들은 사회에 대한 불만이 그 사회를 변혁할 수 있는 에너지로, 건설적인 에너지로 표출되는 게 아니라, 절망의 에너지 또는 르상티망Ressentiment, 원한감정의 에너지로 폭발할 때 나타나는 것이 운동으로서의 반유대주의 혹은 혐오에 기반을 두는 전체주의적 집단운동이라고 보고 있습니다.

"명료한 합리적, 경제적 그리고 정치적인 설명들과 대항적인 논증들은—물론 그것이 올바른 것이라고 해도—성공할 수 없다. 왜냐하면 지배와 결합된 합리성은 고통의 근원 자체에 놓여 있기 때문이다."(195/256) 고통에 대한 합리적인, 객관적인 인식은 언제나 실패할 수밖에 없습니다. 고통을 파악하기 위한 합리성은 이미 고통의 근원에 자리 잡고 있기 때문입니다. 아마도 아도르노와 호르크하이머를 비판하는 분들은 이런 문장 속에서 '탈출구 없는 이론'의 사례를 발견할지도 모르겠습니다. 합리성이 고통의 근원에 놓여 있다면, 어떻게 합리적 성찰을 통한 비판과 대안 모색이 가능한가에 관한 반론이 제기될 수 있습니다. 그러나 제가 보기에, 이런 문장을 통해 저자들은 학문의 윤리 또는 연구의 윤리 같은 문제를 제기하는 것 같습니다.

저도 이와 비슷한 생각을 한 적이 있는데, 예컨대 우크라이나 전쟁이 벌어지고 나서 여러 지식인들이 우크라이나 전쟁의 원인과 해결책을 주제로 학술 토론회를 할 때, 특히 주로 국제관계나 정치, 외교를 전공하는 분들, 그중에서도 현실주의적인 국제관계 노선을 받아들이는 쪽에서 주장하는 것이 이 전쟁을 '침략'이라는 도덕적인 언어, 규범적인 언어로 이해할 게 아니라, 어떻게 힘과 힘이 여기서 충돌했는가 하는 관점에서 객관적으로 파악해야 한다는 것이었습니다. 그 자체는 일리 있는 말입니다. 전쟁과 같은 하나의 사건을 바라볼 때, 그것의 객관적인 원인이 무엇인가를 알기 위해서는 분석적으로 접근해야겠지요. 심층적 원인, 지정학적 관계, 이해관계 등을 파악해야 할 것입니다. 그런데 사실 저는 그런 토론회 자리에 가서 논쟁할 때마다 굉장히 불편합니다. 전쟁은 지금 이 순간에도 누군가의 머리 위에 폭탄이 떨어지고 있는 사건이거든요. 과연 그런 사건, 전쟁이라는 행위, 침략이라는 행위에 대한 모든 종류의 도덕적, 규범적 원리를 추상하고 오로지 이것을 객관적으로 인식한다는 게 과연 가능한 것인가, 또는 바람직한 것인가에 대해 의문이 들기 때문입니다. 예컨대 어떤 분들은 그런 토론회 자리에서 '이 전쟁에서 한반도는 이 위기를 어떻게 기회로 이용할 것인가' 하는 질문을 던지곤 합니다. 저로서는 인간이 지금 이 순간에도 죽어나가는, 민간인이 살고 있는 지역에 폭탄이 떨어지고 있는 상황에서 '이로부터 한반도는 어떻게 이익을 취할 것인가' 하는 질문을 제기하는 것 자체가 매우 불편하고 또 불쾌한 일이었습니다. 저자들이 지적하듯, 그것이 합리적인, 객관적인 인식인 것처럼 보이지만, 합리성의 실패가 아닌가 하는 생각을 하게 됩니다.

반유대주의와 관련해서도 비슷한 맥락을 찾을 수 있을 것 같습니다. 과연 반유대주의의 객관적 원인이 무엇인가 하는 질문에 대해 학자들은 각자의 답변을 제시할 것입니다. 어떤 사람들은 '그것은 자본주의 때문에 발생한 것이다' 하고 말할 것입니다. 대체로 정통파orthodox 마르크스주의자들이 그렇게 답하겠죠. 아니면 어떤 사람은 '그것은 독일의 특수한 역사적 과정에서 온 것이다' 하고 답할 수도 있습니다. 어떤 방식으로든 이렇게 객관적 원인이 무엇인가를 분석하려고 하는 다양한 정치경제학적 이론들이 나왔겠죠. 그런데 과연 그것을 우리가 합리적, 객관적 인식이라고 부를 수 있는가에 대해, 말하자면 학문의 윤리란 무엇인가에 관해 진지하게 고민해 볼 필요가 있을 것 같습니다. 즉 '과연 우리는 고통에 어떻게 접근해야 하는가' 하는 것입니다. 물론 연구자가 분석 대상이 되는 사람들 예컨대 어떤 폭력의 피해자들에게 과도하게 감정 이입을 하면 안 됩니다. 그러면 그 연구 자체가 학문적 객관성을 잃어버리게 되지요. 그러나 동시에 우리가 현실에 존재하는 인간의 고통을 과연 추상적인 객관성의 원리에 따라 분석하는 것이 또 얼마만큼 의미가 있는가에 관해 보다 세밀한 고민이 필요합니다. 이 문제에 관해서는 이 정도 고민만 던지는 것으로 마무리하겠습니다.

어쨌거나 지금 계속해서 아도르노와 호르크하이머가 주장하고 있는 것은 이 대중운동 또는 민중운동으로서의 반유대주의가 갖는 폭발성이에요. 그리고 그것이 어떻게 맹목적인 분노를 유대인들에게 투사하는 메커니즘으로 나아갈 수 있으며, 그것이 얼마만큼 거대한 정치적 휘발성을 갖는가 하는 질문을 계속해서 던지고 있습니다. "반유대주의적 행동방식은 눈이 멀어버린, 주체성을 박탈당한 인간이 주체로서 내던져진 상황 속에서 촉발되었다."(195/256) 그러니까 반유대주의는 주체 없는 과정으로서의 자본주의에서 어떤 방식으로든 주체를 호명하는 운동인 겁니다. 말하자면 히틀러의 파시즘을 지지하는 대중들을 자발적인 운동의 주체로 호명하는 것이죠. 그들을 주체로 호명하기 위해서 요청되는 것이 바로 부정성의 원리로서 아까 이야기했던 대항인종으로서의 유대인인 것입니다. 그래서 이런 방식으로 전체주의를 하나의 주체의 운동으로 설명하는 점에서 아도르노와 호르크하이머가 아렌트와 유사성을 갖는 거예요. 이런 방식의 '운동으로서의 전체주의' 또는 '운동으로서의 반유대주의'는 물론 우리가 오늘날 생각하는 사회 운동, 예컨대 노동 운동이나 장애인 운동이나 민주화 운동이나 정당 운동 같은 형태의 운동하고는 다르죠. 이러한 사회 운동과 달리 전체주의적 운동이란 세계의 구조를 변혁하는 게 아니라 지배 관계를 더 강화하기 위한 운동인 겁니다. 근데 그러한 형태의 전체주의는 탈출구가 없는 운동이에요. 이것이 아렌트가 묘사하는 지점인데, 왜 탈출구가 없냐면 그것이 개인의 내면까지 지배하기 때문입니다. 즉 전체주의는 외적 강제에 따른 지배가 아니라 자발적인 복종으로 나타나는 것이죠. 그렇기 때문에 전체주의는 그만큼 강한 정치적 폭발력을 갖는 겁니다. 그래서 거기에 대항하기가 훨씬 더 어려운 것이고요

왜 그런 것일까요? 저자들은 반유대주의의 맹목성이나 무의도성이 존재한다고 봅니다. 그것은 반유대주의가 일종의 배출구임을 보여준다는 것이죠. 여기서 '배출구Ventil'란 어떤 심리적인 분노나 절망에 빠진 사람들에게 그 절망의 상태에서 빠져나오고 자신들을 주체로 만드는 형태의 '탈출구'이기도 했을 것입니다. 어떤 의미에서는 반유대주의가 그 당시에 나치를 지지했던 독일의 청년들에게는 굉장

히 해방적인 감정이었을 거예요. 독일의 드라마나 영화에서 묘사되는 장면들을 보면 이런 맹목적 해방감을 표현하기도 합니다. 그들의 부모 세대는 바이마르 공화국을 만들었던 1919년 혁명을 기억하고, 자신들이 혁명을 통해서 황제를 퇴위시켰다고 생각하는데, 이 바이마르 공화국이 위기로 치닫던 1930년대가 되자 그들의 자식 세대들은 갑자기 붉은 완장을 차고 나치 시위에 동참하면서 부모 세대들이 말하는 혁명이니 사회민주주의니 하는 관념을 반항적으로 거부하는 장면입니다. 유대인들이 문제인데 왜 유대인이 문제라고 말을 못하냐면서 반항하는 것이죠. 그러면서 새로운 지도자와 함께 새로운 시대가 열릴 것이라는 기대를 표출하는 것입니다.

이처럼 일종의 해방감으로서 억눌린 분노의 에너지를 특정 대상에 폭발하는 형태로 개인을 집합적 주체로 호명하는 형태의 지배가 바로 반유대주의였습니다. 따라서 그러한 분노를 퍼부을 대상은 고정될 필요가 없습니다. 유대인이 아니라면 또 다른 누군가에게 분노를 터뜨릴 수 있을 것입니다. 따라서 저자들은 이렇게 말합니다. "분노는 보호받지 못하고 눈에 띄는 자에게 퍼부어진다."(195/257) 최근에 카롤린 엠케라는 독일 학자가 쓴 『혐오사회』라는 제목의 책에 이 문장이 인용되기도 했습니다.● 거기서 인용될 때의 맥락은 분노는 무방비 상태에 있는 누구에게나 그들을 희생양 삼아서 퍼부어질 수 있다는 거예요. 그 사회에서 억눌린 원한감정과 절망의 상태에서 자신들의 왜곡된 분노를 표현할 수 있는 대상은 반드시 유대인이 아니어도 됩니다. 20세기 초반에 독일에서는 그 대상이 유대인이었지만, 다른

●　카롤린 엠케, 『혐오사회』, 정지인 옮김, 다산초당, 2017.

사회, 다른 맥락에서는 다를 수 있는 것입니다. 오늘날의 독일에서는 그것이 튀르키예인들과 아랍인들, 무슬림들이고, 한국 사회에서는 대표적으로 페미니스트들과 장애인들이 분노가 퍼부어지는 대상입니다. 그런 방식으로 맥락은 다르지만 보호받지 못하고 노출된 누구에게나 그들을 희생양으로 만드는 형태의 분노가 퍼부어질 수 있다는 것이죠. 그리고 그것이 하나의 정치적 운동으로 동원의 전략이 된다는 것입니다.

## 반유대주의의 정치경제학

3절로 넘어가도록 하겠습니다. 3절은 '반유대주의의 정치경제학'이라고 이름 붙일 수 있을 것 같습니다. 즉 여기서는 마르크스의 『자본론』에 등장하는 잉여가치에 관한 이론을 토대로 한 설명이 등장합니다. 그런데 마르크스의 『자본론』이라는 저작의 특징을 저는 이렇게 봅니다. 이 저작은 착취가 어떻게 발생하느냐를 증명하죠. 그것을 잉여가치와 이윤이라는 개념을 통해서 증명하는데, 동시에 이 저작이 갖는 독특한 측면은 착취가 왜 발생하는지를 설명할 뿐만 아니라, 이 착취가 왜 은폐되는가를 서술하는 데 있는 것입니다. 이것이 마르크스의 『자본론』이 갖는 중요한 특징이고 이 저작이 갖는 이론적인 성취라고 저는 생각합니다. 다시 말하자면, 『자본론』은 어떻게 착취가 발생하는지 설명하지요. 노동자가 생산하는 가치의 총량 중에 필요노동을 뺀 나머지 부분이 잉여노동이고, 그 잉여노동이 나중에 잉여가치로 전환되어 자본가들에게 이윤의 형태로 귀속되는 것입니다. 우리가 정치경제학 하면 떠오르는 내용이 이런 건데요. 그런데 마르크스의『자본론』에서 착취가 어떻게 발생하는지를 서술하는 부분은 몇 페이지가 안 돼요. 자본론 1권만 약 1천 페이지가 되는데, 그중에 잉여가치의 발생을 설명하는 부분은 사실 얼마 안 됩니다. 그럼 나머지 대부분은 뭘 설명하는가. '이 잉여가치의 발생이 왜 체계적으로 은폐되는가'에 주목하는 것입니다. 즉 마르크스의 서술에서 자본주의의 모든 경제적 범주들은 체계적으로 행위자들의 인식을 왜곡하는 기능을 합니다.

마르크스는 맨 앞부분에 등장하는 상품의 물신주의부터 출발해서, 화폐를 설명하면서는 화폐가 어떻게 자본주의 사회의 본질을 가리는 역할을 하는가를 밝히고, 자본의 자기 운동과정을 서술하면서는 자본이 스스로 운동한다는 가상이 어떻게 가치의 자기증식이라는 형태로 생산과정의 본질을 왜곡하고 은폐하는 역할을 하는가를 보여줍니다. 결정적으로 자본주의 사회에서는 임금을 현물이 아니라 화폐 형태로 수령하기 때문에 노동자들은 자신이 착취받고 있다는 사실을 알지 못합니다. 이 때문에 어떤 현상이 나타나는가 하면, 체계적인 불평등의 원인을 생산에서 찾는 게 아니라 유통에서 찾게 된다는 것입니다. 왜냐하면 생산에서 발생하는 이 잉여가치가 구조적으로 은폐돼 있기 때문에, 많은 노동자들은 자신이 생산하는 그 과정 자체에서 잉여가치가 발생한다고 생각하는 게 아니라, 생산된 상품이 유통되는 과정에서 이윤이 나올 것이라고 생각하게 되는 것입니다. 사무실에 출근을 하건 공장에 출근을 하건 노동자들이 임금을 화폐 형태로 받게 되기 때문에, 노동자들은 자기가 사장한테 돈을 받는다고 생각을 해요. 그래서 착취당하고 있다고 생각하지 못합니다. 그리고 사장도 같이 일하니까 생산적 노동을 한다고 생각을 하게 되죠. 이런 방식으로 자본주의에서 잉여가치의 발생이 은폐돼 있기 때문에, 많은 사람들은 유통 과정에서, 말하자면 상품의 교환과정이나 매매과정 내지는 화폐가 오고 가는 금융이나 무역에서 일종의 부등가교환을 통해 이윤이 나온다고 생각하게 됩니다. 예를 들어 슈퍼마켓 사장이 물건을 500원에 사서 소비자한테 1천 원을 주고 파니까, 이것은 일종의 부등가교환이고 그런 방식으로 이윤이 나온다는 것이죠. 아니면 은행이 누구한테 돈을 빌려주고 이자를 받으니까 이윤이 발생한다고 생각하게 되지요. 이런 방식으로 유통 부문에서, 생산이 아니라 재생산 부문에서 잉여가치가 발생한다고 하는 가상을 자본주의는 체계적으로 만들어 냅니다.

그런데 이 유통 부문, 재생산 부문에 종사하는 사람들이 누구죠? 유대인들이었던 겁니다. 그렇기 때문에 독일 노동 계급은 자신들이 자본가들에게 착취당한다고 생각하지 못하고, 유통 부문에서 돈을 받는 샤일록 같은 구두쇠 유대인들이 우리 독일 노동자를 착취하고 있다고 생각하게 됩니다. 이런 식으로 반유대주의와 반자본주의가 묘하게 뒤섞입니다. 파시즘은 이걸 이용합니다. '저 교활한 자본가들, 유대인들'이라는 가상적인 적을 만들고 선동을 통해 상당수의 노동자 계급도 파시즘에 동조하게 되었던 것입니다. 자본주의 사회가 철저하게 자신의 착취 메커니즘을 은폐하는 메커니즘이 이처럼 반유대주의의 정치경제학적인 설명 방식으로 제시될 수 있습니다.

자본가도 생산적 노동을 한다는 이데올로기, 그러니까 자본가가 노동자를 착취하는 게 아니라 자본가도 노동을 하기 때문에 자본가의 이윤은 정당한 것이라는 관념은 강력한 힘을 냅니다. 그것은 생산에서의 착취를 은폐하고, 착취를 유통 부문으로 가상적으로 이전함에 따라, 착취라는 본질을 은폐하는 것입니다. 왜냐하면 만약 그렇다면, 즉 자본가도 노동을 하므로 이윤을 갖는 것이 정당하다면, 정당하지 않은 방식으로 이윤을 전유하는 세력은 누구입니까? 즉 노동자들이 만든 잉여가치는 어디로 흘러들어 가는 것입니까? 유통이나 재생산 부문에서 존재하는 유대인들이라는 것입니다. 그래서 사람들은 유대인이 자신의 정당한 노동의 대가를 도둑질하고 있다고 보게 됩니다. 이처럼 착취의 책임을 유통 부문이 떠맡는 것은 "사회적으로 필연적인 가상"(198/261)인 것입니다.


## 혐오의 발생학 : 이디오진크라지와 미메시스

4절은 '반유대주의의 신학적 원인'을 찾습니다. 반유대주의의 종교적인 뿌리와 근거를 찾는 것입니다. 특히 기독교 신학의 설명 방식에 담겨 있는 반유대주의를 분석하면서 그에 대한 비판이 진행됩니다. 근데 여기에 대해서는 제가 설명을 체계적으로 하지 못할 것 같습니다. 왜냐하면 제가 기독교나 유대교 신학에 대해 전문적인 지식을 갖고 있지 않기 때문입니다. 아도르노나 호르크하이머는 반유대주의의 직접적 피해 당사자로서 유대인의 관점에서 어떻게 기독교 사상이 체계적으로 유대인에 대한 억압과 폭력에 기여했는가를 말할 수 있는 입장일 수 있어요. 그런데 신학적 내용에 대해서 잘 알지 못하는 제가 아도르노와 호르크하이머가 기독교에 대해 가했던 비판을 설명한답시고 그것을 되풀이했을 때, 저의 무지로 인해 기독교 신학에 대해 잘못된 내용을 전달할 수 있기 때문에 그 부분은 제가 조심할 수밖에 없습니다. 5절로 바로 넘어가겠습니다. 5절이 이론적으로 가장 어려운 부분인데요. 5절은 '혐오의 발생학'이라는 제목을 붙일 수 있을 것 같습니다. 여기에서 이디오진크라지와 미메시스라는 개념쌍이 등장하고, 이것을 통해서 일종의 변증법적인 분석이 이뤄진다고 할 수 있습니다. 현대사회에 이르기까지 모든 문명사회의 지배 원리를 미메시스의 은폐와 억압, 그러나 그 와중에서도 다시 왜곡된 형태로 미메시스가 반복적으로 등장하는 현상에서 찾는 것입니다. 이러한 방식으로 저자들은 현대적 반유대주의까지 이 문명사적인 지배의 원리를 분석합니다.

여기 등장하는 구절을 보시죠. "모든 반유대주의자들의 낡은 대답은 이디오진크라지에 호소하는 것이었다. 사회의 반유대주의로부터의 해방은 이디오진크라지의 내용이 개념으로 고양되어 자기 자신의 무의미를 인식할 수 있는가의 여부에 달려 있다. 그러나 이디오진크라지는 특수자에 달라붙어 있다."(204/269) 여기서 언급되고 있는 이디오진크라지Idiosynkrasie라는 말은 합리적으로 이유를 설명할 수 없는, 우리 인간이 근원적으로 가지고 있는 자연적인 공포나 혐오를 말합니다. 가장 대표적인 게 이런 거예요. 요즘은 화이트보드를 쓰지만 옛날에는 학교에서 녹색 칠판을 썼잖아요. 그 녹색 칠판을 손톱으로 쭉 긁으면 소름이 돋습니다. 또 과거에는 콘크리트 바닥이 많이 있었죠. 그런데 철제 접이식 의자를 가지고 콘크리트 바닥에서 긁으면 끽하는 소리가 나지요. 그 소리를 들으면 우리가 어떻게 됩니까. 몸이 수축되죠. 여기에 심리적인 이유가 뭐가 있을까요? 아직까지 과학자들도 정확한 원인을 규명하지 못했습니다. 어떤 원시적인 동기가 원인일 거라는 막연한 추측만 하고 있습니다.

그 외에도 우리는 인간의 신체에서 구멍을 통해서 배출되는 여러 형태의 점액질의 분비물들을 혐오합니다. 예컨대 콧물, 가래, 땀이나 침, 대소변, 정액 등에 대해서 우리는 굉장히 혐오합니다. 실은 내 몸에 있는 건데 말이죠. 우리는 이런 것들을 보기 싫어하고, 냄새도 끔찍하게 혐오합니다. 그래서 우리는 타인의 체취를 맡는 것도 굉장히 싫어하잖아요. 근데 우리 몸 안에서 나온 건데 왜 이렇게 싫어할까요. 거기에 합리적인 이유가 있을까요. 여기에 심리적인 개념화가 가능할까요. 실은 이것은 우리가 가진 자연적 성향이나 본성으로밖에 설명할 수 없습니다. 우리 몸에서 나오는 특정한 이물질이나 칠판을 손톱으로 긁는 소리 같은 것들을 들었을 때 우리는 굉장히 경직되고 두려움을 느낍니다. 명확한 원인을 알 수 없지만, 우리가 자연적으로 가지는 공포와 혐오의 성향과 메커니즘을 이디오진크라지라고 합니다.

근데 이런 설명 방식은 동시에 사회적으로 발생하는 혐오에도 적용될 수 있습니다. 인간이 왜 타자에 대한 혐오 감정을 갖게 되는가에 관한 설명 말입니다. 마사 누스바움 같은 철학자이자 법학자도 이에 관한 설명을 제시합니다. 『혐오와 수치심』● 같은 책에서 그녀가 분석하고 있는 것도 그런 내용입니다. 끈적끈적하고 점액질의 성향을 갖는 인간의 신체 분비물이 대표적으로 인간이 가장 혐오하고 공포를 느끼는 것인데, 그것이 바로 혐오의 근원이고 인간은 타자에 대해서도 그런 방식으로 자신이 가지고 있는 근원적인 혐오를 투사하게 된다는 것입니다. 현대사회에서 나타나는 낯선 타자에 대한 공포

● 마사 누스바움, 『혐오와 수치심 - 인간다움을 파괴하는 감정들』, 조계원 옮김, 민음사, 2015.

와 두려움 역시 그러한 형태로 나타나게 된다고 마사 누스바움은 설명하고 있는데, 아도르노와 호르크하이머가 이디오진크라지라는 용어를 통해 『계몽의 변증법』에서 설명하고 있는 대목에도 유사한 관점이 드러납니다.

아도르노와 호르크하이머에 따르면, 인간에게는 자기보존을 위한 두 가지 충동이 존재합니다. 인간이 자연 상태에서부터 갖게 되는 자연적인 충동 중 하나는 이런 근원적인 공포와 혐오인데, 그것은 낯선 것으로부터 자기를 보존하기 위해 필요한 것입니다. 원인을 설명할 수 없지만, 우리는 근원적으로 혐오나 공포, 두려움을 가지고 있습니다. 어떤 사람들은 환 공포증을 가지고 있지요. 무당벌레와 유사한 둥근 무늬의 반복을 두려워하는 것입니다. 어떤 사람들은 모서리 공포증을 가지고 있습니다. 그런 공포증을 가지고 있는 사람은 모서리를 보면 '말로 설명할 수 없는 불쾌감'을 갖게 된다고 표현하기도 합니다. 맞는 말입니다. 그런 느낌은 말로 설명할 수 없죠. 합리적인 설명이 불가능한 것입니다. 모서리 공포증 아니면 환 공포증 같은 것이 이디오진크라지예요. 물론 사람마다 공포와 혐오를 느끼는 대상이 다를 수도 있습니다. 그러나 그런 근원적인 공포를 갖고 있다는 사실만큼은 공통적이죠.

자기보존을 위해 인간이 취하는 또 다른 자연적 충동은 마치 카멜레온이 주변 환경에 맞춰 자기 색깔을 바꿔가듯이 주변 세계에 동화되는 것입니다. 주변 세계에 맞춰 자신의 색깔을 바꾸는 것을 미미크리Mimikry라고 합니다. 마찬가지로 인간에게도 주변 세계와 닮아가려는 충동이 있어요. 이것도 인간이 자연 세계에서 자기보존을 하기 위해서 갖게 되는 자연적인 충동입니다. 한편에서는 외부의 이질적인 것에 대해서 내가 갖게 되는 혐오와 공포의 충동인 이디오진크라지가 있고, 다른 한편에는 미미크리, 즉 카멜레온의 보호색과 같은 형태로 주변에 동화되는 충동이 있습니다. 이 후자를 조금 더 넓히게 되면, 주변 세계를 닮아가는 충동인 미메시스Mimesis가 됩니다. 보통 모방을 의미하는 단어죠. 미메시스는 주변 세계를 닮아가려고 하는 충동입니다. 이디오진크라지와 미메시스는 이처럼 서로 반대되는 극을 이룹니다. 그런데 인간은 살아남기 위해서, 자연 상태에서 자기보존을 이루기 위해서 두 가지를 모두 필요로 합니다.

그런데 문명이 발전하고 인간의 사고방식이 합리화되면서 인간이 자신을 통일적으로 사유하는 자아 내지는 주체로 간주하게 되면서부터 이 미메시스는 철저하게 추방의 대상이 됩니다. 즉 인간이 합리적인 사고방식 또는 합리적인 노동 과정을 받아들이면서 미메시스라는 자연적인 충동을 추방해 나가는데, 그런데 이 미메시스의 충동이 자연적인 충동이라면, 그것을 없애려고 해서 없어지겠어요? 안 없어질 거 아닙니까. 그래서 정신분석학에서 뭐라고 하나요. 인간의 근원적인 사랑, 즉 어머니에 대한 사랑을 아무리 '금기'라는 이름의 아버지의 법률이, 곧 근친상간을 금지하는 인간 사회의 법률이 금지한다고 해도 억압된 것은 되돌아옵니다. 그래서 정신분석학에서는 '억압된 것의 회귀'가 나의 무의식에 계속해서 영향을 미친다고 말하지요. 미메시스도 마찬가지입니다. 인간 사회의 문명이 나타나고, 법률이 나타나고, 합리화된 사회 조직이 나타나면서 미메시스를 철저히 금지하고 그 에너지를 다른 방향으로, 예컨대 합리화된 노동분업에 집약적으로 돌리는 것이 문명사회의 발전 과정인데, 그 과정에서 억압된 미메시스가 끊임없이 되돌아옵니다. 그런데 그것은 본래적인 형

계몽의 변증법 함께 읽기

태로 돌아오는 게 아니라, 왜곡된 형태로 돌아옵니다. 그래서 주변과 닮으려고 하는 충동이 역설적으로 내 안에 있는 또 다른 충동인 이디오진크라지와 결합됩니다. 왜냐하면 이디오진크라지와 미메시스는 양면이기 때문입니다. 양자는 방향이 다르지만, 그럼에도 자기보존을 위한 자연적 성향이라는 공통점이 있습니다. 사랑이 증오로 순식간에 뒤바뀌듯이, 미메시스는 순식간에 이디오진크라지로 전도될 수 있습니다. 타자와 닮고 싶은데, 그걸 억눌러야 하는 상황에서는 어떻게 될까요? 내가 타자를 닮아가는 게 아니라, 타자를 나와 닮게 만들려고 합니다. 그리고 거기에 저항하는 대상에 대해서는 공격적인 혐오의 정서가 배출됩니다. 이러한 방식으로, 인간은 충동을 합리화하고 또 미메시스를 억압하지만, 그 억압된 충동이 계속해서 돌아오면서 한편에서는 타자를 닮아갈 수 없으니까 타자를 나와 닮게 만들겠다는 동일성 원칙 혹은 전도된 방식의 미메시스가 인간 사회의 지배 원칙으로 기능하게 됩니다. 그 과정에서 동일성 원칙에 어긋나는 것, 예컨대 대항인종으로서의 유대인이나 동화를 거부하는 소수자들에 대해, 무방비 상태에 있는 희생 제물에 대해 자신들의 혐오가 배출되고 동일성의 폭력이 행사됩니다.

이런 방식으로 저자들은 미메시스의 발생사를 서술합니다. 먼저 살펴볼 것은 "죽음에의 동화Angleichung ans Tote"(205/270)라는 표현입니다. 굉장히 유명하고 자주 인용되는 표현인데요. 자기보존을 위한 공물을 지불하는 과정에서 유기적 생명체로서 인간은 죽음에 동화되어 버린다는 것입니다. 즉 인간이 외부세계를 닮아가려는 충동이 있는데, 어떤 상황에서는 죽음을 닮아가기도 한다는 것입니다. 죽음을 닮아간다는 건 일종의 자기 부정의 방법이죠. 어떤 맥락에서는 이 미메시스적인 자연적인 충동이 죽음을 향한 충동으로 전환될 수 있습니다. 미메시스를 합리화된 문명에 적응시키려는 노력이 그런 결과를 만들어 낸다고 볼 수 있습니다. 이제 그러한 미메시스의 단계들에 관한 설명이 나옵니다. "문명은 타자에 대한 유기적인 접목이나 본래적 미메시스적인 태도 대신에 처음에는 주술적 단계에서 미메시스의 조직화된 숙달을 얻게 되고, 결국 역사의 단계에서는 합리적 실천인 노동으로 이를 대체한다."(205/271)

방금 읽은 이 구절에 미메시스의 간단한 역사가 정리돼 있어요. 첫 번째 단계는 본래적인 미메시스 상태입니다. 본래적인 미메시스는 마치 카멜레온이 색깔을 바꾼다든가 아니면 동물들이 보호색을 갖는 것처럼 주변 세계와 자신을 동화시키는 것이죠. 유기적으로 대상 세계에 녹아드는 것입니다. 다음 단계는 주술적 단계입니다. 이 단계에서 인간은 자신이 가지고 있는 미메시스적인 충동을 이용하기 시작합니다. 근데 여기서는 그것을 합리화하는 방식으로 억압하거나 은폐하면서 이용한 게 아니라, 자신이 가지고 있는 공포를 극복하기 위해서 주술적인 상태에서 미메시스를 이용하게 되죠. 예컨대 구석기 시대에 동굴 벽화를 만든다든가, 아니면 토테미즘이나 애니미즘처럼 말입니다. 토테미즘에서는 '저 산이 곰을 닮았다. 이 바위는 사자를 닮았다. 그래서 여기는 사자 바위다. 사자 바위에는 신비로운 힘이 깃들어 있다.' 이런 식으로 말합니다. 그래서 마을 사람들이 모여서 사자 바위에서 기도도 하고 경건한 의식도 하고 그들을 숭배하는 과정에서는 그 동물의 탈을 쓰고 흉내를 내는 방식으로 자연적인, 유기적인 인간의 공포를 경감시켜 주는 것입니다. 그러니까 미메시스를 이용해서 공포를 완화하는 것입니다. 그리고 원시 사회에서는 대개 그런 주술적인 과정들을 주재하는 샤먼이 존재하고요. 그런 방식으로 미메시스를 조직적으로 숙달하는 단계가 이 주술적 단계입니다.

　마지막으로 세 번째 단계가 역사의 단계입니다. 역사의 단계에서는 미메시스를 합리적 실천인 노동으로 대체합니다. 이제 이 단계에는 인간이 문명을 만들게 됩니다. 그 과정에서는 중앙집권적 국가가 등장하고, 군주의 절대적인 권력을 숭배하기 위해서 여러 가지 구조물들을 만듭니다. 거대한 궁궐이나 무덤을 만들죠. 국왕의 죽음을 기리는 거대한 건축물들을 만들기 위해서 인간의 노동력을 철저하게 착취한 것입니다. 철저하게 구조화된 계급사회에서의 억압과 폭력의 논리가 있었기 때문에 가능한 일들이었습니다. 이런 식으로 위계적이고 집약적인 방식으로 효율을 높이기 위해 고안된 노동과정의 합리화가 바로 문명의 비밀인 것입니다. 이제 인간은 합리적인 노동에 자신의 모든 자연적 신체 에너지를 쏟아냅니다. 그렇게 하기 위해서는 인간이 가진 다른 충동들을 억압해야 합니다. 그런 자연적인 충동들을 억제하고 모든 에너지를 오직 노동에 써야만 문명의 탄생이 가능하겠죠. 그 과정에서 합리적인 노동이 도입되면서 억압되는 충동 중 하나가 미메시스입니다. 이제 제어되지 않는 미메시스는 추방되는 겁니다. 그리고 자연은 모방의 대상이 아니라 지배의 대상이 되는 겁니다. 나아가 자연을 '닮은' 모든 대상은 추방의 대상이 됩니다.

　구약성경에 등장하는, 불칼을 가지고 인간을 에덴동산이라는 낙원으로부터 몰아낸 천사는 그 자체로 문명을 통한 자연충동의 억압과 합리성을 통한 기술진보의 상징이라고 저자들은 말합니다. 그런데 그 진보의 과정은 동시에 인간의 자연적인 충동에 대한 억압의 과정이기도 하다는 것입니다. 또 종교적인 우상 금지도 신을 '모방'하는 것을 금지하는 격률입니다. 광대나 집시를 사회로부터 추방하는 것도 마찬가지입니다. 광대는 집권자들, 권력자들을 풍자합니다. 이 과정에서 이들은 권력자들을 '모방'합니다. 지금도 그렇잖습니까. 개그맨들이 누군가를 풍자할 때 사용하는 방법이 성대모사잖아요. 조선시대에도 양반탈을 쓰고 풍자하는 연극을 했던 것입니다. 많은 사회에서 나타나는 광대들의 추방은 일종의 미메시스에 대한 추방이기도 하지요. 아리스토텔레스가 말하듯이, 희극이라는 고대 희랍어 단어 코모이디아komoidia의 어원 중 하나는 이 단어가 촌락을 의미하는 komai에서 비롯했다는 것인데, 이것은 권력자들을 풍자하던 희극인들이 도시, 곧 폴리스polis에서 추방당한 사람이라는 사실에서 비롯했다고 합니다. 또 집시의 경우에는 문명을 거부하고 문명 내에서 비문명을 추구하기 때문에, 유럽인들에 비해 자연적인 존재에 더 가까웠기 때문에 유럽 국가들이 이들을 추방했다고 보는 것 같습니다. 참고로 집시라는 표현은 요즘 잘 안 씁니다. 집시의 어원은 '이집트인'으로 추정되는데, 그들의 외모가 유럽인이 아니라 이집트인을 닮았다는 뜻으로 굉장히 차별적인 말이기 때문에 요즘은 롬인 또는 로마노인이라고 부릅니다. 어쨌거나 유럽인들이 이들을 추방하는 것 역시 철저한 미메시스의 금기시와 닿아 있다고 저자들은 보고 있습니다. 또 아이들에게 '어른스러워져라'라고 말하는 것 역시 미메시스 금기의 사례로 언급되고 있지요. 왜일까요? 아이들이야말로 누군가를 따라 하고 흉내 내는 것을 좋아하기 때문입니다. 그러나 '어른스러워진다'는 것은 무슨 뜻일까요? 스스로의 힘으로 살아갈 수 있는 자립적인 개체가 된다는 것입니다. 즉 타인을 모방하지 않고 나 스스로 살아가는 개체, 관계에 대한 자아의 우위를 확립한 개체를 말합니다.

그것은 경직화를 통해 탄생하는 자아인 것입니다. 이런 맥락에서 저자들은 이렇게 말합니다. "자아의 구성을 통해서 반성적 미메시스에서 지배되는 반성으로의 이행이 완성된다. 자연에 대한 신체적인 동화 대신에 '개념 속에서의 인식', 즉 상이한 것을 동일한 것으로 파악하는 과정이 등장한다."(205/271)

그런데 이러한 설명 속에서는 노동을 바라보는 아도르노와 호르크하이머의 관점이 드러나기도 합니다. 이 관점은 정통 마르크스주의와는 결을 달리한다고 볼 수 있죠. 어떻게 보면 인류 역사는 노동을 통해서 문명이 진보하는 과정인데, 그것을 마르크스주의자들은 '노동하는 자들의 주체적 역사'로 그리려 합니다. 특히 루카치식의 마르크스주의에서 이러한 노동을 통한 역사의 진보의 관점이 중점적으로 설명된다면, 아도르노와 호르크하이머는 그러한 노동을 통한 진보의 과정이 어떻게 인간의 내적 자연을 억압하고 통제하는가를 보여주고자 합니다. 결국 이 노동을 통한 진보의 과정에서 인간이 자신의 미메시스적인 충동을 추방과 금기의 대상으로 만들어 버리게 되지 않습니까. 자아의 등장 또는 이른바 '자기의식'이라는 것이 문명사회 발전 과정에서 나타난 현상인데, 그것은 결국 내가 나를 자아로, 자기의식으로 받아들이게 되는 과정이고 이것은 나의 내면에 있는 미메시스를 통제하는 과정과 일치한다는 것입니다.

## 억압된 것의 회귀

아까도 언급했듯이, 문명의 단계에서 미메시스

적인 충동을 통제하게 되는데, 그 과정에서 나타나는 것이 미메시스의 충동을 반대 방향으로 돌리는 것입니다. 그래서 개념의 원리가 등장하고, 그러니까 '생각하는 나'가 등장하고, 이 생각하는 자아가 합리적인 원칙에 따라서 개념을 만들어 내는 사유 방식이 등장하게 되고, 그것은 결국 미메시스의 원리를 전도시켜서 내가 타자와 닮아가는 것이 아니라 자연 세계의 다양성을 하나의 동일성으로 환원하는 원리가 나타나게 됩니다. 그래서 자연에 존재하는 유사성의 원리를 동일성의 논리로 대체하기 시작한 것입니다. 그런데 이 과정에서 미메시스적 충동의 논리, 곧 '닮아감'의 논리가 완전히 사라지는 건 아닙니다. '닮아감'의 방향이 바뀌는 것입니다. 미메시스의 논리가 동일성의 논리로 전도되는 과정이 나타납니다.

여기에 함정이 있어요. "사회는 지속되는 조직화된 강압으로써 위협적인 자연을 지속한다. 이 강압은 개인 속에서 일관된 자기보존으로서 반복되며, 자연에 대한 사회적 지배로서 자연에 역작용을 가한다."(205~206/271) 다시 말하자면, 사회 안에서 조직화된 강압으로써 우리의 자기보존을 위협하는 자연이 반복되는 것입니다. 사회가 발전하는 과정에서 결국 지속적으로 자신의 욕구나 행동 같은 것들을 억압하는 방식으로 문명화 과정이 나타나고 있기 때문에, 그런 과정은 역설적으로 위협적인 자연을 되풀이하고 있다는 것입니다. 곧 사회 자체가 위협적인 자연 상태의 연장이 되는 것이죠. 한편에서는 근원적인 공포를 느끼는 그 자연을 지배하기 위해서 인간이 합리적인 노동을 도입하고, 문명을 만들고, 노동분업의 조직화된 강압이라는 방식으로 사회라는 시스템을 만들어 가는데, 그 과정은 동시에 위협적인 자연의 되풀이라는 것입니다. 말하자면 억압된 것들은 완전히 억압되지 않습니다. 억압된 것들은 반복돼서 나타납니다. 합리화 과정에서도 줄어들거나 사라지는 게 아니라, 왜곡된 방식으로 자신의 형태를 바꾸고 위치를 옮겨 재등장하는 것입니다.

이것이 구체적으로 의미하는 바는 무엇일까요. 아까 설명했던 정치적인 프로파간다나 정치적 프로파간다에 의한 주체의 호명 과정에서 나타나는 대중운동으로서의 반유대주의에서는 이렇게 억압된 미메시스적인 충동이 이디오진크라지와 같은 혐오의 논리로서 왜곡된 형태로 되풀이됩니다. 이것이 바로 오늘날의 반유대주의라는 것입니다. 그래서 저자들은 "정치적 반유대주의가 작동시키는 영혼의 에너지는 그러한 합리화된 이디오진크라지다"(208/275)라고 말합니다. 또 저자들은 이어서 히틀러나 그 추종자들이 행하고 있는 것이 현실원칙을 공공연히 위반하지 않으면서도 미메시스적 유혹에 굴복하는 것이라고 말합니다. 현실원칙이라는 단어는 프로이트의 용어입니다. 무의식적 욕망에 대한 금기를 통해 자기보존을 이루기 위한 주체의 내면적 원칙을 말합니다. 그렇다면 현재 사회의 규범적인 질서나 틀을 깨지 않으면서도 미메시스에 굴복하는 방법은 무엇일까요? 그것은 미메시스라는 자연적 충동을 지배의 원리에 동원하는 겁니다. 문명에 의해 미메시스적인 충동이 억압당하고 추방당했지만, 누군가를 닮고자 하는 미메시스적인 충동은 기저에 여전히 남아 있습니다. 파시즘은 이러한 억압된 자연적 충동으로서의 미메시스를 다른 방향으로, 지배를 공고히 만드는 방식으로 동원한다는 점에서 강력한 정치적 힘을 얻게 됩니다.

저자들은 이렇게 말합니다. "파시스트적인 의례, 제의적 규율, 제복 그리고 이른바 비합리적인 장치 전체의 의미는 미메시스적 행동을 가능하게 만들기 위한 것이다."(209/276~277) 파시스트들의 여러 의식들이나 제의적 장치들, 깃발 같은 것들이 언뜻 보기에 비합리적으로 보입니다. 하켄 크로이츠 같은 경우에도 고대 인도 문명의 상징인 만卍자를 뒤집어서 차용하지요. 자기네 아리아인들이 원래 인도에서 왔다는 의미에서입니다. 또 나치의 경례 방식과 팔 동작도 유명하잖아요. 그런 비합리적으로 보이는 상징적인 장치들이 미메시스적인 충동을, 문명사적으로 억압된 충동들을 계속해서 동원하는 것이라고 저자들은 말하고 있습니다. 그것을 본래적인 미메시스적인 상태로 동원하는 게 아니라, 즉 타자를 닮아가는 방식으로 동원하는 게 아니라, 혐오를 통한 우리 편의 결속을 위해 동원하는 것입니다. 예컨대 전도된 미메시스적 충동에 의해 대중들은 자신과 히틀러 사이의 '동일시'를 실행합니다. 이런 방식으로 조작된 장치를 통해서 억압된 미메시스적 충동을 동원하여 지배를 굳건히 만드는 것이죠. 그런데 미메시스적 충동이 억압됐기 때문에 그 억압된 충동을 동원하려는 유혹은 강력한 것이 되고 우리는 쉽게 그 유혹에 굴복당할 수 있어요. 그러한 유혹적 장치들을 가지고 나치는 그 원리를 지도자에 대한 일체감이나 인종 공동체에 대한 일체감과 같은 방식으로 자신들의 지배를 위해 활용하는 것입니다. 태곳적 자연을 상기시키는 여러 미메시스의 장치들, 예컨대 해골, 복면, 야생적인 거친 북소리, 반복적 구호 등이 여기에 동원됩니다. 그런 의미에서 나치가 동원한 미메시스는 일종의 '미메시스의 미메시스'입니다. 태곳적 미메시스를 베껴서 현대적 지배에 동원하는 것입니다. 그리고 나치 세력은 일종의 샤먼이 되는 것이죠. 미메시스를 자연적 공포를 극복하는 힘으로 동원했던 샤먼의 부활인 것입니다.

그런데 이 미메시스의 미메시스는 굉장히 왜곡된 방식으로 미메시스적 충동을 굴절시킨 것입니다. 미메시스 충동을 타자에 대한 연대감이나 자연을 닮고 싶어 하는 본연의 원리에서 벗어나, 조직화된 형태와 합리화된, 그러니까 통제된 이디오진크라지와 결부되어 타자에 대한 증오와 공포감 속에 지도자와 일치감을 느끼는 방식으로 동원하는 것입니다. 억압된 자연적인 충동을 지배에 동원하는 이러한 능력이 나치의 지배 원천이었습니다.

그런데 사실 이것은 역설적인 귀결입니다. 각 개인에게 '너는 독립적인 개체야. 너는 자율적인 개인이야. 그러니까 타인에게 의존하지 말고 너 스스로 생각하고 자기 힘으로 살아가야 해'라고 말해왔던 계몽적인 근대, 또 자유주의적인 근대 사회에서 은폐해 왔던 논리들이 존재하는 것입니다. 인간에게는 본래 미메시스적 충동이 존재한다는 것이죠. 나치는 바로 이 간극을 활용합니다. '원래 너는 남을 닮고 싶어 하잖아. 원래 너는 모방의 욕구가 있어. 이게 너에게 잠재된 거야.' 이들은 개인을 독립적인 개체로만 고찰하는 자유주의적인 근대 사회의 논리가 은폐하고 있는 내면의 욕망이나 충동 같은 것들을 방향을 바꿔서 지배의 논리로 전환하는 것입니다. 프로이트가 말한 대로 '억압된 것의 회귀'입니다. 억압된 자연적인 충동을 지배의 원리로 동원하는 것이 바로 파시즘이었습니다.

그래서 저자들은 이렇게 말합니다. "파시즘은 지배에 대항하는 억압된 자연의 반란을 직접적으로 지배에 유용하게 만들기 위해 전력을 다한다는 점에서 또한 전체주의적이다."(210/277) 저는 이 문장이 굉장히 현재성이 있는 문장이라는 생각이 들어요. 오늘날에도 인종주의적인 선동, 부활하고 있는 네오파시스트 운동이나 극우적인 운동들은 근원적으로 인간의 억압된 내적 자연이 일으키는 반란들을 긍정적이고 건설적인 방향이 아니라 파괴적인 충동으로 이끌어 내는 것이라고 저는 말하고 싶습니다. 이런 것이 오늘날 우리가 마주하고 있는 권위주의나 혐오의 상태인 것입니다. 오늘날 소위 자유민주주의는 계속해서 위기에 처하고 있습니다. 자유주의적인 개인들이 왜 철저하게 반자유주의적이고 권위주의적인 지배를 자발적으로 욕망하게 되는가 하는 물음들도 우리가 한번 던져볼 수 있을 것 같습니다. 그것이 『계몽의 변증법』이라는 텍스트가 우리에게 시사하는 현재성이라는 생각이 듭니다. 오늘은 여기까지 하고 다음 주에 '반유대주의의 요소들' 뒷부분을 더 다루도록 하겠습니다. 수고하셨습니다.

7강

# 반유대주의적 요소들 :
# 계몽의 한계 2

허위적 투사 / 편집증적 주체 / 폭력에 대한 변명
절반의 교양인 / 개인과 자유 / 사유의 폭력성

오늘은 '반유대주의적 요소들' 둘째 파트인 6절과 7절을 살펴보도록 하겠습니다. 지난번에 설명했던 내용의 핵심은 이것 같아요. 저자들은 파시즘의 특징을 억압된 자연의 반란을 직접 지배에 동원한다라는 데서 찾고 있죠. 제가 이것을 프로이트의 용어인 '억압된 것의 회귀'를 차용해서 말씀드렸지요. 그러니까 문명의 발전은 미메시스적인 충동을 억압하고 신체 에너지를 합리화된 노동으로 대체하는 방식으로 이뤄지는데, 그 억압된 것이 다시 되돌아올 때는 왜곡과 굴절을 겪는다는 것입니다. 즉 미메시스가 이디오진크라지적인 형태의 타자에 대한 공격적 충동, 그리고 이와 결부된 동일성 원칙이 출현하게 됩니다. 동일성 원칙은 합리적인, 개념적인 원칙이지요. 그것과 자연적 충동인 이디오진크라지가 실은 한몸으로 결합된 것입니다. 따라서 저자들은 '합리화된 이디오진크라지'라는 표현을 씁니다. 그리고 현대사회에서 우리가 경험한 바 있는, 타자에 대한 공포, 혐오와 같은 병리적인 메커니즘을 통해서 전체주의가 동원하는 분노의 에너지, 그리고 낙인찍기나 희생양 찾기 같은 메커니즘을 이러한 맥락에서 이해할 수 있습니다. 지금 우리가 살펴볼 이번 챕터의 6절도 그런 전제에서 살펴볼 수 있을 것 같습니다.


## 허위적 투사

저자들은 6절 도입부에 이렇게 쓰고 있습니다. "반유대주의는 허위적 투사false Projektion에서 비롯한다."(211/280) 나의 내면에 있는 것을 밖으로 끄집어내서 제시할 때 그것을 투사 또는 투영이라고 하죠. 프로젝션이라는 단어가 그런 맥락에서 쓰이는데요. 그러니까 반유대주의는 허위적이고 잘못된 투사 위에 기초하고 있다는 것입니다. 이러한 허위적 투사는 "진정한 미메시스의 대립물"이며, "억압된 미메시스와 매우 닮아" 있을 뿐만 아니라, 이 억압적 미메시스가 반영된 "병리적인 성격"을 나타냅니다(211/280). 이 허위적인, 잘못된 방향의 투사와 참된 의미의 미메시스는 서로 반대 방향을 취하고 있습니다. 그렇다면 양자는 어떻게 다를까요? "미메시스가 자신을 주변 세계와 닮게 만든다면, 허위적 투사는 주변 세계를 자신과 닮게 만든다."(212/280) 미메시스는 내가 주변 세계 혹은 타자를 닮아가려는 충동이라면, 허위적 투사는 주변 세계를 나와 유사하게 만들려는 일종의 병리적인 충동이에요. 그래서 이 허위적 투사는 동일성 원칙의 메커니즘을 구현합니다. 미메시스도 결국은 타자와 닮아간다는 걸 말하고 동일성 원칙 역시 서로 같거나 비슷해지는 것을 말하는데, 그러나 동일성 원칙은 주변을 나와 같게 만든다는 점에서 병리적인 형태의 미메시스적인 충동이라고 할 수가 있겠죠. 왜 이런 병리적인 미메시스적 충동이 나타날까요? 지난 시간에 우리가 다뤘던, 문명의 합리화 과정에 의한 자연적 충동의 억압과 미메시스의 추방 때문입니다. 내가 주변 세계와 동화되고 주변 세계를 닮아가려고 하는 충동을 사회적 금기에 의해 내가 스스로 검열하고 억압하니까 그 억압된 것이 돌아와서 이번에는 내가 닮아가는 게 아니라 주변의 것을 나와 같게 만드는 형태의 충동으로 전도되는 것입니다.

여기서도 드러나지만, 다시 한번, 변증법은 현실에서 위력을 발휘합니다. 대립물의 전도라는 현상은 현실에서 강한 힘으로 드러납니다. 계몽의 신화로의 전도, 그리고 미메시스의 허위적 투사로의 전도와 같은 현상들은 우리가 살아가는 근대 이후의 세계에서 어떻게 지배의 원칙이 더 공고해졌는지를 설명해 줍니다. 계속해서 저자들은 이렇게 말합니다. 미메시스는 외부 세계를 나의 내면세계가 받아들여야 할 대상으로 지각하며, 이를 통해 '낯선fremd' 것을 '낯익은vertraut' 것으로 간주하려는 충동입니다. 그러나 이에 반해 허위적 투사는 내부를 외부로 전도시켜, 가장 낯익은 것조차 낯선 것으로, 나아가 '적Feind'으로 간주하게 만듭니다. 그러니까 미메시스는 외부 세계와 친화적인 관계를 맺으려고 하는 자세라면, 동일성 원칙은 그 외부 세계를 나와 다르다는 이유로 적대시하는 것이죠. 그래서 허위적 투사는 공격적이고 적대적인 에너지로 분출되어서 대상 세계를 지배하는 충동으로 나타나게 됩니다. 그런데 이러한 허위적 투사는 주체가 자신의 것이면서도 자신의 것이라고 인정하고 싶지 않은 충동들을 객체에 속하는 것으로 바라보게 만드는 행위입니다. 외부의 희생제물에 그러한 특성이 속한다는 식으로 여기고 이를 이유로 외부대상을 공격하는 것이죠.

저는 이런 문장이 오늘날까지도 이어지고 있는 마녀사냥이나 소수자에 대한 혐오의 논리, 낙인찍기의 논리를 보여주는 것 같아요. 허위적 투사의 메커니즘을 보면 내 안에 있는 것을 끄집어내서 외부에 있는 어떤 대상에 뒤집어씌웁니다. 그러니까 주변 세계를 나와 같게 만들려고 하는 동일성 원칙의 배후에 놓여 있는 것이 허위적 투사인데, 때로 주체는 자신의 공포를 외부에 투사하기도 해요. 내 안에 공포가 존재할 때, 그 공포의 감정을 꺼내서 타자에게 뒤집어씌우는 것입니다.

대표적인 사례가 코로나 팬데믹입니다. 그뿐만 아니라 과거 중세의 흑사병 대유행 때도 마찬가지였지요. 사회가 엄청난 혼란이나 위기에 처했을 때 주체는 자신이 가지고 있는 공포의 에너지를 외부에 있는 대상에게 전가함으로써 그 공포로부터 벗어나고자 하는 심리적인 메커니즘을 보여주기도 하는데요. 예를 들어서 팬데믹 시대를 돌이켜 본다면, 특히 코로나 유행 초기를 생각해 보면, 우리는 신종 바이러스에 대해서 아무런 정보도 없고 또 치료약도 없었기 때문에 이 낯선 바이러스에 대해서 커다란 두려움을 갖고 있었죠. 그래서 이 공포심이 타자에 대한 낙인찍기나 희생양 삼기로 표현됐던 것을 관찰할 수 있습니다. 서구 사회에서는 아시아인이 대표적인 낙인찍기의 대상이 되는 것이죠. 미국의 트럼프 대통령도 코로나 바이러스를 쿵플루Kung Flu라고 부르면서 중국인 또는 아시아인에 대한 혐오에 불을 지폈지요. 쿵플루는 중국의 무술인 쿵푸하고 인플루엔자를 결합한 단어였습니다. 그런 방식으로 중국인을 또는 아시아인을 바이러스와 동일시하는 것이 대표적인 허위적 투사의 메커니즘입니다. 이뿐만 아니라 한국에서는 중국인을 대상으로 한 혐오가 광범하게 확산되었습니다. 중국인 입국 금지를 요구하는 시위와 청와대 청원이 나타나기도 했지요. 심지어 중국 내에서도 초창기에 우한 지역 거주자들에 대한 차별이나 혐오가 굉장히 심했지요. 그런 방식으로 특정 집단을 바이러스와 동일시하고 혐오를 통해 공포를 극복하려는 전략이 나타납니다.

바이러스는 눈에 안 보이죠. 그러나 어디에나 돌아다닙니다. 그렇기에 우리는 두려움에 빠질 수밖에 없습니다. 그런 상황에서 주체는 자신에게 엄습해 오는 공포에서 벗어나기 위해서 바이러스를 눈에 보이는 존재로 만들어요. 특정한 그룹을 겨냥해서 '너희가 바로 바이러스다'라고 낙인을 찍는 것입니다. 그래서 아시아계를 대상으로 한 총기 난사, 묻지마 살인과 폭행 등 혐오 범죄가 심각하게 벌어지는 것입니다. 또는, 어떤 표적 집단을 대상으로 그들을 '잠재적 바이러스' 취급하는 것도 마찬가지 메커니즘입니다. 이 역시 '공포를 타자에게 투사'하는 메커니즘인 것입니다.

이뿐만 아니라 역사적인 여러 형태의 소수자나 억압받는 집단에 대한 폭력들을 보면, 지금 아도르노와 호르크하이머가 말한 대로 '자신이 인정하고 싶지 않은 내 안에 깃들어 있는 나의 충동들'을 타자한테 전가하는 논리가 드러납니다. 그러면서 타자를 비난하는 거죠. 예컨대 이런 것입니다. 중세 말기에 마녀사냥이 출현합니다. 주로 젊은 여성들, 그것도 결혼하지 않은 젊은 여성들이 타깃이 됩니다. 그때 동원되는 논리가 어떤 거냐면, 결혼도 하지 않은 여성이 '성적으로 문란하다', '방탕하다'라는 것입니다. 그렇기 때문에 마녀라는 죄를 뒤집어씌워서 화형에 처해버립니다. 마녀로 몰린 젊은 여성이 실제로 성적으로 문란했는지 사실관계는 알 수 없습니다. 사실관계가 중요한게 아니라, 그것을 고발하는 자들의 내밀한 욕망이 중요하다고 말할수 있을 것 같습니다. 예를 들어서 결혼하지 않은 여성이 여러 명의남성과 잠자리를 했다거나 할 경우, 그 여성을 마녀로 비난할 때 그안에 중세 말기에 은폐돼 있는 성적 욕망이 '마녀'의 형상에 투사되는 것입니다. 즉 그 여성을 마녀로 몰아서 처벌하려고 하는 바로 그세력들, 그 사람들은 자신들의 내면에 존재하고 있지만 공식적으로는 억눌러야 하는 성적 욕망을 처벌하는 것입니다. 중세는 에로티시즘이나 자신의 성적 욕망에 대해서 솔직하게 표현할 수 없었던 사회이기 때문에, 그 사회에서는 자신의 그런 욕망을 억눌러야 해요. 그러나 인간은 욕망을 완전히 억누를 수 없습니다. 그래서 자기 안에 있는 충동을 자신이 아니라 다른 사람의 것으로 전가시켜 버리면서 그것을 비난함으로써, 자신의 내면에는 마치 그러한 욕망이 없는 것처럼 기만적인 자기만족을 꾀하는 방식의 메커니즘이 중세 마녀사냥에 등장했었던 것 같습니다.

현대사회에서도 마찬가지입니다. 극우 종교 세력들이 동성애자들을 비난할 때 어떻게 하나요? 동성애자들의 성관계 방식에 유독 집착합니다. 예컨대 이런 장면을 한번 떠올려 볼까요. 어떤 지역의 교육청에서 교육감 주도로 학생인권 조례를 제정하려고 합니다. 그 학생인권 조례에는 청소년 성소수자들에 대한 인권을 보장하라는 내용도 포함돼 있어요. 그런데 그런 소식이 알려지면 그 지역에 있는 극우 성향의 종교단체 사람들이 몰려와서 시위를 하고, 성소수자 관

계몽의 변증법 함께 읽기

련 내용을 삭제하라고 요구합니다. 그런 시위에는 그들이 동성애를 비난할 때 사용하는 여러 가지 문구들 중 빠지지 않고 나오는 게 있어요. '아이들에게 항문 성교를 가르칠 거냐' 하는 것입니다. 이분들이 강조하는 건 유독 '항문 성교'예요. 자극적으로 그 이미지를 부각시키고 강조합니다. 그런데 그건 아도르노와 호르크하이머가 여기서 이야기한 대로, 자신의 것이면서 자신의 것이라고 인정하고 싶지 않은 충동의 영향일 수 있어요. 어떻게든 우리 안에 있는 것을 내가 부정하고 싶은데, 내 안에 그런 욕망이 있다는 사실조차 인정하기 싫은데, 그럴 때 가장 좋은 방법은 타인에게 그 죄를 뒤집어씌우는 겁니다. 타인에게 '항문 성교를 하는 변태들'이라는 낙인을 찍어버리면서, '나는 지극히 정상적인 사람'이라는 식으로 자신의 '결백'을 입증하고 싶어 하는 심리입니다. 이것도 내 안에 있는 것을 투사하는 메커니즘일지도 모릅니다.

## 편집증적 주체

　　　　　다음에 이런 문장이 나옵니다 "대개의 편집증 환자에게는 그의 병의 법칙에 복종하는 것 외에 선택의 여지가 없다."(212/280) 여기서 '편집증 환자'라는 말이 등장하는데, 이후에도 6절과 7절에 편집증에 대한 설명이 많이 나옵니다. 편집증paranoia에 걸린 사람들은 세계를 자기중심적으로 보게 됩니다. 그래서 관계들을 왜곡합니다. 이 때문에 현실에 대해서 과대망상에 빠지게 됩니다. 어떤 경우에는 상대방은 아무 의미 없이 한 말을 과대포장해서 '저 사람이 나를 좋아하는구나' 하고 생각하는데, 실은 내가 좋아하는 거죠. 근데 내가 좋아한다고 인정하고 싶지 않은 거예요. 그러니까 '네가 나를 좋아하는구나' 하고 생각하고 나서는 나중에 고백했다가 차이고 나면 '네가 먼저 나한테 꼬리 쳤잖아' 이러기도 하고 또는 정반대로 '저 사람은 나한테 관심조차 없네. 저 사람이 나를 미워하는구나' 하면서 그 사람에게 적대심을 드러내는 경우도 있습니다. 실은 본인이 그 사람을 미워하는 것이죠. 근데 내가 먼저 미워하면 뭔가 죄책감이 들기 때문에, 불편하기 때문에, 그런 식으로 자기중심적으로 관계를 곡해하는 거예요. 부부 관계나 연인 관계에서 상대가 불륜을 저지르지 않는지 계속해서 의심하는 의처증, 의부증 같은 경우에도 이런 메커니즘이 있는데, 이 메커니즘들의 공통적인 특징이 뭐냐면 세계를 지극히 나의 기준으로 왜곡된 방향으로 바라보는 거예요. 있는 그대로의 관계를 마주할 용기가 없기 때문에, 그것을 나의 관점에서 왜곡하는 것입니다. 결국 편집증 환자는 지극히 '동일성 원칙'의 관점에서 자기중심적으로 세계를 철저하게 '투사된 세계'로만 보는 것입니다. 이 허위적 투사의 메커니즘이 보편화될 때 나타나는 현대사회의 병리적인 현상이 편집증이라고 할 수 있어요.

저자들은 이러한 논리가 파시즘으로 연결된다고 보고 있습니다. 파시즘에서는 정치가 이러한 행동 양식을 취하게 된다고 하고 있죠. 그래서 파시즘은 인간이 가지고 있는 허위적 투사의 메커니즘과 또 그것과 결부되어 있는 편집증적인 특징들을 극대화시켜서 지배 논리에 동원합니다. 이런 방식으로 아도르노는 인간의 심리 기제나 심리적인 원칙들로부터 현대사회의 전체주의적인 지배 논리를 설명하려고 하는데요. 이를 위해 아도르노와 호르크하이머는 투사 메커니즘에 관한 설명을 확장합니다. "어떤 의미에서 모든 지각은 투사Projizieren다." 그래서 저자들은 근대사회를 포함해서 모든 체계적인 또는 합리적인 사회 원칙들의 근저에는 투사라는 심리적 메커니즘이 놓여 있다고 자신들의 주장을 확대하죠. 즉 인간의 지각 활동 심지어는 철학적인 반성에 이르기까지 모두 투사 메커니즘의 확대나 발전이라고 보는 거예요. 철학적인 반성은 대상 세계를 있는 그대로 관조하는 게 아니라 그것을 개념화하고 그로부터 법칙을 도출하고 또 그 안에서 불변하는 본질을 추구하는 것입니다. 그런 의미에서 이 역시 일종의 투사로 설명될 수 있다는 것입니다.

모든 지각 활동, 나아가 인간의 철학적인 성찰들조차 투사의 연장인 이유는 무엇일까요? 공포라는 심리적 기제 때문이라고 저자들은 설명합니다. 말 그대로 자연 상태에 있었던 인간이 자연에 대한 두려움으로 가득 차 있었을 때, 어떻게 이 자연을 지배하게 될까요? 자연을 이해함으로써 인간은 자연에 대한 지식을 만들고, 그와 동시에 자연을 길들이고 지배하게 됩니다. 그리고 자연을 자기의 방식으로 자신의 언어로 표현하게 됩니다. 즉 개념화된 언어와 수학적인 언어를 통해서 자연을 설명하기 시작하는 것이죠. '물은 100℃에 끓는다'라고 할 때의 이런 온도와 같은 척도들은 모두 인간이 자연을 수량화하고 계산적 대상으로 만들기 위해 인위적으로 만들어 낸 것입니다. 그래서 모든 추상적인 사고들에는 이런 개념의 원리, 동일성의 원리가 주축을 이루고 있는데, 이를 심리적으로 고찰해 보면 자신의 것을 외부에 던지는 것, 그러니까 투사의 원리가 나타난다는 것이죠. 주체는 세계로부터 받은 것보다 더 많은 것을 세계에 되돌려줍니다. 그런 방식으로 주체는 이 외부 세계를 자신의 사유의 통일성에 입각하여 통일적인 방식으로 파악하고 이해하고 개념화합니다. 저자들은 칸트가 말한 주체의 선험적 통각Apperzeption을 그 예로 제시합니다. 통각이란 감각을 법칙에 따라 사유할 수 있도록 해주는, 이 사유하는 자아의 선험적 통일성을 뜻하는 칸트의 개념입니다. 이것이 의미하는 바는 사유하는 자아의 선험적 통일성이 전제되어 있지 않으면 주체가 세계를 통일된 것으로 파악하는 것이 불가능하다는 사실입니다. 이것이 칸트의 주체 개념이 갖는 고유성입니다. 사유하는 나의 통일성이 세계의 통일성의 근원인 셈입니다. 그렇다면 근대적 인식론에도 통일된 자아를 세계에 '투사'하는 메커니즘이 드러나는 것이지요.

모든 투사가 다 폭력적이거나 병리적인 것은 아닙니다. 이러한 투사 중에서도 '반성의 결여'라는 점이 반유대주의 속에 들어 있는 특수한 병리적 요소입니다. 왜 그럴까요? 반성 능력의 결여가 폭력과 지배의 논리로 확장되기 때문입니다. "주체는 두 가지 방향에서의 반성을 상실한다. 주체는 더 이상 대상을 반성하지 않기 때문에, 주체는 더 이상 자신에 대해서 반성하지 않으며 그리하여 차이의 능력을 상실한다."(214/284) 외부 대상에 대해 반성적으로 성찰하지 못하고 자신의 논리만을 고집하는 편집증적 주체로서의 반유대주의자는 동시에 자기 자신에 대한 성찰 능력도 상실하게 됩니다. 그 결과는 주체의 자율성의 상실입니다. 자신의 고유한 삶의 의미와 목적을 상실하고, 다수 집단의 집단적 공격본능에 동참함으로써 '차이'를 상실하게 되는 것입니다. 결국 '나'에 대한 편집증적 집착, 그리고 대상 세계를 오로지 투사된 것으로만 인식하면서 반성능력을 결여한 주체는 '나'의 고유성과 차이 자체를 더 이상 인식하지 못하게 되는 역설이 발생합니다. 이것이 편집증과 결부된 투사의 심리적 기제가 궁극적으로 전체주의적인 집단 운동으로 이어지는 이유입니다.

저자들은 '시온 현자의 의정서' 같은 사례를 제시합니다. 이는 전형적인 반유대주의자가 보여주는 편집증적인 현상이라고 볼 수 있습니다. 이 '시온 현자의 의정서'는 일종의 유대인 음모론이에요. '시온 가문에서 유대인들의 왕이 나오고 그 유대인들의 왕이 세계의 왕이 될 것이다'라고 적힌 의정서가 있다는 식으로 유대인의 비밀결사 운동을 묘사하는 음모론인데, 실제로 이런 의정서가 있는지 없는지 아무도 모릅니다. 아무도 본 적이 없어요. 그러나 실재하는지도 알 수 없는 문서를 통해 반유대주의적 감정이 정당화되고, 그래서 유대인들에 대한 폭동 같은 것이 나올 때마다 사람들이 '시온 현자의 의정서'를 인용하고 그런 이미지를 동원해 유대인들에 대한 자신들의 공격을 정당화하는 것이죠. 이것은 아까 언급한 편집증 환자의 심리와 유사하지요. 당사자는 가만히 있는데 나 혼자서 상대를 좋아하거나 미워하거나 하면서 '저 사람 나 좋아하고 있는 거 아닐까' 아니면 거꾸로 '저 사람이 나를 미워하고 있는 거 아닐까' 아니면 '배우자가 나 몰래 바람 피우고 있는 건 아닐까'라고 계속해서 의심하고 집착하는 그런 메커니즘, 철저하게 자기중심적으로 타자를 왜곡하는 이미지를 타자에게 덧씌우는 형태로 드러나는 망상들이 이제 반유대주의적인 심리의 기제를 이루는 것입니다. 그래서 저자들은 이렇게 말합니다. "주체는 과잉 팽창하면서 동시에 쇠약해진다. 주체는 무한하게 외부 세계에 자신의 내면에 있는 것을 부여한다. 그러나 그가 부여하는 것은 완전한 무, 부풀어 오른 단순한 수단, 관계, 음모, 사유의 전망이 결여된 어두운 실천이다. 지배 자체가 […] 고삐 풀린 투사 속에서 자신의 목적이자 타인의 목적, 곧 목적 일반이 된다."(215/284) 이런 방식으로 내부를 투사해서 외부 세계를 식민지화하는 것이 바로 허위적 투사의 논리입니다. 세계를 철저하게 자기중심적으로 보고 동일성 원칙하에 판단하는 것이죠. 그래서 그것은 지배의 목적에 동원됩니다.

인류가 자신보다 약한 동물들을 박멸하려 하듯이, 또 인간 내부에서는 강한 인종이 약한 인종을 지배하고 폭력을 가하려 하듯이, 편집증적 주체는 세계에 대한 지배의 광기에 사로잡히게 됩니다. 이 두 경우의 공통점은 무엇일까요. 저자들은 이렇게 말합니다. "두 경우 모두 주체는 중심에 있으며, 세계는 자신의 광기를 위한 단순한 기회일 뿐이다."(215/285) 이것은 어찌 보면 근대철학의 쓸쓸한 운명일지도 모릅니다. 데카르트로부터 출현하는 코기토cogito라는 문제설정을 보면, 세계의 중심을 '사유하는 나'에서 찾지 않습니까. 그런 근대적인 주체는 이런 의미에서 세계를 자기중심적으로 보는 편집증 환자의 논리를 맹아적으로 내포할 수 있다고 하겠습니다. 이를 조금 더 확장하게 되면, 자유주의나 자유방임주의에도 적용할 수 있습니다. 편집증 환자의 특징은 자신이 계속 (실재하지도 않는) 돌부리에 걸려 넘어질 것 같은 위협을 느낀다는 것입니다. 그런데 이것은 시장에 어떤 인위적인, 정치적인 간섭도 허용하지 않는 경제적 자유방임주의를 닮았지요. 개인의 합리성이나 개인이 취하는 경제적인 이익의 관점에서 세계를 이해하는 자유주의적인 관점도 이런 식으로 보면 편집증적인 속성에 포함될 수 있습니다.

편집증적 환자는 '나'를 되풀이할 수밖에 없고 외부 세계에 나를 투사함으로써 나를 반복하게 됩니다. 저자들은 이처럼 편집증 환자의 메커니즘을 통해서, 그러한 비유 또는 진단을 통해서 근대적인 주

계몽의 변증법 함께 읽기

체 중심적인 사고 또는 지극히 자기중심적인 현대인들의 사고방식을 진단하고 있는 것 같습니다. 그는 세계를 "항상 동일한 것의 폐쇄성"(215/285)으로 가둬 버립니다. '항상 동일한 것das Immergleiche'이라는 표현은 니체가 말한 '영원회귀'를 염두에 둔 표현으로 보입니다. 니체는 시간의 진보라는 근대적 관념을 부정하면서 동일한 것이 언제나 반복된다라는 형이상학적 원리로 제시하죠. 반면 여기서 저자들은 항상 동일한 것을 일종의 '저주'로 진단했던 벤야민의 선례에 따라, 동일한 것의 반복이라는 자본주의적 근대의 시간관, 즉 동일한 생산물이 계속해서 반복적으로 시장에 쏟아져 사람들의 삶의 방식이나 생활 패턴 등이 비슷비슷해지고 모두가 닮아가는 세계를 비판합니다. 그런데 여기서 모두가 '닮아간다'라는 것은 미메시스적으로 내가 타자와 유사해지거나 타자와 친화력을 갖는 계기가 아니라, 지극히 획일화된 방식으로 지배의 원리 속에서 각자의 개성을 잃어버리고 평준화되는 그런 현대사회의 원리 속에서 출연하는 '항상 동일한 것'인 것입니다. 니체적인 영원회귀가 전도된 의미로 실현되고 있는 것이 현대사회인 것입니다.

근데 이 '항상 동일한 것의 폐쇄성'이 신적인 힘, 전능한 힘의 대응물이 된다는 것은 무슨 뜻일까요? 창세기에서 인간을 유혹한 뱀은 인간에게 '저 열매를 따먹으면 너희들도 신처럼 될 것이다'라고 말했지요. 그 예언이 편집증 환자에게 실현된다고 보는 것입니다. 구약성경 창세기의 세계관에서는 이 세계 만물의 주인은 창조주 신인데 인간이 스스로 신이 되고 싶어서 열매를 따먹은 것이고, 그것이 최초의 죄를 짓는 행위인 것이죠. 근데 그 뱀의 예언이 마찬가지로 전도되는 방식으로 실현된다는 것입니다. 왜일까요? "편집증 환자는 모든 것을 자신의 형상에 따라 창조한다."(215~216/285) 신이 세계를 창조할 때 자신의 형상대로 만들었다고 성경책에 기록되어 있는데,● 편집증 환자 역시 세계를 자신의 형상대로 만든다는 것입니다. 즉 스스로 신이 되는 것처럼요. 뱀의 예언이 역설적으로 실현된 것이죠. 참고로 성경책의 이 구절은 이전에도 패러디된 바 있습니다. 『공산당 선언』에서 마르크스와 엥겔스 역시 이 구약성경 구절을 패러디해서 "부르주아 계급은 세계를 자신의 형상대로 창조했다"라고 쓰고 있습니다. 이것을 아도르노와 호르크하이머가 서술하고 있는 편집증과의 관계로 보자면, 부르주아 계급이 자신의 형상대로 세계를 창조한다고 하는 것은 일종의 식민적인 원리인 것입니다. 전 세계를 자신의 식민지로 만들어 버리는 근대 부르주아 계급의 열망인 것입니다. 그런 맥락에서 근대적 주체와 부르주아 계급은 반성 없는 허위적 투사의 메커니즘으로 세계를 자신의 형상대로 창조하는 편집증 환자의 범례를 제공합니다.

## 폭력에 대한 변명

반유대주의를 현대적인 혐오의 논리로 연결시킬 때 이런 구절도 살펴볼 필요가 있을 것 같습니다. "민주적으로 그는 자신의 광기에 대한 평등한 대우를 주장한다."(219/290) 오늘날 온라인 혐오 표현에 반론이 제기되면, 그러한 혐오 표현을 올리는 사람

●   "하느님께서는 이렇게 당신의 모습으로 사람을 창조하셨다." (창세기 1:27)

들은 항상 '표현의 자유'라는 자신들의 '민주적 권리'를 주장하죠. 그러한 혐오 선동의 권리가 동료 시민들의 시민적 존엄을 박탈한다는 것, 그것은 민주주의의 원칙에 부합하지 않는다는 사실에 대해서는 침묵하면서요. 이런 의미에서 저는 오늘날 '표현의 자유'가 심각하게 왜곡당하고 있다고 생각합니다. 표현의 자유는 권력자들에 대한 비판에 재갈을 물리려는 시도에 반대하는 의미에서 중요한 시민적 권리로 인정받는 가치인데, 오늘날은 표현의 자유를 악용해서 약자를 혐오하는 표현들에 이러한 권리를 들먹이고 있지 않습니까. 이것은 심각한 문제가 아닐 수 없습니다. 이어서 저자들은 이렇게 말합니다. "시민들이 이미 반유대주의자가 부당하다고 인정할 때에도, 그는 최소한 희생자에게도 죄가 있다고 말한다."(219/290) 이런 논리도 현대 사회에서 혐오의 논리와 연결이 되는 것 같습니다. 우리가 '어떤 특정한 집단에 대한 혐오는 그 자체로 비윤리적이다, 그런 혐오는 행해져서는 안 된다'라고 누군가 말할 때 항상 거기에 따라붙는 논리, 예컨대 댓글 같은 데서 보이는 논리는 '그렇지만 저 사람들이 그 빌미를 제공한 거 아니냐' 하는 겁니다. 예를 들어 남초 사이트 같은 데서 여성 혐오 게시물 같은 걸 올리는 사람들한테 '여성을 혐오하면 안 된다. 왜 여성이나 페미니즘을 그렇게 혐오의 대상으로 삼느냐'라고 비난을 하면, 그 사람들은 '나는 여성을 혐오한 적이 없다'라고 답하면서 덧붙이는 것은 '그런데 젊은 여성들은 이기적이고 자기중심적이고 남자한테 데이트 비용 전가하고 군대도 안 가고' 등등 모든 요소들을 다 뒤집어씌우지요. 그런 식으로 마치 희생당하는 소수자들도 책임이 있는 것처럼 말합니다. 그래서 '물론 차별이나 혐오는 나쁘지만, 지금 현시대에는 오히려 남성들이 역차별당하는 거 아니냐'라는 논리가 나오지요.

거슬러 올라가, 나치즘 시대의 반유대주의도 비슷해요. 독일의 평범한 사람들, 반유대주의에 가담하고 나치당에 투표했던, 혹은 총통의 통치를 받아들이고 지구촌 어딘가에서 유대인들이 학살당하고 있을 것이라는 사실을 어렴풋하게 알고 있었지만 그에 대해 문제제기하지 않았던 평범하디 평범한 독일인들한테 물어보면, 흔하게 나오는 말이 '유대인에 대한 히틀러의 정책은 잘못됐다. 그건 너무 파괴적이고 폭력적이었다. 그러나 유대인들도 이러이러한 잘못을 저지르지 않았느냐'라는 식입니다. 많은 사람들이 흔하게 이런 주장을 합니다. 아도르노와 호르크하이머도 아마 살아 있을 때 이런 논리를 정말로 많이 접했을 겁니다. 그런데 그런 논리의 문제는 가해 사실의 심각성을 은폐한다는 데 있습니다.

또 이런 논리는 히틀러가 전쟁을 일으킬 때도 썼던 명분이기도 합니다. 저자들은 이렇게 표현합니다. "히틀러는 주권이라는 국제법적 원칙의 이름으로 대량학살을 위한 생존의 정당성을 요구한다. 그런데 이 원칙은 다른 나라에서 이뤄지는 폭력행위에 대해서는 관용을 베푼다."(219/290) 이 문장을 다시 읽으면서 저는 러시아의 푸틴이 떠올랐습니다. 왜냐하면 푸틴이 우크라이나를 침공할 때의 논리도 비슷하거든요. '미국이나 나토가 러시아의 국경을 압박하고 있다. 그래서 러시아는 주권의 위협을 느끼고 있고 그렇기 때문에 이 전쟁의 원인은 서방이 제공한 것이다'라는 것입니다. 물론 그 자체로는 사실입니다. 미국과 나토가 러시아를 압박한 것도 사실이죠. 그러나 그것이 침략을 정당화하나요? 그런데 이 논리도 어떤 의미에서는 상당히 히틀러와 닮아 있어요. 왜냐하면 히틀러 시대에도 실제로 독일이 지금의 러시아와 마찬가지로 소위 말하는 '자유세계' 서방 국가들, 영국, 프랑스 같은 1차 세계대전의 승전 국가들에 의해서 너무나 불평등한 조약을 맺고 예컨대 국토와 인구의 많은 부분을 프랑스와 폴란드 등에 넘겨주거든요. 그다음에 루르 지역에 있는 공업 단지도 외국 군대가 와서 시설을 다 뜯어가고 막대한 전쟁 배상금을 갚아야 되고 그러니까 신생 바이마르 공화국이 버틸 수가 없는 거죠. 국내적인 정치 위기도 아주 심각한데 엎친 데 덮친 격으로 독일의 어마어마한 경제 위기 그리고 독일이 전쟁에 패했다는 이유로 불평등한 국제관계에서 거의 징벌적인 협정을 맺어야 했는데, 당시 1차 세계대전에 승리한 자유주의 진영이 독일을 상대로 그런 불평등한 조약을 맺은 것에 대해서 비판하는 것은 좋지만, 이를 빌미로, 자국의 주권을 근거로 히틀러는 침략을 정당화하기 시작합니다. 어떻게 보면 지금 푸틴이 크림반도를 병합하고 이후에 우크라이나를 침략한 것과, 히틀러가 처음에 체코의 주데텐란트 지역을 병합하고 그다음에 폴란드를 침공하는데 그때 논리랑 굉장히 비슷합니다. 그래서 이 문장을 읽으면서 지금의 러시아 푸틴의 논리가 떠올랐던 것입니다. 반유대주의자의 논리도, 히틀러의 논리도, 우크라이나를 침공한 푸틴의 논리도 공통점이 있습니다. 상대방의 잘못을 지적한 뒤 자신을 피해자의 위치로 만들면서 폭력과 가해 행위를 정당화하는 것입니다.

## 절반의 교양인

뒤이어서 저자들은 일종의 '허위적 직접성'에

대한 비판을 가합니다. 그러니까 지금 설명하고 있는 것은 동일성 원칙이 가지고 있는 하나의 특징이 대상 세계를 직접적으로 인식한다는 데 있다는 것입니다. 그 직접적인 대상에 대한 인식이 얼마나 가상적인가를 설명하는 가운데, 저자들은 그렇다면 그런 '직접성으로서의 인식'이 아니라 어떻게 '매개된 활동'으로서의 반성적인 사유가 가능한가에 관해 암시하고 있어요. 그래서 저자들은 이렇게 말합니다. "정말로 미쳐버린 것은 미치지 않은 상태에, 즉 부정성에 대한 사유의 무능력에 놓여 있다. 사유는 확고해진 판단에 대립하며 부정성에서 온전히 올바르게 성립된다."(220/291) 현대사회에서 우리가 '미쳤다'고 판단할 수 있는 어떤 상태가 있다면, 그것은 다름 아닌 자신이 결코 미칠 리가 없다는 확신 바로 그것입니다. 즉 자기반성을 결여한 자세야말로 주체의 광기를 나타내는 것입니다. 그런 의미에서 아도르노와 호르크하이머가 보기에 진정한 사유란 부정 사유일 수밖에 없는 것입니다. 왜 부정성의 사유인가? 주어진 세계를 있는 그대로 받아들이는 것이 아니라 그것을 비판적으로 성찰하고, 즉 주어지는 세계에 대해서 비판적으로 거리를 두고, 거기에 대해 언제나 의심하는 태도를 취하고, 직접성과 긍정성이라는 가상에 빠지기를 거부하는 자세야말로 진정한 사유의 길이라는 것입니다. 왜냐하면 대상 세계를 직접적으로 긍정적으로 인식한다는 그러한 과제가 결국은 주체의 순응과 무기력으로 이어질 것이기 때문입니다. 이때의 부정 사유란 비판적인 사유를 말하는 것이고, 그리고 비판적인 사유는 어떤 의미에서는 바로 변증법을 말하는 것입니다. 부정성의 관점에서 세계를 사유하는 것, 그것을 다른 말로 변증법이라고 할 수 있는 것이죠. 하지만 편집증 환자는 이러한 비판적 사고와 거리가 먼 사람들을 말하는 것입니다.

왜 그럴까요? 여기서 부정 사유는 자기 자신에 대한 비판적 거리 두기 역시 포함하는 개념입니다. 자신이 '미칠 리가 없다'라고 생각하는 사유는 그 자체로 병리적인 광기로 이어질 수 있습니다. 내가 틀렸을 가능성, 내가 오류를 범할 위험에 대해서도 성찰하지 않으면, 자기 자신에 대해 반성하지 않으면 사유는 투사를 통해 세계를 자기중심적으로 이해하는 편집증적 광기에 빠지게 되는 것입니다. 결국 아도르노와 호르크하이머가 비판하는 것은 물신화된 주체, 물신화된 사유를 '탈주술화'하는 것입니다. 그런데 탈주술화 자체가 계몽의 요구였죠. 그렇다면 결국 아도르노와 호르크하이머의 요청은 '계몽 자신의 탈수줄화', 그런 의미에서 '계몽의 계몽'일 수 있는 것입니다.

이 편집증 환자들을 지칭하는 또 다른 표현은 '어설픈 교양인die Halbgebildeten'입니다. 이 말은 본래 '절반의 교육을 받은 사람'이라는 뜻이에요. 또는 '절반만 교양을 갖춘 사람' 정도가 되겠습니다. 어설프게 절반 정도만 교육을 받은, 그래서 아는 척을 하고 지식을 뽐내지만 자기반성 능력을 갖추지 못한 사람을 말합니다. 즉 실패한 계몽이 만들어 낸 근대 주체, 자신의 지식을 의식의 각성이 아니라 자기중심적인 방식으로 사용하는 근대적인 교양의 주체를 지칭할 때 특히 아도르노가 훗날 그의 교육철학에서 이런 '절반의 교육을 받은 사람' 또는 '어설픈 교양인'이라는 이 단어를 사용합니다. 그들은 폭력적으로 세계의 의미를 부여한다고 저자들은 말합니다. 이들은 일종의 편집증의 관점에서 자기중심적으로 세계에 폭력적으로 의미를 부여하고 그것을 당연하다고 생각합니다. 그리고 그것을 합리성과 계몽의 이름으로 정당화하는 것입니다.

저자들은 이 절반의 교양인, 어설픈 교양인은 접신론, 숫자 운명론, 자연 치료법 등 뉴에이지를 연상시키는 그러한 신비주의적 생활방식과 대안과학을 믿는다고 지적합니다. 아마 오늘날이었다면 혈액형 성격론이나 MBTI를 언급했을 것 같네요. 물론 재미로 그런 대화를 나누는 수준이라면 좋겠지만, 구체적으로 채용공고에서 MBTI 차별이 등장하는 등 우려스러운 일이 벌어지기도 합니다. 왜 대중들이 이런 대안과학을 신봉하는 것일까요? 저자들은 교양Bildung의 소멸과 관련이 있다고 진단합니다. "교양 전체가 경제적인 이유로 사멸한 오늘날, 대중의 편집증을 위한 새로운 조건들이 예기치 못한 수준으로 나타나고 있다."(222/294) 경제적인 이윤에 집착하고 학문과 지식이 상품화, 도구화되는 현대 자본주의 경제에서 교양은 사멸의 길을 걷고 있습니다. 이를 대체하는 대안과학적 사실들이 그 공백을 메꾸고, 그것은 또 다른 비합리주의와 반지성주의의 길을 터놓게 되는 것이죠. 그런데 저자들은 이렇게 반과학적인 비합리적 태도의 범람이 개인의 불안과 관계가 있다고 말합니다. 자본주의적 경쟁에 노출된 고립된 개인이 느끼는 불안에 의해 나타나는 편집증이 이러한 비합리적 태도의 확산 원인인 것입니다.

나아가 그러한 불안을 느끼는 개인은 전체에 대한 결속 속에 엑스터시를 추구하는 반대편 극단의 성향으로 나아갑니다. 프로이트를 차용해 저자들은 이렇게 말합니다. "믿음의 체계들은 개인들을 질병으로부터 보호하는 집단성으로부터 어떤 것을 확인한다. 질병은 사회화되었다. 공동체 자체로서 결속된 엑스터시의 도취 속에서, 공포의 가능성이 사라지는 것은 아니지만, 맹목성은 관계로 변하고 편집증적 메커니즘은 지배 가능해진다."(222/294~295) 불안한 개인이 느끼는 집합성과 공동체의 경험을 엑스터시의 관점에서 고찰하는 논의는 최근 철학에도 등장하고 있습니다. 예컨대 에스포지토라는 이탈리아 철학자가 쓴 『코무니타스』에서는 하이데거와 바타이유의 사유를 바탕으로 엑스터시로서의 공동체의 경험에 관한 서술이 등장합니다.● 엑스터시라는 이름의 마약도 있잖아요. 이걸 복용하면 '나를 잊게 된다'라고 해서 그런 이름이 붙었을 겁니다. 무아도취라고 말할 수 있겠지요. 이 경우 나와 세계 사이의 경계가 사라지고 그걸 통해서 엄청난 희열감을 갖게 되는 것입니다. 공동체도 일종의 그런 엑스터시의 경험입니다. 예컨대 광화문이나 홍대입구 같은 곳에서 처음 보는 사람과 어깨를 부딪히면 굉장히 짜증이 나죠. 이렇게 우리는 일상적으로는 타자와 분리된 나 중심으로 살아가는데, 반면 월드컵 거리 응원을 하는데 우리 편 선수가 결승골을 넣었다면 거리에서 응원했던 사람들은 처음 보는 사람을 끌어안고 '대한민국'을 연호할 것입니다. 엑스터시란 이런 거예요. 독일 사회가 굉장히 재미있는 게, 독일은 나치를 겪었기 때문에 민족주의에 대한 강한 자기검열을 해요. 독일인들은 평소 국기를 잘 흔들지 않습니다. 국기를 집에 거는 것도 이상하게 생각해요. 나치즘에 대한 경험 때문에 민족주의에 대한 그러한 경계가 일상화되어 있습니다. 근데 월드컵에서 독일이 2014년 우승할 때 제가 독일에 있었는데, 그때는 독일 사람들이 평소에 억누르고 있었던 민족주의를 폭발적으로 표출합니다. 일종의 '억압된 것의 회귀'인 셈인데요. 지나가면서 국기를 들고 〈Super Deutschland!〉 같은 곡을 연호합니다. 응원단이 차도를 막고 광란

● 로베르토 에스포지토, 『코무니타스: 공동체의 기원과 운명』, 윤병언 옮김, 크리티카, 2022. 4장 '무아지경'을 참조.

의 축제를 벌이는 장면을 그 당시 직접 목격했고 저는 그 사회의 이방인이었기 때문에 약간 무섭기도 했는데요. 공동체라고 하는 게 그런 개인의 경계를 초과하는 엑스터시의 경험이에요.

　아도르노는 그러한 엑스터시로서의 집단성에 관한 경험이 불안한 고립된 개인의 산물이라고 말합니다. 그리고 전체주의는 바로 그러한 경험을 통해 개인을 집단적 주체로 유혹하는 것입니다. 거기에서 그들이 잃어버린 '관계'를 발견하라는 것이죠. 불안과 공포 속에 살아가던 개인이 순간적으로 '우리가 하나'라는 생각을 갖게 되면, 일시적으로나마 불안감에서 해소되잖아요. 그리고 그것이 편집증적인 메커니즘을 어느 정도 통제 가능한 것으로 만들 것입니다. 그러니까 집단의 이름으로 개인의 자기중심적 편집증을 통제하면서, 그 가운데 집단의 광기로 나아가는 과정인 것입니다. 그러한 종교적 도취의 감정 속에서 대중이라는 집단적 주체가 나타나게 됩니다. 그러나 그것은 어디까지나 타자를 배제하는 집단성입니다. 그리고 편집증은 사라지지 않습니다. 개인이 파벌에 가담하게 되면, 강한 결속감과 함께 타자에 대한 배타적 감성을 갖게 됩니다. 그래서 저자들은 "형성된 집단은 다른 집단들에 대해서는 항상 편집증적으로 관계한다"라고 말합니다(222/295). 편집증적 주체는 고립되어 있다는 불안 속에서 그러한 엑스터시의 집단적 경험에 동참하게 되고, 그것은 개인이 경험하는 집단성 경험의 유일한 원천이 되어버립니다. 이런 상황을 낳는 것은 바로 개인을 지배하는 공포의 힘입니다. "그들을 결합하도록 추동하는 공백에 대한 공포horror vacui는 그들을 엮어버리고 그들에게 거의 저항할 수 없는 힘을 부여한다."(223/295) 공백에 대한 공포란 비어 있는 것에 대한 공포를 말합니다. 빽빽하게 들어차 있는 관계가 아니면, 나 홀로 존재한다는 불안과 공포가 우리를 엄습합니다. 그러한 상황에서 편집증이 집단화되고 질병이 사회화되어 경계 없는 무아도취 속에서 집단성을 경험하게 될 때 나타나는 것이 '집단 나르시시즘'입니다. 아도르노는 주로 민족주의를 표현할 때 이 단어를 사용합니다. 그것은 나르시시즘입니다. 그러니까 세계를 자기중심적으로 보고 나를 사랑하는 태도입니다. 개별자를 넘어서 그 집단이 자기 공동체의 동일성에 사로잡혀서 집단적으로 수행하는 나르시시즘의 현상이 곧 현대적인 민족주의인 것입니다.

이제 6절 맨 마지막 부분에서는 그러한 편집증의 논리를 뛰어넘어서 무엇을 할 것인가에 관한 서술이 나오죠. 특히 이것을 유대교의 모티브와 결합시켜 표현하고 있습니다. "화해는 유대교의 최고 개념이며 그 온전한 의미는 기다림이다."(225/298) 기독교인들은 메시아가 한 번 도래했다고 생각하지만, 유대인들은 예수를 그리스도라고 인정하지 않기 때문에, 몇천 년 동안 메시아가 아직 오지 않았다고 생각합니다. 그래서 기다려야 한다는 태도가 그들에게 내재해 있습니다. 즉 유대인들이 보기에 여전히 우리는 광야에 있는 것입니다. 저자들은 메시아가 오기 전의 기다림이라는 유대인들의 덕목에서 배울 필요가 있다는 말을 하려는 것 같습니다. 그리고 곧이어서 이렇게 말하죠. "기다리지 못하는 무능력으로부터 편집증적인 반응 형태가 발생한다."(225/298) 편집증적 주체는 조급한 것입니다. 그들은 세계를 자신들의 형상에 맞게 바꾸고 싶어 하고, 그 결과 지옥을 탄생시켰습니다. 이어서 저자들은 그러한 상황의 변화를 위해서는 지배받는 사람들이 이 절대적 광기에 맞서 자신의 힘을 발휘해야 하고, 특히 그러한 광기를 저지해야 한다고 주장합니다. 이어서 이렇게 말합니다.

"사유의 지배로부터의 해방 속에서, 폭력의 철폐 속에서, 비로소 유대인이 인간이라는, 지금까지 비진리로 남아 있던 이념이 실현될 수 있을 것이다. 그것은 유대인들과 다른 사람들을 병에 걸리게 만든 반유대주의 사회로부터 인간적인 사회로의 도약일 것이다."(225/298~299) 이처럼 저자들은 사유가 지배로부터 해방되어 폭력의 철폐에 기여하는 방식으로, 반유대주의가 아닌 인간적인 사회로 도약할 수 있는 계기가 마련되기를 기대하고 있습니다. 그러한 해방은 "허위적 투사에 대한 대항운동"(225/299)으로서 가능할 것이고, 그럴 때라야 비로소 "반성에 의해 깨어지지 않는 자기고집이라는 비옥한 토지 위에서 번성하는 정신의 병에 대한 극복"(225/299)이 가능해질 것입니다. 저자들은 그러한 해방은 유대인뿐만 아니라 동물과 인간을 포함해 모든 박해받은 자들의 해방으로 이어질 것이라고 쓰고 있습니다. 이런 구절에서도 상당히 벤야민적인 느낌이 나는데요. 최종적 구원은 지금까지 역사 속에 희생당한 모든 영혼의 구원이라는 설명이 「역사철학테제」에 등장합니다. 아도르노와 호르크하이머 역시 이런 문장 속에서 모든 인간 심지어는 모든 동물에게까지 가해진 불행이 되풀이되지 않고 그 누구도 더 이상 희생제물이 되지 않기를 염원하고 있습니다. 우리는 그것을 유토피아라고 부를 수 있을 것입니다. 그러나 유토피아는 당장 실현될 수 있는 대상은 아니지만, 우리가 계속해서 그것을 꿈꿔야만 하는 대상으로 남아 있는 것입니다. 그런 유토피아를 갈망하는 사유를 여기서 확인할 수 있습니다.

# 개인과 자유

          6절 마지막에는 반성적인 사유에 대한 강조점이 나타납니다. 그런데 아도르노와 호르크하이머는 벤야민처럼 실천적인 혁명을 직접적으로 언급하는 경우가 드물죠. 그래서 그것이 아도르노와 호르크하이머의 한계라고 지적하는 사람도 굉장히 많습니다. 저는 이런 지적에 어느 정도 동의하지만, 그런 지적은 너무 쉽다는 생각도 합니다. 아도르노가 실천적인 변화의 필요성에 관해서는 암시하고 있지만 직접적으로 어떤 해방을 위한 실천이 필요하다는 식의 얘기는 거의 안 하기 때문에 '아도르노가 실천에 대한 전망을 너무 적게 말한다'라는 비판이 항상 나옵니다. 그런데 그 사람이 말 안 하는 것을 두고 말 안 한다고 비판하는 건 너무 쉬운 비판 아닐까요?

  그렇다면 아도르노는 어떤 정치적 실천이나 해방적 실천에 대해서 왜 그렇게 적게만 말하고 있을까에 관해서도 논의할 필요가 있는데, 이것은 68혁명 당시 아도르노가 봉착했던 딜레마이기도 합니다. 어떤 해방적인 실천을 통해서 사회를 바꿔야 하지만, 그 실천 자체가 또 다른 방향의 허위적인 요소를 그 자체에 내포하고 있을 때, 그렇다면 이론 진영 혹은 지식인들은 그런 실천을 수행하는 혁명 세력과 어떤 관계를 맺어야 하느냐는 물음이 남아 있는 것 같아요. 저는 아도르노가 100% 옳다라고 판단할 생각은 없는데요. 그렇지만 한 가지는 고민할 필요가 있다고 생각합니다. 우리가 이 실천의 급박함을 이유로 그 실천 자체가 올바르지 않은 방향으로 갈 수 있다는 위험성에 대해 망각해 버린다면, 그 실천이 다른 방향으로 또 지배 세력에 의해서 왜곡되거나 은폐되거나 아니면 심지어는 그 행위를 통해서 만들어진 또 다른 권력이 다른 차원에서의 지배를 낳을 가능성 ─ 현실 사회주의 운동이 바로 그런 과거를 보여줬지 않습니까 ─ 이라는 맥락에서 실천 그 자체도 반성적인 성찰의 대상이 되어야 한다는 것이 아도르노의 지적입니다. 저는 아도르노의 강조점은 한번 곱씹어 볼 만한 필요가 있다고 생각합니다. 그게 어쩔 수 없는 지식인의 역할인 것 같기도 해요. 때로는 욕을 먹더라도 이 방향은 안 된다고 말할 수 있는 자세 말입니다. 물론 제가 아도르노를 100% 옹호하는 것도 아니고 또 지식인들이 그렇게 해서 과도하게 실천적인 현장에 대해서 내부 비판을 하다 보면 실천의 동력을 스스로 깎아먹게 되는 오류를 범할 수도 있거든요. 이 때문에 무엇이 정답이라고 말하기는 참 어려운 것 같습니다. 아리스토텔레스가 말한 대로 '중용'을 찾는 것은 정말 어려운, 그 자체로 실천적일 수밖에 없는 과제인데요. 어쨌거나 아도르노가 해방적 실천에 대해서 거의 이론화하지 않고 있다고 비판하는 것은 쉽지만, 동시에 무엇이 진정한 해방적 실천인가에 대해서 비판적으로 고찰할 수밖에 없는 고민 역시 고려해 봐야 하지 않을까 싶습니다

7절로 넘어가서요. 7절에서는 개인과 개인주의 내지는 자유주의에 대한 고찰이 등장합니다. 이 부분은 사실 이해하기가 쉽지가 않은데요. 굉장히 모호하고 함축적으로 글을 썼기 때문에, 아도르노와 호르크하이머가 자유주의나 개인 또는 자유에 대해서 어떤 관점을 택하고 있는지를 명확히 이해하는 게 쉽지가 않습니다. 1차적으로 아도르노는 마르크스주의자이면서도 어떤 의미에서는 자유주의 친화적인 사람이에요. 물론 말로는 자유주의를 비판하지만, 아도르노는

기본적인 아비투스habitus 자체가 자유주의적인 사람이에요. 왜냐하면 그는 지독히 개인주의자거든요. 기본적으로 집단적 실천에 대한 믿음보다는 개인의 반성적인 성찰이나 주체적인 개인에 대한 믿음이 있는 사람이에요. 그런 의미에서 여전히 계몽주의자이기도 하고요. 어쨌거나 아도르노가 아무리 계몽을 비판하고 근대적인 주체성을 비판해도 아도르노는 성찰적으로 사유하는 개인이라는 강조점을 놓치지 않습니다. 그것 없이는 해방적 실천도 있을 수 없다고 보는 거예요. 그래서 개인이 진정한 화해를 위한 척도가 되는 겁니다. 그리고 자유로운 사회를 위한 척도는 집단이 아니라 개인에게 있다고 보는 거예요.

그래서 아도르노 철학의 강조점은 항상 개인에게 있어요. 그런데 아도르노는 전적으로 개인주의자는 아니에요. 개인주의나 개인의 자유를 급진적으로 밀어붙이는 자유주의에 대해서도 아도르노는 항상 유보적이거나 아니면 노골적으로 비판을 가합니다. 그래서 아도르노는 자유주의에 친화적인 사람 같은데 왜 자유주의를 이렇게 비판할까 하는 물음도 충분히 제기될 수 있는데요. 지금 이『계몽의 변증법』에서는 자유주의에 대한 관계가 명확히 서술되어 있지는 않습니다. 모호한데 어쨌거나 비판적인 뉘앙스가 들어 있어요. 근데『부정변증법』이나『미니마 모랄리아』같은 책을 보면 아도르노가 개인주의 내지는 자유주의적인 철학이나 방법론에 대해서 갖는 비판적인 지점이 조금 더 분명히 드러납니다. 물론 이때에도 아도르노의 비판은 변증법적인 논리를 사용하기 때문에 주의할 필요가 있습니다. 자유라는 관념, 심지어 자유주의적인 자유 개념에 대해서도 그 자체를 문제삼기보다는, '자유주의에서 말하는 그 자유 역시 자유주의적인 방식으로는 해결되지 못한다'라는 방식으로 내재적으로 비판하고 변증법적으로 표현하다 보니까 그 논리 자체를 이해하는 것이 쉽지만은 않은데요. 이 『계몽의 변증법』에서는 좀 더 모호하게 그러한 관점이 표현돼 있습니다.

7절의 첫 문장을 봅시다. "그러나 더 이상 반유대주의자들은 존재하지 않는다."(226/299) 무슨 뜻일까요? 시대적으로 보면 이 책은 1944년에 작성됐지만 책으로 인쇄된 것은 47년입니다. 이미 전쟁이 끝났고 뉘른베르크 전범 재판을 하고 있는데 거기다 대놓고 막 반유대주의 선동을 하는 사람, 유대인에 대한 저주를 퍼붓는 사람은 아무도 없겠죠. 그런 역사적인 맥락일 수도 있고, 아니면 고전적인 형태의 반유대주의는 점점 사그라들고 있고 오히려 다른 형태로 반유대주의가 나타나고 있다는 문장으로 해석될 수도 있는데요. 이어서 저자들은 반유대주의자들이 "자신들의 반자유주의적인 견해를 말하고 싶어 했던 자유주의자들"(226/299)이었다고 표현합니다. 이게 무슨 뜻일까요. 여기서 저자들은 자유주의의 이중성을 말하고 있는 게 아닌가 싶습니다. 그러니까 엄밀한 자유주의적 관점에서 보면 사실 반유대주의가 나올 수가 없죠. 모든 개인이 다 자유롭고 평등한 존재로 살아가야 한다는 게 자유주의의 기본 전제인데, 즉 모든 개인이 자신의 자유로운 삶을 영위하고 그 자유로운 삶의 기회가 모든 사람들에게 동등하게 보장돼야 한다는 게 자유주의의 전제인데 거기에서 반유대주의가 나올 수가 없죠. 그런데 그 자유주의자들도 내면적으로는 반유대주의를 가지고 있고, 반자유주의적인 성향의 생각들을 은밀히 가지고 있기 때문에, 자유주의자들이 기본적으로 양가적 혹은 이중적이라고 비판하는 것도 가능할 것입니다. 그렇다면 '자유주

계몽의 변증법 함께 읽기

의적인 반유대주의'의 성장과 확산은 자유주의의 실패를 말하는 것이겠지요.

그런데 저자들은 반유대주의적인 판단이 틀에 박힌 사유, 즉 스테레오타입이 되었다고 말합니다. 그리고 그러한 사유만이 유일한 사유의 가능성이 되어버렸습니다. 어떠한 입장이나 견해를 자율적으로 '선택'하는 시대는 끝나게 되었습니다. 그러니까 개인의 합리성과 그것을 근거로 모든 개인의 자유를 요구했던 고전적인 자유주의 시대역시 끝난 것이죠. 살아남은 것은 모든 사람들이 이렇게 틀에 박힌사고를 하고 있는 현대 대중사회입니다. 어떤 의미에서 대중사회라는 것도 비자유주의적인 원리 아닙니까. 자유주의 사회란 결국은 굉장히 명확한 경계를 가지고 실체화되어 있는, 그리고 아주 독립적이고 자율적인 개인들로 구성된 사회를 말하는데, 이미 '대중사회'라는것 자체가 대량 생산되는 상품을 대량으로 소비하고 그에 따라서 사람들의 생활수준이나 생활 패턴이나 문화적인 가치관이나 이런 것들이 동질적으로 되어 가는 사회이고, 이것은 고전적인 의미의 자유주의가 막을 내렸다는 것을 뜻하는 것이죠.

그리고 이제 반유대주의 같은 전체주의적인 지배의 논리도 마찬가지인데, 개인이 자신의 삶에 대해서 어떤 가치관을 택할 것인가는 자율적으로 정할 수 있어야 자유주의적인 가치에 부합하는 것이겠지요. 자유주의 사회의 가장 큰 특징은 국가의 정치적 중립입니다. 국가가 도덕적, 종교적 판단에서 중립을 지켜야 된다는 거예요. 그리고어떤 도덕적, 종교적 가치관을 내가 따를 것인가는 개인의 사적인 문제가 되는 거죠. 사적 개인들이 자율적으로 모든 것에 대해서 판단할수 있고 국가는 최소한에 그치고 중립적으로 행정적인 일 처리만 하는 것이 자유주의 사회의 덕목입니다. 그런데 오늘날에는 이러한 개인들의 고유한 선택의 가능성이 남아 있지 않다고 보는 게 아도르노와 호르크하이머의 진단인 것 같습니다.

그래서 등장하는 게 '티켓'이라는 단어와 '티켓 사고'입니다. 이 티켓 사고는 인간의 가치관이나 판단 등이 돈을 주고 사고파는 티켓처럼 굉장히 단순화되고 교환 가능해진다는 의미를 갖고 있습니다. 내가 티켓을 내면 그 안에 들어갈 수 있고 공연도 볼 수 있고 박물관도 볼 수 있듯이, 내가 어떤 다양한 가치관이나 어떤 다양한 정치적 이념이나 그런 것도 일종의 소비자가 돈을 주고 구입하는 티켓처럼 되는 것이죠. 오늘날 민주주의가 그렇잖아요. 우리가 마트에 상품을 비교하고 고르듯이, 투표장에서 어느 정당에 투표할지를 선택해야 합니다. 그러면 선택의 자유가 주어진 것처럼 보이는데 사실은 그게 선택의 자유가 아니잖아요. 어차피 당선되는 당들은 정해져 있고, 그중에 하나 뽑는 것은 굉장히 제한된 폭일 수밖에 없지요. 티켓이라는 단어를 통해 아도르노와 호르크하이머가 말하고자 하는 의도는, 자유롭게 선택할 수 있는 것처럼 보이지만 실제로는 입장권을 구매하는 것처럼 조야하게 사유의 가치관들을 고르는 그러한 소비자적인 주체성만 남은 현대사회에서 비판적인 사유 또는 이 획일화를 거부하는 사유가 얼마나 불가능한가를 폭로하는 것입니다. 그리고 그 과정에서 예컨대 마트에서 원 플러스 원 행사를 하듯이 사유를 '묶음'으로 사고파는 일들이 벌어집니다. 파시즘은 그렇게 여러 사유를 하나의 티켓으로 묶어서 대중에게 판매합니다. 하나의 가치관이 그들과 일치하기 때문에 파시즘에 투표한 유권자는, 파시즘의 모든 것에 동의한 것과 사실상 같아지게 되고, 실제로 독일 대중은 처음에는 부

　　　　　　　　　　　　　　　　계몽의 변증법 함께 읽기

분적인 이유로 파시즘에 투표했을지라도 그렇게 파시즘의 멘탈리티를 전체적으로 받아들이게 됩니다.


## 사유의 폭력성

이런 맥락에서 저자들은 이렇게 경고합니다. "논리 안에서조차 개념이 특수한 것을 오로지 단순히 외적인 것 정도로 대하게 된다면, 사회에서는 차이를 대변하는 것이 두려움에 떨게 될 것이다."(228/302) 오늘날 '타자성의 철학'이나 '차이의 철학'에 근접하는 그런 주장이지요. 여기 아도르노와 호르크하이머의 서술에서 고유한 특징 같은 게 있어요. 어떤 사유의 세계에서 벌어지는 폭력 같은 것, 예컨대 동일성의 논리와 같은 추상적이고 획일화된 사유의 논리 같은 것들이 우리의 실제 세계에서도 폭력의 형태로 영향을 미친다는 것입니다. 세계를 개념의 원리를 가지고 설명하는 것, 그것이 철학이 세계에 대해서 강요하는 동일성의 강압인데, 즉 동일성의 억압적인 측면인데, 그런 사유의 장에서 벌어지고 있는 동일성 원칙이 현실의 전체주의적인 지배라든지 현실에서의 동일성의 원리와 일맥상통한다는 거예요. 그래서 저자들은 이렇게 표현합니다. "논리에서 표현되는 개인에 대한 무관심은 경제적 과정으로부터 결과를 이끌어 낸다."(228/303)

전에도 설명한 적 있지만, 이것은 화폐를 매개로 한 상품의 등가교환이 어떤 맥락에서 동일성 사고와 연결되는가에 관한 지적입니다. 마르크스의 『자본론』은 상품의 가치를 설명하고, 가치에 따른 등가교환의 논리로부터 어떻게 해서 화폐가 발생하는지를 설명하는데, 마르크스가 설명하는 것은 일종의 상품세계에서 나타나는 동일성 원칙입니다. 상품세계에는 다양한 형태의 상품들이 존재합니다. 예컨대 아마포가 있고 또 저고리가 있죠. 그다음에 소금도 있고 볼펜도 있고 다양한 종류의 상품들이 존재합니다. 그런데 아마포와 저고리는 같은 게 아니죠. '동일하지 않은 것'입니다. 그런데 이 '비동일적인' 상품들이 전부 다 '20온스의 금이다'라고 말하는 순간 이 다양한 상품들이 질적으로 동일한 것으로 간주되는 효과를 발휘합니다. 그리고 이때 이 상품세계의 등가교환을 가능하게 만들어주는 '일반적 등가물'인 금이 이후 화폐의 형태로 고정되면서 보편적 등가교환의 체계가 가능해집니다.

이처럼 화폐가 도입됨에 따라서 아마포와 저고리, 소금과 볼펜 등 서로 다른 질을 갖는, 비동일적인 사물들, 차이들이 동일성으로 환원되는 메커니즘이 나타나는 것입니다. 그래서 등가교환은 모든 개념적, 추상적 사유가 지니는 동일성 원칙의 현실적인 근거가 된다고 보는 것이 바로 '실재추상'이라는 방법론이에요. 이에 관해서는 이전에 설명한 적이 있었지요. 그때도 언급한 알프레트 존-레텔의 실재추상론은 나중에 아도르노의 『부정변증법』에서 또 차용됩니다. 그리고 존-레텔은 이 실재추상 개념을 마르크스의 상품 가치 분석으로부터 발전시킨 겁니다. 그래서 존-레텔은 이런 주장도 합니다. 왜 고대 그리스에서 철학이 나왔는가, 그리스인들은 무역을 했기 때문이라는 것입니다. 그래서 그들은 일찌감치 이 화폐의 등가 논리를 이해하고 있었고, 그리스에서 파르메니데스나 플라톤의 이데아론을 비롯한 정교하고 또 기하학적인 비례를 강조하는 추상적인 개념의 원리가 출연할 수 있었던 배경이 바로 그들이 화폐를 통한 무역을 주업으로 삼았던 사회였기 때문이라는 것입니다. 또 마찬가지로 현대 자본주의 사회에서도 다시 한번 이 상품화의 논리가 보편화되면서, 화폐의 등가 논리가 확산되면서 상이한 상품을 생산하는 서로 다른 노동, 곧 구체적 유용노동이 동일한 추상 노동으로 환원된다고 그는 지적합니다. 실제로 마르크스가 『자본론』 앞부분의 이른바 '상품' 장에서 가치란 무엇인가를 해명하는 과정에서 가장 열심히 서술했던 부분이 '가치형태'에 관한 이론이고, 거기서 등장하는 개념이 '추상노동'입니다. 지금 아도르노와 호르크하이머 역시 이 추상노동 개념을 통해 현대사회를 밝히는데, 그것은 글의 후반부에 등장하는 이런 구절에서도 확인될 수 있습니다. "티켓 사고로 이어지는 발전의 토대는 결국 전쟁터에서 스튜디오에 이르기까지 모든 특수한 에너지를 하나의 동일한, 추상적 노동형태로 보편적으로 환원하는 것이다."(233/309) 특히 저자들이 추상노동과 같은 동일성 원칙의 관철이라는 상품화 논리로부터 지금 서술하려고 하는 것은 이처럼 전쟁터에서 스튜디오에 이르기까지, 모든 영역에서 현대사회가 점차 추상적이고 획일화된 모습으로 변해가고 있다는 주장입니다. 그리고 그 과정에서 나타나는 것이 바로 자유주의의 죽음입니다.

그런데 아도르노와 호르크하이머는 이 자유주의의 죽음에 대해서 굉장히 양가적으로 쓰고 있는 것 같아요. 한편에서는 자유주의 자체가 가진 이중성, 곧 모순적인 측면이 있었던 것입니다. 자유주의는 모든 인간을 자유롭고 평등한 존재로 보지만 그러나 실질적으로 그 내면에는, 아까 우리가 보았듯이, 자유주의자들도 은밀한 반자유주의적인 욕망을 가지고 있었다고 지적하면서 자유주의가 굉장히 위선적이었다고 고발하고 있습니다. 실제로 19세기에 등장한 고전적인 자유주의는 개인의 자유를 주장하지만, 그것은 서구 유럽인들한테만 허용한 거잖아요. 동일한 자유주의자들이 제3세계 원주민들은 자유주의적인 원칙에 따라 대하지 않았잖아요. 그런 앞뒤가 다른 모습에 대한 지적이 존재합니다. 그런데 이미 20세기 중반이 됐을 때에는 아도르노와 호르크하이머의 진단에 따르면 자유주의의 시대가 끝난 거예요. 개인이 합리적인 자신의 판단 기준을 가지고 자신의 삶의 원리를 스스로 선택한다는 원칙이 이미 깨진 거예요. 모든 것이 획일화되는 세상으로 넘어간 것이죠. 여기서 이 과정을 설명하기 위해 저자들은 한 사람의 개인을 하나의 경영되는 기업으로 묘사하는, 인간을 '경제적 인간homo oeconomicus'으로 이해하는 이론들이 출현한다고 고찰합니다. 그중 하나는 정신분석학이었다고 합니다. 왜냐하면 정신분석학은 자아를 정신 내부에서 일어나는 의식과 무의식 사이의, 또 이드와 초자아 사이의 경합을 잘 다스리고 이를 경영하는 존재로 묘사하고 있기 때문입니다. 자아가 일종의 정신의 CEO가 되어야 한다는 말이겠지요.

그런데 그런 시대도 지나가고 결국은 개인의 시대가 끝났고 이제 자유주의의 시대가 끝났다는 진단이 이어집니다. 이 시기에는 무수한 모나드들을 통한 사회 과정의 매개, 곧 개인과 사회의 조화로운 매개는 시대착오적인 것이 되어버렸습니다. 그리고 개인의 내면에서의 충동과 사회적 관습 사이에 존재하는 괴리로 인해 괴로워하는 주체의 내면의 분열과 같은 정신분석학의 주제 역시 시대착오적인 것이 됩니다. 이제 더 이상 내면적인 자기와의 싸움이 필요가 없기 때문입니다. 개별 기업에서 국가의 행정기구에 이르기까지 위계적 질서가 생기고 그러한 관료적인 현대사회에서는 개인이 해야 할 선택과 결정을 '절차'라는 이름으로 대신해 주는 메커니즘이 출현합니다. 또 개인들의 내적 충동들을 결정하는 문화산업의 역할 역시 그런 추세를 강화합니다. 쉽게 말해서 공적 영역에서는 관료제가, 사적 영역에서는 문화산업이 개인을 대신해서 판단하고 선택하기 때문에 개인이 스스로 선택해야 하고 그 선택을 책임져야 하는 시대가 끝났다는 거죠. 이렇게 해서 보편적인 것과 개별적인 것 사이의 모순이 일방적으로 지양되고 사라져 버렸습니다. 근데 이러한 모순이 긍정적인 의미에서 지양된 게 아니라, 굉장히 억압적인 의미에서 지양되어 버렸습니다. 개인의 개별성, 개체성, 고유성 같은 것들이 소멸해 버린 것이지요.

저자들은 현재 반유대주의의 요소들이 겉보기에는 사라진 것처럼 보이지만, 그것은 오히려 안개와 같은 뿌연 대상이 되어버렸다고 파악합니다. 즉 명확하게 그 메커니즘을 인식하고 파악하기 어려워지는 상황이 되었으며, 고전적인 의미의 반유대주의가 사라지더라도 그 메커니즘이 지금 얼마나 남아 있는지, 얼마나 잠복해 있는지, 즉 지금이 어떤 과도기 상태인지를 명확하게 이론적으로 추적해서 밝혀내기가 매우 어려운 상황으로 가고 있다는 것이죠. 사라졌다고 해서 사라진 게 아니라는 겁니다. 언제든지 상황이 돌변할 수 있는 것이고 혐오의 논리가 권위주의를 강화하는 전체주의의 유혹은 민주주의에서도 언제든지 나타날 수 있다는 것입니다. 특히나 저자들이 보기에, 개인의 가치관이나 판단 같은 것들을 스스로 하는 게 아니라 돈을 주고 티켓을 사서 대체하는 시대에는 언제든지 새로운 형태의 권위주의가 출현할 수 있습니다. 이처럼 스스로 나의 삶의 가치를 결정한다는 고전적인 자유주의적인 원칙 같은 것들이 사라진 상황의 근거는 아까 말씀드린 것처럼 추상 노동의 보편화 그리고 등가교환과 교환 원칙의 보편화입니다.

그런데 이러한 경향이 궁극적으로 어디로 귀결되는가 하면, 그것은 "경험의 상실"(233/310)입니다. 그리고 이러한 경험의 상실은 진보적인 관점을 가진 사람조차 그러한 티켓 사고를 받아들여 "차이의 적Feinde der Differenz"(233/310)으로 변하게 할 것이라고 경고합니다. 왜냐하면 '반유대주의적인 티켓'만이 반유대주의를 초래한 것이 아니라, '티켓 사고'라는 멘탈리티 그 자체가 반유대주의적인 것이기 때문입니다. 그러니까 반유대주의 때문에 티켓 사고가 나온 게 아니라, 인간의 추상적인 사고를 교환 가능한 것으로 바라보게 되는 단순화되고 획일화된 사고가 지배하는 사회에서 반유대주의가 필연적으로 등장할 수밖에 없다는 이야기입니다. 왜냐하면 그러한 획일화된 사고에서는 차이에 대한 분노가 필연적으로 출현할 수밖에 없기 때문입니다.

이러한 차이에 대한 분노는 "자연 지배로 인해 지배받는 주체들의 원한감정Ressentiment"으로 나타나 "자연적인 소수자"에 대한 공격으로 언제든 발산될 수 있습니다(233/310). 여기서 알 수 있는 것이 있습니다. 첫째로, 인간의 자연 지배는, 제가 강의 앞부분에서 설명했다시피, 부메랑이 되어서 인간 자신이 지배의 객체로 전락하는 결과로 귀결됩니다. 그래서 자연 지배의 결과로 지배 대상이 되는 것은 인간 자신이에요. '자연 지배로 인해 지배당하는 주체'라는 표현이 그런 아도르노와 호르크하이머의 사고방식을 말해주고 있지요. 그리고 이들은 그렇기 때문에 '스스로 지배당하는 주체'로서 원한감정에 사로잡혀 있습니다. 그래서 이들은 '자연적인 소수자들'에 그러한 분노를 표출합니다. 그런데 이 자연적인 소수자들은 실제로 '자연적'인 존재가 아닙니다. 오히려 '자연이라고 간주되는' 존재에 가깝습니다. 예컨대 여성들이 그렇죠. 남성은 이성적이고 여성은 감성적인 존재라는 이분법적 시선에서 여성은 감성적인 존재, 모성애를 갖고 출산과 양육을 담당하는 지극히 자연적인 존재로 그려지는 것입니다. 'Mother Earth' 같은 표현에서도 드러나듯, 대부분의 신화에서는 대지를 만물의 어머니로, 모성으로 묘사하잖아요. 여성을 자연으로 숭배하는 관점이 뒤집혀질 때 '자연으로서의 여성'이 지배의 대상으로 전락하는 것이죠. 자연 지배는 그런 의미에서 자연으로 간주되는 인간 소수자 집단에 대한 지배로 확장되는 겁니다. 그렇게 해서 '자연 지배에 의해서 지배의 객체로 전락하는 주체들의 원한감정'은 이 지배 논리 자체를 해체하는 것으로 나아가는 게 아니라, 그 자연 지배의 논리를 내면화해서 자연으로 간주되는 여성들, 유색 인종이나 식민지의 원주민들을 대상으로 한 성차별주의와 인종주의 등의 형태의 공격적인 에너지로 전도될 때, 그것이 현대적인 형태의 다양한 차별과 혐오의 논리로 이어지는 것이라고 해석해 볼 수 있을 것입니다. 오늘의 설명은 여기서 마치겠습니다. 감사합니다.

# 8강

## 스케치와 구상들

오늘은 마지막 시간이고요. 『계몽의 변증법』 마지막 부분인 '스케치와 구상들'을 보도록 하겠습니다. 여기 여러 개의 단편적인 에세이들이 실려 있죠. 이런 에세이적인, 동시에 사상적으로 심오한 내용을 담은 구절들을 보통 '아포리즘aphorism'이라고 해요. 이 '스케치와 구상들'도 아포리즘을 모아놓은 챕터인데요. 아도르노는 그런 에세이 형식을 굉장히 좋아하고, 에세이적인 글쓰기를 옹호하기 위해서 '형식으로서의 에세이Der Essay als Form'라는 글도 남긴 바가 있죠. 그리고 이 아포리즘 형식 그러니까 짧은 글들을 조각조각 모아서 책을 쓰는 아포리즘적인 서술 방식을 굉장히 즐겨 쓰는데, 이것은 니체의 영향이라고 할 수 있습니다. 특히 아도르노 본인의 일기를 책으로 낸 『미니마 모랄리아』가 대표적으로 아포리즘을 모아놓은 책입니다. 여기 '스케치와 구상들'이라는 챕터에 실려 있는 여러 글도 아포리즘이라고 할 수 있는데요. 그러다 보니까 서술의 엄밀함 보다는 저자들의 내면 의식을 드러내는 표현들이 많습니다. 여기서는 몇몇 구절들만 간단하게 살펴보도록 하겠습니다.

## 두 개의 세계

먼저 '두 개의 세계Zwei Welten'라는 단편을 읽어보겠습니다. 저자들은 미국에서는 경제적 운명과 인간 자신 사이에 구별이 없다고 말합니다. 쉽게 말해서, 경제적인 지위가 그 사람이 누구인지를 말해준다는 것이죠. 유럽은 좀 다릅니다. 유럽은 아무리 사회가 민주화됐다 하더라도 여전히 특권 계급의 귀족적인 문화 같은 게 남아 있고, 그래서 영국 같은 경우에는 우아한 귀족 영어 포시posh를 쓰는 사람들과, 코크니cockney를 쓰는 런던을 비롯해 각 지역별로 특수한 방언을 구사하는 하층 계급 사이의 문화적인 차이들이 존재합니다. 그리고 공립학교를 다니느냐 사립학교를 다니느냐 하는 구별도 존재하죠. 그래서 물론 한국 사회가 너무나 혹독하게 학벌의 차별이 존재하는 사회지만, 영국이나 특히 프랑스 같은 경우에도 겉으로 드러나는 평등주의와 달리 상당히 공고한 학벌 카르텔을 가지고 있죠. 프랑스 같은 경우에도 그랑제콜Grandes Écoles이라고 불리는 엘리트 교육기관을 나온 사람들이 사실상 모든 정재계를 다 좌지우지하고 심지어는 비판적인 철학자들도 대부분이 그랑제콜 출신이라는 아이러니가 존재합니다. 그러다 보니 유럽의 경우에는 낡은 신분 질서가 남아 있는데, 미국의 경우에는 이민자들이 건국한 나라이다 보니 그런 낡은 특권적인 지위나 신분 같은 것은 거의 사라졌지요.

그런데 미국은 그걸 대신해서 '경제적인 지위'가, 그러니까 '얼마만큼 재산을 가지고 있는지가 곧 나를 말해준다'라는 자본주의적인 새로운 척도가 드러나는 사회라고 저자들은 보고 있는 것입니다. 모든 사람은 그가 버는 만큼의 가치를 갖게 되고, 따라서 인간은 그가 가진 자산, 수입, 지위, 기회 이외에는 아무것도 아니라는 것입니다. 한국 사회도 급속도로 사회의 격동을 겪으면서 양반 제도 같은 신분제는 완전히 사라졌지 않습니까. 이제 그걸 대체해서 한국 사회에 통용되는 것 역시 저자들이 미국의 특징으로 보고 있는, 자신이 버는 만큼의 가치가 곧 자신의 지위라는 식의 새로운 신분적 관념입니다. 전근대적 신분제가 허울뿐인 근대적인 평등주의로 변모하면서, 혈통상의 차별, 신분상의 차별이 폐지되었다고 하더라도 '얼만큼 버느냐'에 따라서 그 사람의 신분이 결정되는 사회가 되었습니다.

아도르노와 호르크하이머가 말하려고 하는 것은 그것이 어떤 세계관 내지는 형이상학적인 관점의 변화로 이어지는가 하는 것입니다. 여기서 흥미로운 표현이 나옵니다. "이전에는 유물론적인 사회 비판이 관념론에 대립했다면, 즉 의식이 존재를 규정하는 것이 아니라 존재가 의식을 규정하며, 사회에 관한 진리는 사회에 대한 관념론적 표상들 속에서가 아니라 경제로부터 발견될 수 있다고 주장했다면, 그 사이 시대에 부합하는 자기의식은 그러한 관념론을 폐기해 버렸다."(238/315) 여기서 유물론을 대표하는 명제들로 제시된 것은 마르크스와 엥겔스의 『독일 이데올로기』에서 인용된 문장이죠. 의식이 존재를 결정하는 게 아니라, 사회적 존재가 의식을 결정한다는 그 유명한 문장을 인용하면서 저자들은 이런 내용을 덧붙입니다. 과거에, 한 세기 전인 19세기에 유물론자들은 관념론에 대항해서 투쟁을 벌여야 했다면, 현대인들은 스스로 유물론자가 되었다는 것입니다. 그러니까 관념론과 유물론의 지위가 변화했다는 것입니다. 19세기에 마르크스와 엥겔스가 『독일 이데올로기』를 쓸 당시에는 철학의 주류는 여전히 관념론이었죠. 그리고 마르크스와 엥겔스는 이러한 관념론을 책 제목대로 '이데올로기'라고 보았습니다. 실제로 이런 관념론의 이데올로기적인 성격 때문에 독일 철학은 현실을 신비화함으로써 그것에 내재해 있는 지배적인 관계나 모순들을 은폐하고, 억압받는 계급인 프롤레타리아에게 진정한 계급의식이 나타나는 것을 저해하고 말았다는 것입니다. 그렇기 때문에 아무리 독일의 관념론 철학이 프랑스 혁명 이래 진보적인 계몽의 정신 등을 담지한다고 하더라도, 그것이 궁극적으로는 반혁명에 봉사할 수밖에 없다는 것이죠. 이처럼 관념론적인 독일 철학의 이데올로기적인 지위를 비판하면서 유물론이 오늘날 어째서 혁명을 위해 필요한지를 밝히는 것이 마르크스와 엥겔스의 의도라고 정리할 수 있겠습니다.

사실 그 이후로 모든 마르크스주의자들은 유물론을 프롤레타리아 계급이나 사회 해방을 촉구하는 사람들이 가져야 할 세계관이라고 생각하고, 관념론은 과거 중세 시대의 성직자들이 중세 형이상학이나 중세 신학을 가지고 그 당시의 봉건 질서를 옹호하는 역할을 했듯이 세계를 옹호하고 기득권 질서를 옹호하는 보수적인 역할을 한다고 생각해 왔습니다. 이런 경향은 현대 철학에도 이어져서 예컨대 마르크스주의를 혁신하려고 했던 알튀세르의 경우에도 '철학은 이론에서의 계급투쟁'이라는 테제를 언급합니다. 그리고 이 투쟁은 관념론 대 유물론의 투쟁으로 축약된다고 그는 보고 있어요. 관념론은 보수적인 이데올로기이고 진정한 과학적인 이론은 유물론의 입장을 채택해야 한다는 고전적인 마르크스주의의 관점을 알튀세르도 되풀이하고 있다는 생각이 듭니다. 물론 알튀세르는 레닌의 반영론 같은 아주 정통적인 입장에 대해서는 반대하고 있지만, 그러나 여전히 큰 틀에서 봤을 때는 관념론과 유물론의 투쟁이 철학에서 벌어지는 진정한 계급투쟁이라는 관점을 가지고 있는 것이죠.

그런데 아도르노와 호르크하이머는 이 문제를 달리 파악하고 있습니다. 특히 아도르노가 1966년에 출간한 『부정변증법』에는 이 문제가 조금 더 상세하게 서술됩니다. 관념론과 유물론이 갖는 오늘날의 지위가 바뀌었다는 거예요. 단순하게 관념론은 보수적인 세계관이고 유물론은 진보적인 프롤레타리아의 세계관이라고 말할 수 없다는 겁니다. 20세기 중반 이래로 철학에서 마르크스주의에 대한 혁신 작업들이 일어났는데, 가장 대표적인 두 축이 프랑스의 알튀세르 학파이고, 또 독일의 아도르노와 호르크하이머 내지는 넓게 보면 에리히 프롬이나 마르쿠제까지 포함하는 비판이론 진영입니다. 이들 각각의 진영이 서로 독자적으로 마르크스주의를 발전시키는 데 기여했다고 저는 평가를 하는데, 아도르노가 기여한 측면 중 하나는 오늘날 유물론과 관념론의 관계를 이렇게 기계적인 도식으로 설명할 수 없다는 관점인 것 같습니다. 이것이 현대 마르크스주의 이론의 전개 과정에서 아도르노가 보여주는 독자적인 측면이라고 저는 생각합니다.

사실 오늘날 가장 자본주의적인 의식이 바로 유물론입니다. 가장 자본주의적인 의식은 오늘날 유물론의 언어, 유물론의 형태를 채택합니다. 그러니까 관념론이 시기적으로 보면 혈통 세습 계급이 있었던 귀족들의 세계관이라면, 오늘날 모든 사람이 이제 — 물론 형식적인 것에 불과하지만 — 철저하게 평등해지고 더 이상 세습 귀족이 없어진 시대에는 사실상 관념론이라는 사고방식은 구시대의 유물이 되었고, 오늘날은 우리 모두가 유물론자가 된 것입니다. 그리고 이때의 유물론은 철저하게 화폐와 교환가치가 지배하는 세계에 상응하는 방식의 세계관이 되었다는 것입니다. 그랬을 때 과연 과거와 같은 방식으로 '관념론은 보수적인 이론이고 유물론이 혁명적인 세계관'이라는 말이 오늘날에도 여전히 타당할 수 있을지 의문스러워지는 것입니다.

저는 이런 생각을 예전부터, 아도르노를 읽기 전부터 하기 시작했어요. 예를 들어 광우병 촛불 시위 당시를 생각해 보면, 정부가 국민을 설득할 때 철저하게 신자유주의적인 유물론의 언어를 가지고 그렇게 합니다. 2000년대 이후 한국 특유의 멘탈리티가 있어요. '부자 되세요'라는 광고 카피가 상징하는 것이죠. 그러니까 우리 모두 이 부동산 투기 열풍에 동참해서 어떻게든 부자가 되어야 한다는 겁니다. 은행 빚을 잔뜩 얻어서라도 이 당시 아파트를 한 채 사놓았으면 지금 그 사람은 가만히 앉아서 엄청난 돈을 벌었을 겁니다. 뉴타운 개발을 했는데 만약에 분양을 받게 되면 얼마나 돈을 벌게 될까요? 그런 욕망을 각 개인들에게 불러일으키면서 철저하게 유물론의 언어로, 그러니까 화폐와 교환가치의 언어로 국민들을 설득한 것이 당시 정부였습니다. 그런데 오히려 정부를 비판하는 시민사회나 운동단체, 지식인들이 사용하는 언어들은 철저하게 관념적이었습니다. 평화, 인권, 정의 같은 시대에 아주 뒤떨어져 보이는 언어들을 사용합니다. 그래서 정부가 국민들을 설득할 때 사용하는 언어가 가장 신자유주의

적인 형태의 유물론이었고, 오히려 그것을 비판하는 시민사회 진영에
서 관념론적인 언어를 사용하는 것을 목격하게 됩니다. 그건 더 올라
가면 2003년 이라크 파병 반대 운동 때도 마찬가지예요. 그때도 정
부는 국익이라고 하는 유물론의 언어를 사용합니다. '우리가 지금 파
병을 안 하면 미국 네오콘한테 찍힌다. 그러면 한국 경제는 무너진
다. 제2의 IMF가 온다. 그래서 파병을 해야 한다. 그러면 갤럭시 핸드
폰과 반도체를 세계시장에 수출해 한국경제가 튼튼해질 것이다.' 그
런데 이에 맞서는 시민사회는 '이 전쟁은 부당하다. 우리는 국제사회
의 책임 있는 일원이 돼야 한다. 파병은 세계 평화를 저해한다' 이런
식의 규범적, 가치지향적, 관념적인 언어를 사용하게 됩니다. 그러다
보니 현실에서 싸움이 굉장히 어려워지기도 했습니다. 현실주의적,
유물론적인 언어에 맞서서 관념적인 언어들이 갖는 힘이 커지기가 어
려운 것이죠.

그러나 운동 진영은 어쩔 수 없이 관념론적 언어를 사용할 수밖에
없습니다. 사실 관념론과 이상주의는 서구 언어로는 동의어입니다.
모두 idealism이죠. 독일어나 불어도 마찬가지입니다. 같은 말이라서
두 개의 단어가 구분이 안 돼요. 그래서 사회를 변혁하는 세력들이
오히려 이상주의적인 언어, 그러니까 관념론적인 언어들을 사용하는
현상들이 나타납니다. 변혁세력들이 추구하는 가치를 담은 언어들이
가진 이상주의적 성향 때문에 불가피하게 나타나는 현상입니다. 그
래서 변혁하려는 쪽이 이상주의적인, 관념론적인 언어들을 사용하고,
현실을 지키려고 하는 보수적인 쪽이 유물론의 언어를 사용하는 현
상이 나타납니다. 현대 한국도 마찬가지고, 1940년대 미국 역시 그런
유물론의 언어가 대세를 이루고 있다는 것이 아도르노와 호르크하이

머의 발견이었던 것이죠.

　이것은 그들의 미국 망명이라는 경험에서 비롯한 것일 수도 있습니다. 독일이나 유럽에서는 여전히 귀족주의의 잔재들이 남아 있어서 학자들이 관념론적인 언어를 가지고 사회를 설명하려고 하는데, 미국을 가봤더니 완전히 실용주의적인 의미에서 또는 실증주의적인 의미에서 철저하게 유물론적인 언어로 사람들이 세계를 이해하고, 그런데 그때의 유물론적 방식이란 자본주의적 근대성에 정확히 부합하는 세계인식이었다는 것입니다. 즉 이 구절에 나와 있듯이 그들은 스스로를 철저하게 시장가치에 따라 평가하며, 자신이 누구인지에 관한 물음을 자본주의 경제와의 관계 속에서, 경제적 가치에 따라 정의 내린다는 것입니다. 이처럼 자본주의적 의식이 유물론의 언어로 기술되어 있는 반면, 그에 저항하는 실천이 이상주의의 언어를 차용한다면, 관념론과 유물론의 관계가 과거처럼 고정된 것이 아니라는 것이지요.

　그래서『부정변증법』을 보면 아도르노가 '관념론이 오늘날 가지고 있는 진리 내용이 무엇인가'를 설명합니다. 물론 현실을 분석하고, 현실의 모순이 어디 있는지를 파악하고, 현실의 지배가 어떤 방식으로 이루어지는지를 파악하려면 비판이론가들은 당연히 유물론자들이 되어야 하겠지만, 동시에 우리가 어떤 사회를 만들어야 하는가, 어디로 나아가야 하는가, 현실을 어떻게 바꿀 것인가, 어떻게 실천할 것인가 하고 물을 때는 불가피하게 관념론적인 언어, 이상주의적인 언어를 사용할 수밖에 없는 것이죠. 그리고 그것을 한발 더 나아가서 표현한 게 벤야민입니다. 그가 보기에 진정한 의미의 혁명은 유물론의 언어로 쓰여야 하지만, 그것에 혁명의 정신을 제공하는 것은 신학이라고 말합니다. 특히 메시아주의적인 의미에서의 신학인 것이죠. 유대인들에게는 아직 메시아가 도래하지 않았어요. 그러니까 언젠가 도래할 그 메시아를 기다려야 한다는 메시아주의적인 신학 속에 담겨 있는 정서나 상상력 같은 것들이 우리에게 해방을 향한 투쟁의 동력을 제공한다는 겁니다. 그래서 벤야민은 「역사철학테제」의 1번 테제에서 유물론과 신학의 동맹을 추구하죠. 그리고 이제 저의 해석대로라면, 비슷한 관점에서 아도르노가 『부정변증법』이라는 책에서도 관념론 내지는 나아가서 형이상학 역시 오늘날 차지하는 역할이 있다고 주장합니다. 그리고 지금 이 『계몽의 변증법』에서도 그런 이야기들의 맹아적인 서술들이 표현되고 있는 것 같아요.

이 단편의 마지막 부분에서 저자들은 어떤 중국인의 임종을 묘사하고 있는데, 이것은 말러가 작곡한 '대지의 노래Das Lied von der Erde'에 등장하는 노래들 중 '작별Der Abschied'이라는 곡의 가사입니다. 이 가사는 한스 베트게Hans Bethge가 독일어로 편찬한 중국 시집을 차용해 작곡된 것입니다. 임종을 맞이한 어느 중국인이 자신이 비록 생전에 성공을 거두지는 못했지만, 이제 죽음을 통해 새로운 평안을 위한 여정에 나설 것이라고 말하는 대목이 나옵니다. "이 세계에서 행운은 나에게 오지 않았다 / 나는 어디로 가는가? 나는 산을 거닐고 / 나는 나의 고독한 심장을 위한 평안을 찾을 것이다." 이와 대조적으로 어느 미국인은 "나는 실패자failure다. 그리고 이것이 인생이다"라고 말했다고 저자들은 쓰고 있습니다. 현대 한국 사회에서도 마찬가지 현상이 나타나는 것 같습니다. 자신이 실패자가, 루저가 될 수 있다는 두려움에 지배되는 사회, 그것이 한국사회의 현주소가 아닐까요. 우리가 자신을 계속해서 시장 속에 판매되는 가치로 인식하게 될 때, 우리는 늘 그러한 두려움과 불안, 그리고 계속되는 압박감 속에 살아야 합니다. 시장의 논리, 경제의 논리가 우리의 삶 전체로 번져서는 안 된다는 것이죠. 이런 내용을 성찰하기 위해서는 ─ 물론 굉장히 조야한 자본주의적 형태의 ─ 유물론을 뛰어넘는 성찰이 필요하다고 저자들은 말하려는 것 같습니다.


## 유물론과 금욕주의

　　　　　　그래서 저자들은 유물론에 대한 보완이 필요하다고 계속해서 생각했던 것 같아요. 다음 단편인 '지배로 변하는 이념Verwandlung der Idee in Herrschaft'의 마지막 부분에서도 유물론에 관한 언급이 다시 나옵니다. 이때에는 유물론을 금욕주의와 대조시키고 있습니다. 그에 따르면, 금욕주의나 유물론은 서로 대립하고 있지만 둘 모두 매우 이중적인 의미를 가지고 있고, 그렇기 때문에 서로 조우할 수도 있다고 합니다. 두 관점 모두 체제 저항적이면서, 다른 의미에서는 체제에 순응적이라는 것이죠.

　먼저 금욕주의의 경우, 현 사회에서의 쾌락을 절제한다는 것은 허위적인 기존 질서에 동참하기를 거부한다는 점에서 지배자의 관점에서는 의심스러운 것으로 받아들여질 수 있습니다. 그런데 이 점은 유물론도 마찬가지입니다. 궁핍에 저항하면서 물질적 요구를 제시하는 계급투쟁의 유물론도 지배계급의 관점에서는 위험한 것으로 받아들여집니다. 그런데 이 경우 금욕주의는 그렇게 물질적인 욕구를 요구하는 대중들에게 지배자들이 제시하는 방어수단이 될 수도 있습니다. 지배계급 혹은 그들과 결탁한 이데올로기적 지식인들은 대중의 방탕과 방종을 규탄하면서, 검소하고 소박한 삶의 진리를 예찬하는 방식으로 지금 당장 빵을 달라고 아우성치는 대중의 요구를 거부할 수 있는 것입니다. 이때 금욕주의는 대중을 체제에 순응시키는 목적으로 사용될 수 있습니다. 거꾸로 유물론 역시 금욕주의가 저항적인 방식으로 제기될 때, 그것을 막는 이데올로기로 사용될 수 있지요. "현재 상태를 받아들이는 유물론적 입장, 곧 특수한 이기주의는 예로부터 체념과 결부되어 있었다"(242/320)라고 저자들이 말하는 것은 이런 이유에서입니다. 예컨대 이기적인 충동을 부추기는 방식의 유물론은 지배자의 탐욕과 부패를 성토하는 비판적 금욕주의에 대항하여 소비자본주의의 상품화 논리가 확산되는 데 기여할 수도 있습니다. 또 현대사회에서는 문화산업이 대중의 욕망을 계속 자극함으로써 지배가 관철되고 있는데, 이때 마찬가지로 욕망의 유물론이 비판적 금욕주의에 대한 해독제로 기능하면서 지배에 봉사할 수도 있겠지요.

그런데 저자들은 이러한 금욕주의와 유물론의 이항대립을 넘어서는 진정한 유물론의 전망이 필요하다고 말하는 것 같습니다. 부르주아의 논리를 벗어나는, 현재의 사회상태를 넘어서는 세계에 대한 우리의 상상력과 결합되는 유물론 말입니다. 그러면서 이렇게 서술하고 있습니다. "참된 유물론에서는 금욕주의가, 그리고 참된 금욕주의에서는 유물론이 지양된다."(242/320) 그러니까 유물론과 금욕주의는 서로 대립하는 사고방식인데, 양자가 어떤 측면에서는 상호 보완적인 방식으로 '참된 유물론'과 '참된 금욕주의'가 서로가 서로를 지양하도록 해주는 관계 설정이 가능하다는 것입니다. 이걸 좀 쉬운 언어로 표현하자면, 서로의 단점을 보완해 주는 역할을 한다고 보는 게 아니냐는 생각이 들어요. '지양aufheben'이라는 철학적인 언어로 서술하고 있지만, 저자들이 말하려는 것은 참된 형태의 유물론 속에서는 나쁜 형태의 금욕주의가 지양되고, 참된 형태의 금욕주의에서는 나쁜 형태의 속물적인 유물론이 또 지양되는 방식으로 금욕주의와 유물론의 관계가 재설정될 수 있다고 말하려는 것 같습니다.

그러나 저자들이 이 관계 맺음의 구체적 방식을 서술하고 있지는 않은데, 이 부분은 오늘날 우리의 과제로 남아 있는 것 같습니다. 특히 저는 오늘날 생태위기와 기후변화의 관점에서, '탈성장'의 측면에서 '참된' 유물론과 '참된' 금욕주의의 결합을 생각해 봐야 하지 않을까 싶습니다. 단순히 소비를 줄이고 아껴 쓰자는 수준이 아니라, 성장이라는 이름으로 팽창과 확장을 사회적 선으로 규정하는 지금의 자본주의적 성장 중심의 논리를 바꿔야만 우리가 직면한 생태적 재앙에서 벗어날 수 있다는 것이지요. 『계몽의 변증법』이라는 텍스트는 실제로 이런 관점에서 생태적 쟁점과 결합될 수 있는 통찰들을 제시합니다.


## 진보의 대가

이 부분을 좀 더 살펴보도록 하겠습니다. 한참 뒤로 넘어가면 '진보의 대가Le Prix du Progrès'라는 글이 있습니다. 여기에는 프랑스 생리학자 피에르 플루렝이라는 사람이 쓴 편지 내용이 인용되고 있습니다. 그 내용을 보면, 클로로포름이라고 하는, 인간 신경계에 큰 영향을 미치는 어떤 물질이 발견됐는데, 수술할 때

이 클로로포름을 사용할 수 있다는 것이죠. 그런 식으로 최초의 마취 기법을 설명하고 있는 것인데요. 이 약물을 사용하면 사람이 자신의 고통을 망각하게 돼서 외과 수술이 가능해진다고 설명하고 있습니다. 그런데 이 편지에서 플루렝이 동시에 고백하고 있는 사실이 있습니다. 19세기에는 아직 현대의학이 충분히 발전하기 이전이기 때문에, 매번 클로로포름을 가지고 외과 수술을 할 때마다 그것이 사실상 산 사람을 대상으로 실험을 하는 것과 같다는 것입니다. 그래서 그는 우리가 수술을 할 때마다 환자를 치료해 주기만 하는 게 아니라, 환자를 실험용 모르모트로 삼아서 생체 실험을 하는 게 아닌가 묻고 있고, 그 과정에서 어떤 일이 벌어졌는지를 환자는 전혀 모르고 이대로 모든 것이 망각될 텐데, 그것이 과연 옳은 일인가 묻는 것입니다. 그래서 그는 이것이 바로 '진보의 대가'라면, 그러한 대가를 우리가 너무나 크게 지불하고 있는 것이 아닌가 하는 물음을 던집니다.

아도르노와 호르크하이머가 플루렝의 편지 내용을 길게 소개하는 이유는 무엇일까요? 저자들은 마치 신의 섭리를 보는 것처럼 역설적으로 이러한 사례 속에서 인간이 희생시킨 동물들이 인간에게 복수를 하고 있다고 말합니다. 이것이 왜 희생된 동물들이 가하는 복수냐면, 인간이 어떤 의약품을 개발하기 위해서 수많은 동물 실험들을 하잖습니까. 그래서 수많은 동물들을 생체 실험을 한 결과로 의학의 발전을 이뤘는데, 이제 의학이 진보하다 보니 인간이 인간 자신을 생체 실험의 대상으로 만드는 상황이 초래되었다는 것입니다. 이것이 '진보의 대가'입니다. 그리고 어떻게 보면 의학 발전을 이루기 위해 희생된 실험용 동물들이, 바로 그러한 희생으로 만들어진 의학의 진보가 인간 자신을 실험용 동물로 만드는 과정을 위해 희생되었다고도 말할 수 있겠지요. 그렇게 보면 이것은 일종의 '역사의 복수'인 것입니다. 그래서 이를 신의 섭리라는 전통적 형이상학의 논리와 비교하는 것도 가능하다는 것입니다.

플루렝이 우려한 비극은 현실에서 일어나죠. 나중에 나치 독일에 의해서 또는 일본의 관동군 부대에 의해서 산 사람을 대상으로 한 생체 실험들이 계속 나타나지 않았습니까. 심지어 미국 정부도 1930년 대 자국 흑인들을 대상으로 한 비밀 생체 실험을 진행했죠. 흑인들에게 약을 투여해서 병을 치료해 준다는 명분으로 실제로는 생체 실험을 했다는 것이 다 드러나서 이후에 미국 정부가 사과를 하기도 했습니다. 어쨌거나 결국 인간이 자기보존을 이룬다는 명분으로 동물들을 대상으로 실험을 하고 그들의 생명을 희생시켜 가면서 의학의 발전을 이뤘는데, 그 결과는 부메랑이 되어 인간 자신이 실험쥐가 되는 상황으로 돌아옵니다.

동물의 생명을 살해하는 대가로 인간 생명을 살려도 좋다는 사고 방식의 문제가 이런 것입니다. 구제역이나 조류독감이 돌 때 대규모로 동물들을 살처분하는 경우에도 마찬가지입니다. 그런 방식으로 동물을 희생시켰을 때 그것이 낳는 문제는 단지 동물들만 죽는다는 것이 아니라—물론 많은 수의 동물들이 인간을 위해서 그렇게 죽어 나가는 것도 윤리적으로 문제지만—그런 태도가 당연시되면, 그 폭력이 인간으로 넘어온다는 것, 그런 폭력적인 힘이 인간을 향해 행사된다는 사실에서도 드러납니다.

구제역이 발생하면 반경 몇 킬로에 있는 모든 돼지들이 다 죽습니다. 전부 다 산 채로 땅에 묻혀 도살되는데, 이때도 많은 사람들이 이게 과연 옳은 처분이냐 하고 질문을 던지면, 방역 당국에서는 현실적으로 그 방법밖에 없다고 답변을 합니다. 그것이 더 큰 희생을 막는 것이고, 몇천 마리 몇만 마리를 죽여서 몇백만 마리를 살리는 것이라고 말입니다. 행정 효율의 관점에서 보면 그게 틀린 말은 아닐 겁니다. 그런데 예전에 구제역 살상 논란이 있었을 때에도 많은 사람들이 그런 처분을 비판하면서, 동물에 대한 대량살해가 정당화되면 그 폭력이 결국은 인간에 대한 폭력으로 나타날 것이라고 주장하기도 했었지요. 동물을 아무렇게나 죽여도 된다고 믿는, 그게 당연시되는 사회에서는 인간도, 인간의 생명도 제대로 된 보호와 돌봄을 받지 못하리라는 것이 많은 생명 윤리 이론가들의 견해입니다. 여기서 아도르노와 호르크하이머도 비슷한 이야기를 하고 있다는 생각이 듭니다. 현대 과학이 '진보의 대가'를 치르며 인간이 인간을 생체 실험하는 현상도 인간이 동물을 대상으로 생체 실험을 했던 것의 연장선에 있었고, 그것이 어떤 의미에서는 희생당한 동물들의 복수라고 신랄하게 지적하고 있는 것 같습니다.

동물과 인간의 관계에서도 마찬가지고, 다른 인간 집단에 대해서도 같은 말을 할 수 있을 것 같습니다. 누군가의 고통에 눈을 감으면, 그 고통은 나를 겨냥하게 될 수도 있는 것이죠. 잊는 것, 망각하는 것, 고통 앞에 눈을 감아버리는 것은 그 고통 자체를 없애는 것이 아닙니다. 이어서 이런 구절이 등장합니다. "자연에 대한 항구화되는 지배는, 의학적 기술이든 비의학적 기술이든, 그 힘을 그러한 눈감기Verblendung로부터 만들어 낸다. 이 눈감기는 망각으로부터 비로소 가능해질 것이다. 과학의 선험적 조건은 기억 상실이다. 모든 사물화는 망각이다."(263/343) 사물화란 살아 있는 대상 세계를 죽은 것으로 보는 전도된 의식을 의미하죠. 저자들은 이러한 사물화는 기억을 상실하고 망각하는 것, 즉 누군가의 고통에 눈을 감는 것에서 비롯한다고 말합니다.


## 대 중 사 회


       조금 더 뒷부분을 보시면 '대중사회Massenge-sellschaft'라는 글이 있습니다. 이 글은 어렵지는 않습니다. 사실 아도르노와 호르크하이머뿐만 아니라 마르쿠제 내지는 에리히 프롬 같은 2차 세계대전을 겪은 프랑크푸르트 사회조사연구소 출신의 사상가들이 공통적으로 지적하는 바가 대중사회 비판이에요. 여기에서도 아도르노와 호르크하이머는 이렇게 말합니다. 오늘날 표준화된 사회, 획일화된 사회의 산물이 바로 총통에 대한 권위적인 복종이라는 것입니다. 그러니까 다수의 사람들이 유사한 생각을 하고 동일성 원칙에 입각해 사고할수록 그 많은 사람들의 의지를 모을 수 있는 하나의 정점으로서 파시즘의 총통의 역할이 필요해지고, 그런 의미에서 파시즘의 메커니즘은 역설적으로 보이는 두 개의 현상, 모두가 동일해지는 현상과 다른 한편으로 어떤 특수한 개인에 대한 열광적인 숭배가 사실은 동전의 앞뒷면이라는 점을 보여준다는 것이죠.

  이어서 저자들은 이렇게 서술하고 있습니다. "오늘날 대중의 심리학에서 총통이 더 이상 아버지를 나타내는 것이 아니라, 무절제한 수준으로 이뤄지는 개별자들의 무기력한 자아의 집단적 투사를 나타내는 것이라면, 이에 상응하는 것이 실제에서의 총통의 형상들이다."(270/351) 총통의 형상은 개인의 무력한 자아가 만들어 낸 집합적 투사입니다. 그 말은 총통 자체는 그저 평범한 사람일 뿐인데, 다수 대중을 이루는 각 개인들의 자아가 취약해진 상태에서 바로 그 개인들이 집단적 투사를 통해 한 사람의 개인을 총통으로 만들어 낸다는 것입니다. 지난 시간에도 투사의 메커니즘을 통해서 어떻게 오늘날 공포와 혐오와 인종주의가 재생산되는지 설명한 바 있습니다만, 여기서도 그런 맥락에서 집단적인 방식으로 이루어지는 투사, 모두가 하나의 초점에 자신을 투사하고, 자신의 무력한 자아를 보충해 주는 강력한 초인에 대해 동일시를 느끼고 그들이 우리를 이끌어 갈 존재자라고 생각하게 됨에 따라 파시즘의 지배가 관철되고 있습니다.

물론 실제로 이러한 구심점을 이루는 총통을 비롯한 권위주의적 지도자들은 그저 평범한 사람들입니다. 그들은 '특별한 개인'이 아니라, '개인의 소멸'의 시대가 만들어 낸 산물입니다. 그들은 '무력한 인간들의 대표'일 뿐이고, 실은 다수 대중을 이루는 개인들이 겪게 되는 자아의 취약성이 없었더라면, 그러한 총통의 위치는 빈 자리로 남아 있었을 것입니다. 파시즘의 총통은 총통을 연기하는 자일 뿐입니다. 그들이 남들과는 다른 뛰어난 요소를 가지고 있어서 대중들이 그들을 총통으로, 초인으로 동경하는 것이 아니라, 대중 심리 속에서 개별 자아들의 무기력감을 근거로 집합적인 동일시가 만들어지는 그 상황이 이들을 초월적인 존재로 만들게 된 것입니다. 그래서 이들의 아우라를 파헤치는 것, 그들도 평범한 인간에 불과하다는 것을 폭로하는 것은 반파시즘 투쟁의 핵심을 이룹니다. 저자들은 채플린의 영화 〈위대한 독재자The Great Dictator〉는 게토의 이발사와 독재자의 유사성을 보여줌으로써 이러한 '아우라 벗기기'라는 정치적 과제를 실행하고 있다고 평가합니다. 저자들은 책의 앞에서 문화산업을 신랄하게 비판했지만, 여기서는 채플린 영화의 비판적 의도에 긍정적인 평가를 내리고 있는데 이것도 이 글이 지닌 흥미로운 지점이라고 생각합니다.


## 모순들

　　　　　이어 등장하는 '모순들Widersprüche'이라는 아포리즘을 저는 재밌게 읽었는데요. 의대에 진학한 두 젊은이인 A와 B가 대화를 하는데, 아마 저자들은 화자 B를 통해서 자신들의 생각을 전달하고 있는 것 같습니다. 구체적인 내용들은 생략하기로 하고, B의 대사 중에 이런 흥미로운 구절이 있습니다. "나는 이성에 반대하는 것이 아니다. 나는 다만 이성이 취하는 형태를 인식하고자 할 뿐이다."(273/354) 아마도 이런 문장을 통해 아도르노와 호르크하이머가 본인의 입장을 서술하고 있다고 봐도 무방할 것 같습니다. 아도르노와 호르크하이머가 계속해서 이성을 비판하지만, 이때의 이성 비판은 이성 자체를 반대하기 위한 비판이 아니라, 이성의 역사적인 행태가 무엇인지를 냉정하게 진단하기 위한 비판이라고 생각할 수 있을 것 같습니다. 이것은 이성 그 자체를 반대하는 방향으로, 비합리성을 옹호하는 방향으로 나아가는 비판이 아닌 것이지요. 그것은 오히려 이성의 구체적 형태들을 명확히 통찰하면서 이성의 '자기반성'을 촉구하는 비판입니다.

　저자들의 관점을 반영하는 화자 B는 뒤이어 이런 말을 합니다. "모순은 필연적이다. 모순은 사회의 객관적 모순에 대한 답변이다. 오늘날처럼 세분화된 노동분업에서는 한 지점에서 모든 이들의 죄가 불러일으키는 공포가 나타난다."(273/354) 철저한 분업 속에서 체계적으로 수행되는 지배, 즉 체계적으로 관찰되는 지배 속에서는 어느 한 지점을 잡더라도 그곳에 모든 사람의 죄가 연결되어 있는 상황이 공포스럽게 나타난다는 설명 같습니다. 이것은 발터 벤야민이 '죄의 연관Schuldzusammenhang'이라고 부른 개념에 상응하는 서술 같습니다. '죄의 연관'이라고 우리말로 표현하면 어감이 잘 살지 않는데, 여기서 'Schuld'라는 말은 '죄'라는 뜻도 있고 '채무'라는 뜻도 있습니다. 그러니까 모든 사람이 서로에 대해서 빚을 지고 있다는 거예요. 동시에 모든 사람들이 죄를 짓게 만드는 상황이 존재합니다.

　현대사회는 굉장히 복잡하게 얽혀 있기 때문에, 모든 사람들이 서로가 서로에 대해 죄를 짓게 만드는 상황이라고 하는 게 결코 과장만은 아니라는 생각이 듭니다. 그렇다면 서로가 서로에 대해 죄를 짓고 빚을 지게 되는 상황이란 어떤 것일까요? 마르크스주의자들은 사회를 프롤레타리아와 부르주아의 대립으로 이해하죠. 근데 이 프롤레타리아와 부르주아의 대립을 지나치게 이분법적으로 설정하게 되면, 민중은 언제나 순수하고 깨끗한 집단이고 지배계급은 언제나 부패한 세력들이라는 식의 선과 악의 대립이 나타납니다. 그래서 지배계급은 이 사회의 모든 죄를 다 짊어지고 있고, 노동자들과 민중들은 헐벗은 사람들이고 언제나 지배계급에게 짓밟히기만 하는 순수하디 순수한 약자들이라는 관점 말입니다. 이런 이분법이 오늘날 통용되기가 힘들다고 저는 생각하는데요. 그뿐만 아니라 그것이 기득권층에 대항하는 피억압 계급의 투쟁을 설명하는 데서도 별다른 도움이 되지 않는다고 생각합니다. 왜냐하면 우리가 민중이라고 부를 수 있는 여러 사람들 가운데에서도 서로가 서로에 대해서 수많은 폭력들을 일상적으로 자행하거든요. 그리고 오늘날의 사회에서 가해자와 피해자가 명확히 구분되는 상황이 아니라, 복잡하게 서로 얽혀 있는 폭력의 연쇄들이 미시적인 수준에까지 이어지는 것이 아닌가 생각해 보게 됩니다.

그렇다고 해서 제가 기득권층에 대항하는 피억압 계급의 투쟁이 갖는 정당성을 훼손하려고 이런 말을 하는 것은 아닙니다. 저는 여전히 계급투쟁은 정당하고 필요하다고 생각합니다. 그럼에도 오늘날은 훨씬 더 그 구조가 복잡하다는 거죠. 예컨대 장애인들이 지하철에서 시위를 할 때, 그들에게 가장 많이 상처를 주는 사람들은—물론 궁극적인 잘못은 집권자들 또 결정 권한을 가지고 있으면서 장애인들을 탄압하고 있는 중앙정부나 지방자치단체나 여타의 결정 권한을 가지고 있는 사람들에게 있고 그들이 가장 비난을 받아야 하지만—지하철에서 당장 장애인들에게 욕을 하는 사람들이거든요. 유튜브 영상을 보시면 온갖 욕설들에 노출된 상황에서 계속 그 욕을 들으면서 장애인들이 이동하는 모습이 나오죠. 저는 참 마음이 약해서 그걸 못 보겠더군요. 어쨌거나 지하철에서 장애인에게 욕하는 사람들을 우리가 '기득권'이라고 부르기는 어렵죠. 기득권이라면 그 시간에 지하철을 타고 있겠습니까? 평범한 사람들, 노동자, 서민이라고 부를 수 있는 사람들이 또 다른 동료시민이 자기 권리를 행사하는 것에 대해 극도로 적개심을 표현하고 그들에게 욕설과 폭력적 발화를 내뿜는 현상, 그것이 이 세계의 현주소입니다.

또 하나, 개인적인 생각입니다만, 예컨대 넷플릭스 시리즈 〈더 글로리〉를 굉장히 많은 사람들이 즐겨봤는데, 그 누구도 한 번도 자신을

'가해자'의 위치로 생각해 보지 않는다는 것도 저는 흥미로워요. 과연 이 드라마를 보고 즐기고 '제대로 복수했으면 좋겠다'라는 생각을 하면서 주인공을 응원하는 수많은 사람들 모두가 학원 폭력의 가해와 피해의 문제에서 자유로울까 하는 생각을 혼자 해보곤 합니다. 저는 자유롭지 않거든요. 저는 학원 폭력의 피해자인 적도 있고 가해자인 적도 있어요. 제가 아주 심각하게 일진 놀이를 하면서 그렇게까지 누군가에게 고통을 가한 적은 없지만, 어린 시절 학교 교실 내에서의 위계나 관계는 매우 복잡해서, 저도 폭력에 노출된 적도 있고, 약한 아이가 괴롭힘을 당하는 것에 침묵한 경우도 있고, 서열이 더 '낮은' 친구들에게 험한 말도 해봤고, 미약하나마 폭력적인 관계에서 가해자에 가까운 위치에 서보기도 한 것 같습니다. 그래서 저는 〈더 글로리〉를 보면서 너무 불편했거든요. '나는 그 폭력 앞에서 어떻게 저항했는가' 하고 물었을 때 한없이 부끄럽습니다. 물론 재밌게 봤죠. 극의 초반 이후에는 복수 중심으로 가기 때문에 통쾌함을 느끼면서 볼 수 있게 됩니다. 그것 역시 문화산업의 장치입니다. 대중들의 죄의식을 덜어주는 거예요. 어느 순간부터 쭉 피해자한테 감정 이입을 할 수 있게 해주고 복수의 희열만 느끼면 되는 거예요.

현실은 그렇게 단순하지 않습니다. 학원 폭력의 경우 특히 그렇습니다. 대다수 학원 폭력의 가해와 피해는 훨씬 복잡하게 얽혀 있어요. 그리고 정말 대다수의 평범한 사람들은 그 중간에서 위선적이거나 기회주의적인 태도를 보이죠. 그것이 또 그 피해자들한테 굉장한 상처를 주죠. 그런 것들을 고려해 보면, 이렇게 모든 국민이 〈더 글로리〉의 팬이 되고, 유행하는 대사를 주제로 밈이 제작되고, 패러디되고, 전 국민이 주인공인 피해자의 편이 되어서 복수를 응원하는 현상이 저는 흥미로워요. 이 드라마가 우리가 불편하지 않게 그냥 즐길 수 있는 콘텐츠인 것일까요? 모든 시청자들이 '나는 피해자의 편에서 있어'라고 확신하게 만든다는 의미에서 일종의 '자기정당화'를 갖게 만드는 문화장치는 아닐까 하는 생각도 하게 됩니다. '죄의 연관'이라는 개념을 설명하다가 이런 이야기를 해보게 되었군요.

## 철학과 노동분업

이어서 '철학과 노동분업Philosophie und Arbeitsteilung'이라는 글을 보도록 하겠습니다. 아도르노와 호르크하이머는 현대사회가 노동분업을 통해 체계화된 지배가 이루어지는 사회라고 보고 있는데, 그 과정에서 이 노동분업의 체계에 철학도 종속되어 버린다고 비판하고 있습니다. 철학도 철저한 노동분업의 체계 속에서 기능적인 역할을 수행하게 된다는 것입니다. 저자들에 따르면, "공식적인 철학"은 그러한 관료제적인 사회분업 체계에 봉사하는 "기능적인 학문"이 되었으며, 그리하여 철학은 "일종의 정신의 테일러리즘"으로 전락해 버렸습니다(279/360). 철학이 정신활동에서의 테일러리즘이 된다는 것은 무슨 뜻일까요. 테일러리즘은 아시다시피 대량생산에 부합하는 효율적인 노동 관리 체계를 말합니다. 이제 테일러리즘의 일원이 된 철학은 지적 에너지를 사변적인 활동에 쓰는 것이 아니라, 생산수단의 증대를 촉진하기 위한 지식의 축적을 합리화하면서 생산을 위한 학문이 되어버리는 것이지요. 이전에는 철학이 일종의 '보편학문'이었습니다. 특수한 학문분과들과 달리 보편적인 방식으로 진리에 참여하는 학문이라고 생각된 것입니다. 그러나 지금은 화학이나 세균학처럼 철학 역시 학문의 노동분업 속에서 일정한 자리를 얻게 됩니다. 철학사를 강의하면서 하나의 학문분과로 취급됩니다. 자본주의 정신에 맞게 속류화된 대학에서는 이러한 전통적인 철학사 같은 건 용인되지만, 그 대가로 현실을 비판적으로 고발하는 학문은 추방합니다. 즉 변증법이 추방됩니다.

그런데 본래적으로 철학이란 무엇입니까? 우리가 철학사를 배우는 이유는 그것을 통해 나 자신의 사유를 발전시키고 내가 살아가는 시대에 필요한 성찰 능력을 깨우치기 위해서입니다. 그런데 철학사로부터 철학적 사유의 현재성을 끌어내는 것이 아니라 철학을 과거의 역사로 만드는 것, 이런 것도 철학이 수행하고 있는 일종의 학문에서의 노동분업인 것이고, 정신에서의 테일러리즘이라고 할 수 있겠습니다. 그런데 이렇게 철학을 철학사로 환원하게 되면 철학의 운명은 어떻게 되나요? 시대와 대결하는 철학적 의식이 가진 비판적 예리함은 사라지고, 철학이 온순하게 길들여지는 것입니다. 반면에 본래적으로 철학이 지향해야 할 것은 무엇일까요? 저자들은 이렇게 말합니다. "철학의 관리자들과 반대로 철학은 무엇보다 사유를 나타낸다. 사유가 지배적인 노동분업에 투항하지 않고 자신의 과제를 이러한 노동분업으로부터 규정하려고 하지 않는 한에서 말이다."(280/360) 철학은 이 노동분업의 일부가 되는 것이 아니라, 그러한 일부가 되기를 거부하면서 자율적으로 '사유'를 해나가는 것을 자신의 과제로 여겨야 합니다. 그렇다면 철학이란 단순하게 지식의 축적이라는 의미에서 개별적인 앎을 종합하여 체계를 만들어 내는 활동으로 축소될 수 없는 것입니다. "철학은 종합, 기초 학문 혹은 최고 학문이 아니라, 그러

한 암시에 저항하는 노력이며, 지성적인 자유와 현실적인 자유를 향한 결단이다."(280/360~361)

철학은 이런 의미에서, 시대와의 대결이라고 생각합니다. 오늘날에도 마찬가지입니다. 철학 연구자가 어느 철학자를 가지고 박사 논문을 쓰든 간에, 그 사람의 사유를 재료로 삼아서 현실과 대결해야 한다고 생각합니다. 그걸 가장 잘 표현한 사람이 헤겔이라고 저는 생각합니다. 『법철학』 서문에서 헤겔은 철학을 "사유 속에 파악된 그의 시대ihre Zeit in Gedanken gefasst"라고 표현합니다. 또 철학은 "시대의 아들"이라고도 합니다. 근데 아들이라는 표현은 너무나 성별화된 표현이니까, 그냥 '시대의 자녀' 정도로 표현하면 좋겠군요. 어쨌거나 철학이 그 시대의 산물이라는 것이죠. 그리고 사유를 통해서 그 시대의 진리를 표현하면서 그 과정에서 시대와 대결하는 것이 철학이라고 헤겔은 말합니다. 다만 헤겔과 아도르노의 철학적 지향점이 일치하지는 않습니다. 특히 부정성을 강조하는 아도르노의 지향점이 궁극에서는 현실과의 화해와 긍정성을 추구하는 헤겔과 다르다는 것은 자명하지만, 그럼에도 저는 아도르노의 철학 규정이 많은 부분 이러한 헤겔 사유에서 영향을 받았다고 생각합니다.

오늘날 우리는 어떤 철학을 해야 하는 것일까요? 여기에 정답은 없겠지만, 적어도 아도르노와 호르크하이머가 말하듯, 노동분업의 체계에서 철학이 하나의 전문화된, 특수한 '기능'을 수행하는 분과 학문으로 고정되는 것은 철학이 가진 비판성이 사상되어 버리고 그 결과 기존 사회의 재생산에 기여하는 것과 같습니다. 그런데 그것은 '사유 없는 철학'이 아닌가 하는 생각을 저는 개인적으로 가지고 있습니다. 아도르노와 호르크하이머는 이렇게 철학의 비타협적 성격을

계몽의 변증법 함께 읽기

강조하고, 마찬가지 의미에서 철학은 상업화될 수 없는 지식이라고 말합니다. 철학은 상품화를 거부하는 사유여야 한다는 것입니다.

여기에 고민 지점이 생깁니다. 노골적으로 상품으로 팔리기 위한 철학을 추구하는 것은 당연히 반대해야겠지요. 그러나 철학도 어느 정도 대중적인 소통을 할 수 있는 학문이 되어야 할 텐데, 그리고 많은 사람들에게 전달될 수 있는 소통방법을 가져야 할 텐데, 그것은 어떻게 가능할까요? 또 그러한 대중화는 어떻게 상업화와 속류화라는 오류를 범하지 않을 수 있을까요? 오늘날 철학의 위치에 대해서 사실은 저도 참 고민이 많습니다. 팔리지 않는 것이 진정한 철학인데, 또 철학이 아예 팔리지 않으면 아무 의미가 없잖아요. 누구도 책을 사서 읽지 않는다면 말이죠. 많은 사람들은 철학 사상에 대해서도 '유튜브 5분 요약' 같은 콘텐츠를 통해 소비하는 것에 익숙해지고 있습니다. 그런데 비판적인 사유는 5분 안에 요약되는 사유일 수 없는 것입니다. 그렇다고 현대인들의 삶과 완전히 유리된 사유 역시 현실에 대해서 아무런 파급력도 미치지 못하고 현실을 조금도 바꾸지 못할 것입니다.

어쨌거나 철학이 종합이나 기초학문이 아니라 그러한 고정화에 저항하면서 자유를 향해 결단을 내리는 것이라는 아도르노와 호르크하이머의 평가에 대해서 저는 상당히 동의하고 있어요. 다음과 같은 주장도 마찬가지입니다. "철학의 목소리는 대상에 속하지만, 그것은 그러한 대상의 의지와 무관한 것이다. 철학의 목소리는 모순의 목소리다. 모순은 철학 없이는 침묵 속에 승리를 구가했을 것이다."(281/362) 철학은 거대한 세계 질서에 편입되는 것이 아니라 계속해서 기존 사회의 질서에 종속되지 않은 채로 모순의 목소리를 내야 한다는 것입니다. 그것이 오늘날 철학의 과제입니다. 사유란 부정성에 머물러 있어야 한다는 것입니다. '부정적인 것에 머물기'라는 헤겔의 명제를 차용해서 표현할 수 있겠지요. 철학은 '모순의 목소리'라는 표현이 그런 생각을 담고 있습니다. 저는 이런 아도르노와 호르크하이머의 철학 규정에 관해서도 옳다고 생각하는데, 동시에 그것이 매우 어려운 과제이고, 고민해야 할 지점이 너무나 많다는 생각도 하고 있습니다.


## 인간과 동물

　　　　　　이어 등장하는 '인간과 동물Mensch und Tier'이라는 아포리즘은 굉장히 길어요. 남은 시간은 이 부분을 살펴보도록 하겠습니다. 이 글은 굉장히 어렵고 또 흥미로운 부분인데요. 첫 문장을 보면 인간이라는 이념은 유럽의 역사 속에서 언제나 동물과의 구별 속에서 표현된다고 말하고 있습니다. 예컨대 인간의 존엄이라는 이념은 인간이 이성적 존재자라는 규정에서 비롯합니다. 그런데 이것이 뜻하는 바는 무엇입니까? 동물은 이성적 존재자가 아니라는 것이고, 따라서 인간과 동등한 존엄을 누릴 수는 없다는 것이죠. 실제로 인간의 존엄을 정언명령의 수준에서 정당화하려고 했던 칸트는 인간은 동물과 달리 도덕적으로 사유한다는 점에서 인간의 인격은 그 자체로 목적이 되어야 한다고 말합니다. 칸트 철학은 이런 의미에서 휴머니즘 철학이에요. 그런데 그 인간 중심의 철학의 반대면에는 철저하게 동물에 대한 멸시가 나타납니다. 인간 중심주의 철학이 가진 진보적인 성격이 분명히 있지만, 그 이면에는 동물에 대한 폭력이 정당화되고 있다는 것 역시 사실입니다.

이처럼 아도르노와 호르크하이머는 인간 중심주의에 가려진 동물에 대한 폭력에 관한 담론을 전개합니다. 이것은 굉장히 복잡한 물음들과 연결되어 있습니다. 무슨 이야기냐면, 과거의 인간 중심주의가 잘못됐다고 해도, 그 반대편에서 자연이나 동물을 무조건적으로 숭배하는 식의 태도 역시 또 다른 문제를 낳는다는 것입니다. 이렇게 문제가 어려워지는 이유는, 독일의 나치 정부가 최초의 동물 복지 법령을 만들었다는 데 있습니다. 1933년 11월에 나치 정부는 세계 최초로 동물보호법Tierschutzgesetz을 제정합니다. 매우 모순적이죠. 유대인을 그렇게 잔혹하게 살해하고 심지어는 장애인들을 전부 다 안락사 시키려고 했던 나치가 말입니다. 그런데 그 나치 정부가 왜 동물에 대해서는 보호하려고 했을까, 이것도 굉장히 중요한 물음입니다.

동물은 어떤 존재일까요? 동물은 개념을 알지 못합니다. 개념을 갖고 있다는 것은 흐름 속에 있는 대상 세계를 붙잡아서 그것을 동일성을 토대로 일반화할 수 있다는 것입니다. 그런데 동물에게는 언어가 없습니다. 흐름 속에 있는 외부세계를 고정시킬 수 있는 언어적인 수단이 없기 때문에 당연히 개념을 알지 못합니다. 동물은 '움직이는 무언가가 내 앞에 있다'라는 것은 알고 있지만, 그 대상을 엄밀하게 정의하지는 못합니다. 또 자기 자신에 대해서도 자아나 자기의식을 가지고 있지는 않습니다. 저자들은 여기서 도발적인 주장을 합니다. 동물은 개념이 없고 자아의식도 없는데 동물의 영혼이 인간보다 더 순수한 형태의 영혼이라는 겁니다. 왜냐하면 온전한 의미에서 영혼의 충동에 의해 지배되는 게 동물이기 때문에, 이성을 통해서 자꾸

만 영혼의 충동들을 통제하려고 시도하는 인간보다 오히려 더 순수한 형태의 영혼을 가진 것이 동물이고, 그렇기 때문에 오늘날 심리학의 진정한 대상은 인간이 아니라 동물이 되어야 한다고까지 말할 수 있다는 것입니다.

오랫동안 동물은 개념적 사유를 하지 않고 이성이 없기 때문에 인간보다 열등한 존재로 간주되어 왔죠. 그런데 이성이 없는 존재로 간주되는 또 다른 존재가 누구냐면 여성입니다. 그래서 저자들은 여성과 동물의 관계에 대해서 서술하고 있는데요. "이성 없는 동물에 대한 돌봄은 이성적인 존재에게 하찮은 일이다. 서구 문명은 그런 돌봄을 여성에게 내맡겼다."(285/367) 여성은 문명을 낳은 이성적 존재자들의 활동에 주체적으로 참여하지 못했습니다. 주체적인 존재는 남성이었습니다. 적과 대면해서 싸우고 능동적으로 생산하는 것은 남성이었습니다. 여성은 주체가 아니었습니다. 여성은 자신이 직접 생산하는 것이 아니라, 생산자들에게 '돌봄'을 제공합니다. 이것이 남성들에 의해 강요된 성별 노동분업입니다. 여성은 이 분업 속에서 생리적인 기능을 담당하는 존재로 여겨졌고, 그 결과 자연이라는 이미지를 얻게 되었습니다. 남성 중심적인 인간 사회는 지난 수천 년 동안 무제한적 자연 지배를 추구하면서 '이성'의 의미를 그에 맞춰 만들어 왔습니다.

여성들의 이른바 생물학적 '열등함'이 차이가 아니라 낙인이 되고, '연약한' 여성의 존재가 곧 그러한 여성을 지킨다고 자처하는 남성의 폭력에 정당성을 부여하는 악순환이 나타납니다. 그리고 남성들이 여성들의 이러한 신체적 '열등함'을 대하는 방식 중 하나는 그들에게 또 다른 '열등하고 비이성적인' 존재인 동물의 돌봄을 맡기는 방식이었습니다. 달리 말해, 이성적인 남성은 비이성적인 자연적 존재인 여성과 동물을 모두 지배합니다. 그리고 여성에게 동물 돌봄을 맡김으로써 남성은 이성적 존재로서 자신의 지배력을 강화합니다. 그런데 이처럼 지배당하는 여성들이 전통적으로 동물을 돌봐왔다는 사실로부터 저자들은 여성과 동물의 연대 가능성 같은 것들을 은밀하게 암시하고 있습니다. 이것은 오늘날의 에코 페미니즘 진영에서 인용할 수 있는 표현들인 것 같습니다.

그렇다면 이제 가톨릭 교회의 성모 숭배나 중세 마녀사냥은 어떻게 해석돼야 할까요? 가톨릭 교회의 성모 숭배는 어떤 측면에서는 다른 종교나 문명에 비해 여성에게 신성을 부여한다는 점에서는 진일보한 측면이 있지만, 궁극적으로 그것은 여성의 '연약함'에 대한 숭배라고 비판을 하기도 하는데, 이 부분은 니체의 기독교 비판과 상통하는 것처럼 보이기도 합니다. 또 중세의 마녀사냥은 "이전 시기의 모계적인 발전단계와 미메시스적 발전단계에 대한 남성 지배의 승리에 대한 축제와 확인"(286/368)이었다고 저자들은 말합니다. 결국 그것은 자연에 대한 이성의 승리를 기리는 축제였던 것이죠. 그렇다면 시대가 흐른 뒤에 나타난 현대의 부르주아 계급은 어떨까요? 부르주아 계급은 '여성에 대한 배려' 같은 것을 일종의 예절로 받아들입니다. 예컨대 현대사회의 에티켓이라고 말할 때 대표적으로 떠오르는 이미지 중의 하나가 '레이디 퍼스트'입니다. 여성에 대한 존중의 태도가 교양 있는 현대 시민 계급에 의해서 구현되는데, 저자들이 보기에 그것은 또한 위선을 드러냅니다. 왜냐하면 그것은 여성이라는 자연을 안전한 새장 속에 가두는 것과 같은 태도이기 때문입니다. '레이디 퍼스트'처럼 여성을 배려하는 듯 보이는 다른 에티켓들 역시 여성을 주체로 대우하는 게 아니라 새를 새장 속에 가둬놓고 거기에 모이를 주면서 자기만족에 빠지는 태도에 불과합니다. 그것이 새를 존중한다고 볼 수가 없겠죠. 마찬가지로 부르주아 계급 남성의 에티켓 역시 여성에 대한 존중이 아닙니다.

현대사회 전반에 이런 논리가 만연해 있습니다. 전통적으로 자연을 지배해 왔던 서구 사회가 지금은 자연 보호 공원 같은 것들을 만들죠. 미국에는 굉장히 위선적으로 '인디언 보호 구역' 같은 곳이 있습니다. 어찌 보면 그것은 백인들이 수많은 아메리카 원주민들을 학살해 왔던 역사들을 지워버리는 효과를 냅니다. 그러면서 마치 자신들이 원주민들을 '보호'하고 있다고 말하는 것입니다. 그런데 누군가에 대한 보호 구역이 설정된다는 사실 자체가 얼마나 치욕스러운 일인가요. 오늘날 '자연 보호'라는 말 역시 굉장히 위선적이죠. 실제로는 계속해서 자연을 파괴하면서도 자연 보호 공원을 만들고, 또 여성을 보호하는 대상으로 만들면서 실은 새장 속에 가둬놓는 태도에서 그런 위선이 드러납니다. 자연 보호 공원도, 여성을 배려하는 예절의 경우도 마찬가지로 이런 것들이 자연에 대한 이성의 지배를 확인하는 절차에 불과하다는 이야기입니다.

오늘날 자연을 보호한다는 생각의 위선이 또 어디에서 드러날까요. 신문 2면이나 3면의 소소한 기사들 중에는 서커스단 동물들이 화재로 불에 타거나 연기에 질식해서 죽었다는 내용이 나오기도 합니다. 이 동물들은 중세 시대 광대의 현대 버전입니다. 때로 이들의 죽음이 추모되기도 하는데, 이때의 추모는 "소유주의 자본손실"이라는 이름으로 이뤄집니다. 그런데 정작 그 소유주는 돈을 아끼기 위해 이 동물들을 위해 콘크리트 방화벽을 세워주지도 않은 것입니

계몽의 변증법 함께 읽기

다. 2차 대전 당시 아프리카에서는 폭격기가 이착륙을 할 수 있는 공항의 활주로를 만들어야 하는데 기린과 코끼리가 방해물이 됩니다. 그래서 인간은 이 동물들을 제거해 버리기로 했습니다. 이런 현상들을 열거하면서 저자들은 이렇게 말합니다. "이성적으로 된 지구에서 미학적인 거울의 필요성은 사라졌다. 탈악마화는 직접적인 인간의 각인을 통해 수행된다. 지배는 더 이상 거룩한 형상들을 필요로 하지 않으며, 지배는 그러한 형상들을 산업적으로 생산해 내고 이를 통해 더더욱 믿음직스러운 것으로 인식되면서 인간에게 파고든다."(289/371~372) 합리화된 세계는 그 세계를 비춰줄, 또는 아름답게 꾸며줄 미학적인 거울 이미지를 필요로 하지 않는 것입니다. 계몽적 이성이 수행하는 탈주술화, 탈악마화는 세계의 신비로움을 벗겨내고 세계를 잔혹한 이윤 논리로 환원해 버렸습니다. 그러한 상황에서는 거룩하고 신성한 요소들이 아니라 산업적 생산의 논리가 인간을 자발적으로 지배에 복종하게 만듭니다. 달리 말해, 악마가 추방되고 등장한 합리적 계산의 논리가 곧 악마를 대체하게 된 것입니다. 일종의 이성의 이름으로 악마화된 세계라고 할 수 있겠습니다. 그런 세계에서는 보호받지 못하는 동물에 대한 잔혹한 살해가 이뤄지면서도 동시에 '동물 보호'를 설파하는 이중성이 나타나도 하등 이상할 것이 없겠지요.

이어지는 설명을 볼까요. 예술 작품의 본질은 왜곡된 형상에 있습니다. 세계를 있는 그대로 그려내는 게 예술 작품의 본질이 아니에요. 예술 작품은 자신의 방식대로 대상을 자율적인 방식으로 왜곡해서 표현할 수 있습니다. 뭉크의 〈절규〉 같은 작품의 표현을 보면 세계가 왜곡되어 있잖아요. 이러한 예술에서의 왜곡된 이미지는 지배당한 자연을 다시 인식할 수 있게 해주는 상처의 자국이기도 하고, 그런 의미에서 그것은 정당한 예술의 계기이기도 한 것입니다. 그런데 파시즘은 이러한 예술에서의 왜곡을 현실에 직접 그려냅니다. 물론 파시즘은 그러한 왜곡된 형상을 표현한 예술 작품을 '퇴폐 예술'이라고 하면서 전부 추방해 버리거나 아니면 '퇴폐 예술전'이라고 해서 퇴폐 예술 전시회를 열어 이들을 조롱합니다. 그런데 오히려 이러한 예술의 '왜곡'을 추방하고자 했던 나치즘이 역설적인 방식으로 예술 작품이 표현하고자 했던 그 왜곡을 가상이 아니라 현실에 실현해 냅니다. 비유하자면 뭉크의 〈절규〉에 나오는 왜곡된 세계가 현실이 된 것이죠.

  파시즘이 만들어 낸 왜곡된 현실이란 어떤 것일까요? 아까 이야기한 것처럼, 나치 정부는 세계 최초로 동물보호법을 제정합니다. 그런데 이때의 '보호'는 어떤 것인가요? 어린아이의 머리나 동물의 머리를 쓰다듬는 손길은 일견 약자들을 보호하는 손길처럼 보입니다. 그러나 그런 손길이 의미하는 것은, 그 손으로 이런 연약한 것들쯤은 언제든 파괴할 수 있다는 권력의 현전이기도 합니다. 그 손길은 연약한 대상을 부드럽게 쓰다듬은 뒤 다른 대상을 잔혹하게 살해할 것입니다. 파시즘의 동물보호는 바로 그러한 권력자의 손길에 불과한 것입니다. 그렇게 쓰다듬는 행위 자체에 이미 권력과 서열이 분명히 드러나는 것이죠. 따라서 그 쓰다듬는 행위는 일견 그 대상을 사랑하고 배려하는 것처럼 보이지만, 그 안에는 철저하게 상대방을 지배의 대상으로 보려고 하는 권력이 된 이성의 시선이 깃들어 있다는 것이죠. 이런 맥락에서 히틀러의 파시즘이 채식을 권장하고 동물보호법을 제정했던 관점은 아까 언급한 자연 보호 공원, 미국의 인디언 보호 구역처럼, 또 레이디 퍼스트 같은 여성 배려 예절에서처럼 상대를 존중하고 배려하는 것처럼 보이지만 실제로는 '너희들은 내 보호와 배려가 있어야만 살아남을 수 있는 피조물이다'라는 사고방식의 표현이고, 그것은 자연에 대한, 동물에 대한 이성의, 여성에 대한 남성의 지배 메커니즘의 다른 표현에 불과한 것이죠.

저는 동일한 메커니즘을 〈아바타〉 같은 영화에서도 발견하는데요. 미지의 행성을 파괴하려는 인간에 저항하는 행성 원주민들의 투쟁을 영웅적으로 묘사하는 그 영화의 시선이 역설적으로 관객의 희열을 도출하고 도파민을 끌어올리기 위해 자연 파괴나 전쟁 같은 굉장히 남성적인 장면들로 채워져 있거든요. 역설적이죠. 영화는 원주민들을 보호하고 자연도 보호해야 한다고 주장하고, 특히 〈아바타 2〉를 보면 고래 사냥을 금지해야 한다는 메시지를 강하게 전달합니다. 그런데 그 메시지를 표현하기 위해서 현재에 존재하지 않는 '보존된 자연' 같은 스펙터클을 만들어 내고 그 스펙터클을 관객이 즐기게 하지요. '실재하는' 자연이 아니라 '실재하지 않는' 자연을 창조해 낸 뒤 그 아름다움을 감상하라고 하는 것입니다. 그리고는 거기에 '자연 보호'라는 맥락의 의미를 부여합니다. 그런데 동시에 관객들이 그 행성에서 벌어지는 수많은 전쟁과 폭력들을 보면서 즐기게 되는 메커니즘이 펼쳐집니다. 할리우드의 제임스 카메론 감독의 의도가 아무리 선한 것이라 하더라도, 그 메커니즘 안에는 그것이 보여주는 이중의 시선, 위선적인 시선이 녹아 있다고 비판하는 것이 가능하지 않을까 하는 생각이 듭니다.

결국 아도르노와 호르크하이머가 말하려는 것은 자연이나 동물을 그 자체로 예찬하는 것은 자연이나 동물을 지배하는 태도와 맞닿아 있다는 거예요. 그런 식으로 '신화화된 자연', '신격화된 자연'이라는 사고 안에 지배의 욕망이 동시에 투영되어 있다는 것입니다. 나치의 동물보호법이라는 위선적인 사례에서 드러나듯 말입니다. 이것은 마치 여성성을 숭배하는 것이 왜곡된 형태로 남성의 지배를 연장해 주는 것과 똑같습니다. 그런 방식으로 자연 지배가 문제가 있다고 해서 또는 동물의 희생이 반복되고 있다고 해서, 그것의 정 반대편에서 자연과 동물을 이상화하는 것은 진정한 자연과 동물의 해방으로 이어지지 않는다는 것입니다. 그래서 저자들은 이렇게 말합니다. "자연 그 자체는 옛 낭만주의자들이 말하듯 선하지도 않고, 신낭만주의자들이 말하듯 고귀하지도 않다."(292/376) 자연을 선한 것, 고귀한 것으로 예찬하는 낭만주의의 시도는 자연 지배의 다른 이름에 불과합니다. 태곳적 자연의 '순수함'이나 '때묻지 않은 자연' 등을 숭배하는 태도는 의심해 봐야 하는 것입니다. 그것은 오늘날 자연과 인간의 화해에 아무런 기여도 하지 않을 것입니다. 오늘날의 문명에 의한 자연 파괴에 반대해서 싸워야 하는데, 자연을 이상화하고 숭배하는 관점은 그러한 투쟁을 가능케 만드는 것이 아닙니다. 근대 부르주아 계급의 여성에 대한 예절이라든지 아니면 나치즘에 의한 동물보호 담론에서 확인할 수 있었듯이 대상을 '보호'하자는 관점 속에는 여전히 권력의 시선이 남아 있기 때문입니다.

　자연이나 동물은 이렇게 인류가 추구해야 할 이상향이라는 의미로 물신화되는 것이 아니라, '인식된 자연'으로서 '기억'될 때 우리에게 총통의 지배에 저항하는 충동을 일깨워 줄 것입니다. 여기서 '인식된 자연'은 도구화된 이성에 의해서 인식되는 자연이 아니겠죠. 그럼 어떻게 인식되어야 하는가? 자연을 기억하고 추모하고 그러면서 자연과의 화해를 모색하는 그런 방식의 회상을 통해서 인식되는 자연이 우리에게 필요한 것입니다. 따라서 지배적인 실천에서 두려운 것은 자연 자체가 아니라, 이처럼 "자연이 기억된다daß Natur erinnert wird"는 사실입니다(292/376). 그런 의미에서 자연을 '인식'하고 '기억'해야 합니다. 이는 순수한 태곳적 자연이라는 의미에서 낭만주의적으로 채색된 자연을 '숭배'할 것이 아니라, 인간이 자기 자신이 저지른 폭력에 대해서 반성하고 그러한 과정에서 자연과 어떻게 폭력적이지 않은 관계를 맺을 것인가를 사유하는 과정에서 기억된 자연 또는 인식된 자연을 '성찰'해야 한다는 것입니다. 그것이 우리에게 기존의 허위적 실천을 벗어나는 새로운 실천으로 나아가게 해줄 것이라는 문제의식이 이런 표현들 속에 담겨 있는 것 같습니다. 저는 저자들의 이런 메시지가 현대사회에서 우리가 취해야 할 생태적인 관점에 관해 시사하는 부분이 있지 않은가 하는 생각이 들어요. 오늘날 절멸의 위기 앞에 놓인 인간에게 필요한 새로운 실천을 모색하기 위한 비판적인 생태주의가 가능할 것인가. 말하자면 맹목적 자연숭배를 통해 자연의 파괴에 대응할 것이 아니라, 어떻게 '이성의 자기비판'으로부터 '자연과의 화해'로 나아갈 것인가 하는 물음은 오늘날 더욱 진지하게 성찰되어야 하지 않을까 싶습니다.

오늘 강의는 여기까지 하겠습니다. 두 달 동안 어려운 책 함께 읽고 어려운 강의를 들으시느라고 고생 많으셨습니다. 대단히 감사합니다.

# 계몽의 변증법 함께 읽기

초판 1쇄 발행 2023년  9월 15일
　　2쇄 발행 2024년 12월  5일

지은이　　　한상원
펴낸이　　　최윤영 외 1인
펴낸곳　　　에디스코
편집주간　　박혜선
디자인　　　최성경

출판등록　　2020년 7월 22일 제2021-000220호

전화　　　　02-6353-1517
팩스　　　　02-6353-1518
이메일　　　ediscobook@gmail.com
인스타그램　instagram.com/edisco_books
블로그　　　blog.naver.com/ediscobook

ISBN　　　　979-11-983433-1-4 (04160)
　　　　　　979-11-983433-0-7 (세트)

—

—

이 저서는 2021년 대한민국 교육부와 한국연구재단의 지원을 받아
수행된 연구임(NRF-2021S1A3A2A02096299).